PPP High Quality Development:
Norms and Performance

PPP高质量发展：
规范与绩效

刘 薇 / 著

中国财经出版传媒集团
经济科学出版社
Economic Science Press

前言

在深化供给侧结构性改革中，我国政府和社会资本合作（public-private partnerships，PPP）的创新发展已经走在世界各个经济体的前沿，正成为一种意义重大的新制度供给。

中国经济进入高质量发展阶段，并在新时代继续形成理性供给管理下超常规发展的现代化过程，其实存在着巨大的市场潜力空间和众多"有效投资"的一系列对象。首先以大规模建设项目需求的例子来说明：中国中心区域有100多个百万人口规模以上城市，国际经验表明，在这些城市抓紧建设轨道交通网是必要的。北京地铁建设在20世纪60年代就开始，但到了改革开放新时期，由于地方政府追求任期内出政绩的短视行为，资金都被用在了地面交通环线的建设上。但事实证明，即便圈到七环，也远远不足以解决公交体系拥堵危机的问题。因此，政府调整规划加快地铁建设，并在一定程度上缓解了北京市公共交通体系的压力，只是这方面的建设任务尚远未完成。北京现在机动车的拥有率远远低于纽约与东京，而纽约、东京都完全没有必要采取像北京这样对机动车限购、限行、限入等严格措施，道理就在于轨道交通网的有效公交供给发挥作用。所以，北京这样的中心城市缓解公交困局的关键性的选择，就是把中心区域建成四通八达密度足够的轨道交通网。北京如此，其他中心城市也莫不如此，投资规模巨大的轨道交通网建设过程，将会持续几十年。据有关部门统计，中国城镇区域现在缺少大约5000万个停车位，一个停车位的建设，静态算账预估为10万元的话，那么全国就是5万亿元的投资。这个例子反映了一个现实生活中非常明显的强烈需要，看起来的"小事"却代表着未来很长时期内必须安排的巨额投资。要想提高与日益增长的"人民美好生活的需要"相适应的供给体系质量效率，必须以改革创新为龙头来带出有效供给。

PPP 高质量发展：规范与绩效

与 PPP 相关的"守正出奇"的机制，明显对应于市场配置资源决定性的、必须充分发挥作用的机制，同时它又连带了政府"更好发挥作用"的创新。在这个机制中，政府和市场主体以平等伙伴关系发挥各自相对优势，风险共担，利益共享，绩效提升。例如，停车位的建设，5 万亿元的投资如果完全由政府支出是不可想象的，但停车位一旦建成使用便会有现金流，那么它就完全可以对应于市场机制和社会资本的投融资行为，可在政府力求高水平的规划之下，天然地运用 PPP 的创新来形成有效供给。

以上两点解释了为什么中国作为有巨大发展潜力和市场潜力的经济体，在短短几年之内，就走到全球主要经济体 PPP 创新的前沿。总体而言，PPP 在我国还属于新生事物，方向正确，意义重大，但不成熟的特点也毋庸讳言，防控相关风险值得高度重视。风险防控中亦需运用"大禹治水"的古老智慧，在疏堵结合中掌握好"堵不如疏"、因势利导的哲理。从这个角度，有必要对近年来如火如荼的 PPP 热潮及其转入规范发展阶段以来一些有关其风险点的重要认识，试作辨析与探讨。

一、关于明股实债

明股实债已引起了管理部门的关注与不安。实际情况可大体分两类：第一类是 PPP 具有的股份制项目开发主体 SPV（特殊项目公司）中的社会资本方，其股权前瞻性地安排了股权回购，即地方政府逐步出钱把其股权买回来，实际上相当于这部分钱让政府先借用几年，以解决燃眉之急。这样明确地设定回购条款，显然不是政府希望 PPP 所达到的规范状态，不符合 PPP 发展的取向，但现实案例中这种直接写入合同的情况比较少见。现在管理部门所批评的明股实债，往往针对了暗中的补充协议条款，或针对"潜规则"加上了主观判断的色彩。对这种企业股权直接安排回购，是应当予以否定的。但实际上，SPV 股权的可流动，按照 PPP 可持续机制建设来讲，又是不应当完全否定的，在一定意义上是需要规范的股权交易通道。因为不少企业很难在 PPP 项目长达 20 年、30 年甚至 50 年的情况下，一直持股。因此，对于这类"明股实债"问题，除了正面去防范风险的"堵"之外，还应该有伴随堵漏洞的制度建设去打开通道的"疏"。第一，在堵的方面，应该在《政府和社会资本合作条例》和相关文件中明确规定哪些情况属于违规，不能写进合同，也不能以附加的补充协议方式形成白纸黑字的条款。第二,在疏的方面,股权的流动机制是可以对接交易市场的。应当加快推进天津、上海PPP金融资产交易平台的制度和市场机制完善。对于这些规范的交易平台来讲,所谓类固定收益资产、资产的证券化、PPP里的股权流动,完全可以在金融资产交易中心充分发展,形成阳光化公平竞争环境下的交易。要承认股权往往不可能从头到尾按我们意愿,一成不变以一个锁死状态持有到底,那么就必须在市场上给它一个通道,在这个通道里以公平竞争实现流动。这其实也是推进要素流动情况之下,我国现代市场体系的丰富与完善。这类市场如果能够稳定形成,将会十分有利于消除社会资本方面的疑虑。第二类是说持股的比重非常低,似乎也可以把这种情况归纳为明股实债,社会资本方只持有5%~10%的股,政府方面持股还相对多一些,就违背了PPP一开始推动时的初衷——希望政府少持点股,社会资本方多持点股。另外,政府方面也不能太少,现在有关管理部门的态度是至少有1/4,最好为30%。如果股权的比例明显偏低,剩下就要依赖银行、金融机构提供贷款等形式的资金支持。以这个视角来展开,实际是PPP项目投资总额中股权本金的比重高低问题。笔者认为这个问题相对容易解决,就是总结基本经验以后,可以给出一个下限,最低不能低于多少。而且政府的倾向是少花钱多办事,政府持股少一点,愿意让民间资本、企业方面持股多一点,这也应该有一个数量底线,不同条件变化中合作伙伴自愿形成的协议中,应遵守规则方面给出的区间或下限,但规则不应该规定得太死板。对于股权在总投资中所占比重高低的问题,其实不应太过计较,如果处理得好的话,相对低的股权,放大效应更强一些,未尝不是一个好事。但是这就需要定制化讨论:一个具体的项目,它的股权为15%;另一个项目股权为30%,30%股权的项目水平未必就高于15%股权的项目水平,这确实需要具体分析。但是从管理部门来说,对特定类型的PPP项目组建SPV时,给一个伙伴各方持股底线也是必要的。应该在以后的实际工作中大体明确这样一个操作底线。

二、关于政府购买服务与"建设—移交"模式(BT)

虽然财政管理部门对BT持否定态度,但依据相关理论分析框架,笔者认为,广义PPP里其实还包括BT。有人指责部分PPP项目是通过政府购买服务暗度陈仓,是把政府购买服务扩大到政府购买工程。然而,如果全面地讲，政府采购里不仅包括服务和设备的采购，其实也还包括工程采购，广义 PPP 里面的 BT 就是没有供应方运营期的工程采购。政府自己资金短缺又希望这个项目仍能有希望比较快地做起来的话，就可以选择与企业合作，企业为政府垫付数年的资金，政府以按揭方式把钱逐步还清。归还本金之外，多出的那一部分资金，就是企业"在商言商"拿到的投资回报，这个投资回报应"非暴利但企业可接受"，太低则企业不会签字，太高则公众监督过不去。在具体操作中，有关部门的态度似乎是百分之百排斥 BT 的，但这实际上不可能做到。例如，中央强调要在 2020 年前通过精准扶贫的方式让农村区域最后的数千万贫困人口脱贫，再看四川凉山州的木里藏族自治县和盐源县，那里是地广人稀少数民族聚居的山区，经济上十分欠发达，那么政府要想在这个区域实现精准脱贫，不修通交通干道是不行的，因为"要想富先修路"，但凉山州政府没有这个能力，中央政府与四川省政府也没有办法直接用专款解决这个问题。凉山州不得不选择与太平洋建设合作，由民间资本主体太平洋建设出资建设干道，其建成速度会大大加快。这种方式可以不叫 BT，但它实际上就是 BT，所谓"拉长版 BT"的变形，会使政府还本付息的年度压力更缓解一些。地方政府在具体执行 PPP 创新中，需要考虑政策的导向，可以把 BT 放在最末端考虑，但这不宜理解为 PPP 就绝对不能做 BT，否则就不能适应凉山州这样的具体情况。当然要正视相关的风险，要有高水平的通盘规划。

三、关于"保底"

2014 年 PPP 开始新一轮大发展，有的 PPP 有保底条款或政府担保文书，违背了 PPP 的基本精神，就是风险共担或者对风险按照强强联合原则、以合作各方的相对优势来合理分担。PPP 的协议文本里必须有风险分担方案，几十种风险因素，应由企业承担的、政府承担的、共同承担的，以及共同承担如何排序，怎样设置约束条件，都尽可能写清楚。但是有可能出现一种情况：政府向社会资本方允诺一定水平的回报，这就变成了保底。其逻辑上是想让企业在吃了保底的定心丸后，肯签字开工，这在相关规则上可以加以禁止。但同时，规范的 PPP 里可以有纳入预算执行的政府付费和可行性缺口补贴，它解决的是地方政府和企业合作时企业方面最担心的问题，即最低利润能否达到可以签字的水平，这就是风险共担框架里必须承认的临界值。企业参与进来，是有最低回报预期的，这是企业方面合理、正当的诉求。所以不必总是强调不能保底，而应强调如何提高可行性缺口补贴的合理性。在法制健全的环境下，以基于专业化测算的可行性缺口补贴安排，保障最低预期投资回报在企业接受的范围内，企业方面才能积极和政府合作。可行性缺口补贴的合理量化，可以通过专业化团队的支持帮助，政府与企业一起来努力提高方案水平。项目在执行过程中允许做的调整，也可以有规范化的调整机制。

四、关于财政承受能力

按照指导文件要求，PPP项目已经有了规范的财政承受能力论证所形成的约束，即不得超过地方政府本年度财政一般公共支出的10%。这个规定的确有约束意义，但实际上测算起来比较模糊。即便知道年度财政支出规模的大概情况，但这个时间段里地方政府可能与多少合作伙伴谈成PPP项目，却是逐渐演进的，年初的PPP项目很容易控制在10%以内，但是累积到了下半年、第四季度加进来的PPP项目，按照年度来算就有可能突破界限。不过好在PPP项目往往周期较长，如第一年突破测算，可弹性调低本年度相关支出而调高后几年的相关支出，这是相对容易地把年度间财政支出压力均衡化问题。所以，10%的约束基本上只是个原则导向，量化上不可能特别较真。地方政府除了一般公共收支预算外还有基金预算，是可能用于PPP的政府付费的，而且目前没有任何的官方态度或意见规定说不能用于PPP。动用一部分地方基金预算的活钱支持PPP应是可以的，无非就是弹性空间里如何组织，审时度势，通盘协调，控制风险，积极地把应该抓住的重点建设项目按照PPP的方式推出。可以在这方面共同探讨财政承受能力论证的弹性空间如何合理把握，如何合理匹配其他必要的机制。总之，风险控制不能按照呆板的方式，一定要允许存在一定的试错空间和有创新的弹性空间，同时亦要谨慎处理防范系统性风险。在这样一个辩证关系把握下，我们应当认清PPP的大方向，同时，积极审慎处理好风险防范和积极创新的问题。

五、关于PPP与地方政府负债问题

当下相关部门的很多文件给地方政府带来的印象和困惑，似乎是地方政府做PPP不能形成地方的负债，这个认识其实是不对的。因为PPP就是地方政府和企业一起以伙伴关系来做事情（而且是平等民事主体的伙伴关系，如果是不平等的关系，PPP绝对没有以后长期发展的生命力），以平等伙伴关系来一起承担风险，那么地方政府当然不可能完全撇清投融资债务风险。关键在于，这个债务风险是运营在20年、30年、50年甚至更长时间段里的风险，未来出现"或有债务"风险的可能性较大。现在财政部门已建立三年滚动规划，三年规划之下如果做成三年滚动预算，也只能解决三年可行性缺口补贴的确定性问题，之后便会面临可能的"或有负债"。未来几十年里，政府要考虑对或有负债相关的支出尽可能高水平地作出预测以及合理的相关协调安排，如处理得当，对于PPP来说不是增加风险，而是降低了风险。所以学界有必要在资产负债表的概念下探讨PPP会计准则，需要有可操作的依据，大框架便是应该在理论上承认，PPP会牵涉地方政府的负债问题。过去，地方政府负债问题曾因为没有阳光化途径而成为隐性负债，后来政府觉得不得不控制，地方融资平台不能再继续发挥隐性负债的作用，于是修订《中华人民共和国预算法》，一边阳光化开前门，另一边又锁死融资平台不能再发隐性债，那么实际上下一步需要处理的就是PPP产生地方或有负债的问题。一开始有文件规定，成功转化已有项目为PPP项目，可以不计入地方负债的规模，这在当时的确是一个有积极意义的说法，而现在则可以动态地优化相关认识，尽管已规范地成为PPP项目，其相关的或有负债，仍然是需要并可以做出尽可能高水平的预测，进而防范风险的。

虽然这段时间政府强调防范风险，但不能认为这就是"叫停"PPP的信号。适当的调整规范很有必要，在这之后希望我国的PPP能调节到一个更正常的发展节奏上。

六、关于PPP的认定标准

2017年下半年以来，政府管理部门在加强管理中努力纠偏，连续下发文件要求PPP不能一拥而上，并指责一些地方搞假PPP、伪PPP，要特别注意风险防范，这当然是有必要的。但从现在可以看到的信息来进一步分析，有相关要点需要澄清：什么是假PPP、伪PPP？管理部门还没给出清晰的界限，实际生活中怎么掌握这个界限，哪边是真，哪边是假？道理上讲，应加快PPP的立法。国家发展和改革委员会与财政部两大管理部门各自有指南与项目库,分别下发指导文件。为提高PPP的立法层次,国家一开始计划对PPP进行立法,但现在看来在一些基本概念上还无法达成共识,只好退而求其次先推出《基础设施和公共服务领域政府和社会资本合作条例》。之所以探讨这些问题,就是要更积极地考虑如何在PPP的创新过程中防范风险,但不能简单地将创新探索中的一些项目,由少数管理人员直接定义为伪PPP、假PPP。开展PPP的关键是法治化取向下的阳光化,在政府、企业、专业团队接受公众监督的环境下,做出尽可能专业化、规范化的真PPP项目。守正出奇,还是要回到PPP是个阳光化机制这条正路上来。

PPP创新发展大方向不会动摇,因为这是中国现代化通盘发展的必然要求。当前应不断提高PPP的规范性,使其更好地可持续健康发展,这符合事物波浪式发展的一般规律。在中国现在特定的发展阶段上,PPP在战略层面上有个值得特别说明的制度创新意义,就是它直接呼应了党的十八届三中全会以来与现代国家治理、现代市场体系创新联通的一个重要突破口,即现代市场体系运行的产权基石方面的制度创新所要主推的混合所有制,而这方面的突破,将有效淡化贴标签式、无结果的"进、退"争论,深刻、长远地影响中国现代化进程。PPP模式是国家治理体系和治理能力现代化水平提升的重要手段之一。

本书旨在针对PPP经历热潮而转入规范发展、高质量发展阶段之后,追本溯源,从理论深化、制度供给和市场建设三个维度,探讨PPP模式如何可持续发展、高质量发展。从制度体系建设、监管体系完善、成熟的PPP市场建设、政府治理能力等方面深化改革举措。

目录

第一章　PPP模式的概念及其相关理论研究进展 …………… 1
 第一节　PPP概念在实践中的发展 / 2
 第二节　PPP模式基础理论及其发展 / 10
 第三节　财政风险理论及其研究进展 / 28
 第四节　PPP财政风险理论及其研究进展 / 37

第二章　PPP模式在中国的发展历程 ………………………… 68
 第一节　初期探索阶段（1983~2002年）/ 69
 第二节　逐步发展阶段（2003~2012年）/ 72
 第三节　大力推广阶段（2013~2016年）/ 76
 第四节　规范发展阶段（2017年至今）/ 79
 第五节　PPP实践发展的大方向 / 81

第三章　供给端的观察——PPP的规范与绩效管理 ………… 84
 第一节　2013年以来我国PPP项目发展 / 85
 第二节　PPP领域制度供给创新 / 116
 第三节　PPP绩效管理 / 138

第四章　影响我国PPP高质量发展的若干重要问题 ………… 145
 第一节　PPP项目运行层面的问题 / 145
 第二节　PPP立法的问题 / 152
 第三节　PPP监管存在的问题 / 158

第四节　PPP 政府债务风险与防范 / 162

第五章　PPP 可持续发展的国际经验 …………………… 168
　　第一节　国际组织关于 PPP 可持续发展的观点 / 168
　　第二节　英国 PFI 和 PF2 的可持续发展经验 / 174
　　第三节　加拿大 PPP 模式的可持续发展经验 / 181
　　第四节　韩国 PPP 创新发展经验 / 188
　　第五节　发达国家 PPP 模式机制创新的经验 / 192
　　第六节　对中国 PPP 模式可持续发展的启示 / 197

第六章　现代国家治理体系下 PPP 高质量发展之路 ………… 206
　　第一节　适应国家治理体系现代化要求，夯实 PPP 制度体系 / 207
　　第二节　理顺 PPP 监管框架，审慎处理风险防范和积极创新关系 / 212
　　第三节　深化金融供给侧改革，提高 PPP 融资市场成熟度 / 214
　　第四节　提升地方政府治理能力，为 PPP 可持续护航 / 225

参考文献 …………………………………………………… 227
后记 ………………………………………………………… 234

第一章

PPP 模式的概念及其相关理论研究进展

PPP 模式在现代意义上的形成和发展，源于新公共管理运动中公共服务供给的市场化改革。20 世纪 70 年代，在经济大萧条的背景下，欧美国家为解决政府财政资金不足问题，纷纷引入私人部门参与公共项目建设运营，并在公共政策领域也引入 PPP 模式，同时为规范、推进该模式出台了一系列的政策、法规，极大地促进了公私合作伙伴关系的发展。80 年代中期，中等发达国家出现债务危机，为突破困境，推动经济可持续发展，土耳其在 1984 年首次用建设—经营—转让（build - operate - transfer，BOT）模式建设阿科伊核电厂，之后其他发展中国家也开始尝试这种模式。80 年代，伴随着改革开放的大潮，中国开始探索以吸引外资为主要目的的公用事业领域 PPP 项目，如深圳沙角 B 火力发电厂是我国第一个 BOT 项目。随后 PPP 模式相关的特许经营、运营和维护以及租赁合约等形式都得到了应用。1992 年，英国提出私人融资计划（private financing initiative，PFI），并于 1997 年在全社会公共基础设施领域较全面地推广，成为公共服务领域引入市场化竞争后进一步推动政府与私营部门合作的重要模式。70 年代以来，世界各国在基础设施重大项目和公共服务领域广泛运用 PPP 模式。目前，PPP 的运用更加灵活，韩国、拉美等地区也在大力推进。但 PPP 模式在全球范围内依然存在争议，其模式之下的财政风险和不可持续在世界各国均有发生。在发达国家中，如英国国家审计办公室的报告就曾指出，在公私合作项目中，私人资本为谋取政府提供的财政资金援助和税收优惠条件，可能会通过"怠工""罢工""破产"等非正常活动对政府进行要挟。在英国PPP模式的具体实践中也表明，私人部门往往向政府额外收取补偿费用和管理支出，这部分资金占到了合同变更成本的5%~10%，数额巨大。2012年英国将私人融资计划（private finance initiative, PFI）升级优化，提出"关于公私伙伴关系新模式"（a new approach to public private partnerships, PF2），对PPP模式运行中的一些问题进行修正。总体来看，PPP模式应用比较成熟的国家，（准）公共产品采用PPP的比例，无论项目数量还是投资额，都只占15%~25%。这个比例对解决我国地方政府的债务和将来的资金缺口的作用目前尚不清楚。2000年后对PPP模式财政风险、债务风险和可持续的关注日益增多。半个世纪以来，全球PPP研究与实践形成的PPP知识体系，为世界各国PPP参与者提供指引。通过梳理PPP概念在实践中的新发展及其理论基础，以期在更广阔的视野中理解PPP的内涵和本质，拓展中国PPP理论研究的视界，强调对财政风险以及PPP财政风险理论进行探讨，以期促进可持续发展目标的深入讨论，推进中国PPP高质量发展。

第一节　PPP概念在实践中的发展

一、世界各国关于PPP概念内涵阐释的新发展

政府和社会资本合作（PPP）尚不存在单一的、国际上普遍接受的定义。20世纪90年代以来，联合国发展计划署、欧盟委员会、美国PPP国家委员会、世界银行、亚洲开发银行等国内外相关机构、组织及研究者分别从不同视角对PPP概念进行界定和辨析（见表1-1和表1-2）。尽管对PPP没有形成统一的表述，但可发现PPP的一些共同特征[①]：一是公共部门与社会资本的合作，合作是关键词，合作必须遵从法治环境下的契约精神；二是合作的目的是提供包括基础设施在内的公共产品或服务，满足公

---

① 刘薇. PPP模式理论阐释及其现实例证[J]. 改革, 2015(1): 79.

共需求；三是强调利益共享，在合作过程中，社会资本与公共部门实现共赢；四是强调风险分担机制，社会资本承担项目设计、建设、融资、运营维护等商业风险，政府部门承担政策、法律和最低需求等风险。这些特征概括了PPP概念的基本要素，即PPP概念中包含有合作、提供公共产品或服务、利益共享、风险共担这样几个要点。"竞争可以是建设性的，也可以是破坏性的；即使其为建设性的时候，竞争也没有合作那样有利。"马歇尔在其《经济学原理》中曾明确地指出了合作比竞争更为重要。人们往往认为，在市场经济中竞争是万能的，其实并不尽然，竞争固然重要，但也不排斥合作。PPP的本质是合作而非简单的竞争，竞争只是合作过程中的一种手段和一种基础机制。

表1-1　　　　　　　　不同机构关于PPP的定义

国家/机构/组织	PPP的定义
英国PPP委员会	PPP模式是公共部门与私人部门相互合作，为了共同的目的，共同承担风险进行运作的方式。在以教育和劳工部为代表的一些政府部门将服务外包也视作是PPP模式
美国PPP国家委员会	PPP模式是公共部门和私人部门之间建立的，以营利为目的，以共同承担风险为基础建立的，提供公共服务或公共基础设施产品的合作模式
加拿大PPP国家委员会	在充分发挥双方特长的基础上，公共部门与私人部门通过建立合作关系，共同利用资源，承担风险，共享收益，以此来满足已明确规定的公共需求
联合国发展计划署	政府、营利性企业和非营利组织基于某个项目而形成的相互合作关系的形式，通过这种合作关系，合作各方可以达到比预期单独行动更有利的结果。合作方参与某个项目时，政府并不是把项目的责任全部转移给私营部门，而是由参与合作的各方共同承担责任和融资风险
联合国培训学院	涵盖了不同社会系统倡导者之间的所有制度化合作方式，目的是解决当地或区域内的某些复杂问题，PPP包含两层含义，其一是为了满足公共产品需要而建立的公共和私人倡导者之间的各种合作关系，其二是为了满足公共产品需要，公共部门和私人部门建立伙伴关系进行的大型公共项目的实施
欧洲委员会（EC）	一种在政府当局和商界之间的合作形式，用以供给基础设施的融资、建设、创新、管理和维修等
欧盟（EU）	公共部门与私营部门之间的一种合作关系，双方根据各自的优势共同承担风险和责任，以提供传统上由公共部门负责的公共项目或服务

续表

国家/机构/组织	PPP 的定义
世界银行	为提供公共设施或服务,公共机构和私人机构建立的长期合同,由私人部门承担主要风险和管理责任,私人部门的报酬与所提供的设施或服务的性能相关
亚洲开发银行	公共部门和私营部门在基础设施及其他服务方面的一系列的合作关系,其特征有:政府授权、规制和监管,私营部门出资、运营提供服务,公私长期合作、共担风险,提高效率和服务水平
经济发展与合作组织(OECD)	政府与私人伙伴(包括运行者和融资者)之间建立的一种协议,该协议以政府向私人伙伴进行大量风险转移与私人伙伴追求利益目标结盟的方式供给服务
国际货币基金组织(IMF)	一种私人部门替代政府部门供给基础设施资产和服务的合约安排
欧洲投资银行(EIB)	是组成公共部门与私人部门之间关系的专业术语,目的在于引入私人部门的资源和专业技术以帮助提供公共资产和服务
标准普尔(SP)	是公共部门与私人部门之间长期合约关系的媒介,包括风险分担和多部门之间的专有技术人才和融资共享,从而达到理想的政策结果
《PPP 参考指南》(第 3 版)	社会资本与政府实体为提供公共资产或服务而订立的长期合同,合同中社会资本承担显著风险和责任,并且回报与绩效挂钩
香港效率促进会	PPP 是一种合约模式,该合约中规定了公共部门和私人部门利用其各自的特长所承担的相应的职责与风险,两者相互合作,共同开发公共项目,向公众提供更优质的公共服务或产品

资料来源:笔者整理。

表 1-2   不同专家给出的 PPP 定义

提出者	PPP 的定义
萨瓦斯(E. S. Savas)	PPP 概念有三个维度:第一,PPP 是公共部门与私人部门之间为共同生产公共服务和产品而建立的合约关系;第二,它是指某些背景复杂,有较多的项目参与方,且表现出民营化特征的基础设施项目;第三,它的关键在于政府与私人部门之间通过建立正式的合作关系,来提供优质的公共服务和产品
克那格汉(Kernaghan)	PPP 是指为了实现共同目标和互利互惠,公共部门与私人部门约定形成权责分担、分工运营、维护以及信息共享的合作关系
皮尔逊(G. Peirson)和麦克彼得(P. Mcbride)	PPP 模式主要包括两种类型:一是私人部门通过与公共部门签订长期协议来建设或管理公共基础设施;二是公共部门指定某私营部门作为其代表向社会提供各类服务

续表

提出者	PPP 的定义
阿姆斯特朗（Armstrong）	PPP 是一种包括合同设计、分享、协议和协同运作等方面的"合作关系"，通过这种合作关系来加快政策和计划的实行，为政府提供计划和服务
贾康、孙洁	政府公共部门与民营部门合作过程中，让非公共部门所掌握的资源参与提供公共产品和服务，从而实现政府公共部门的职能并同时也为民营部门带来利益。其管理模式包含与此相符的诸多具体形式。通过这种合作和管理过程，可以在不排除并适当满足私人部门的投资营利目标的同时，为社会更有效率地提供公共产品和服务，使有限的资源发挥更大的作用

资料来源：笔者整理。

为社会公众提供公共产品和服务是政府的职能之一，但大量准公共产品与服务的提供过程，并不排斥私人部门的参与，相反，还可能带来一系列正面效应。如果让私人部门参与公共产品和服务的供给，理所当然要经过政府公共部门的同意或许可；同时，为了确保私人部门提供公共产品的质和量，私人部门必然要接受政府部门的监督。政府公共部门为了能够让私人部门合理参与，也必然要为其设置相应的条件，如保证其实现一定的利益、帮助其控制相应的风险等，只有这样，私人部门才愿意做过去本该由政府公共部门做的事情。

进入 21 世纪，PPP 在理论与实践的互动中继续创新，正成为一种意义重大的新制度供给，其概念内涵也进一步丰富和完善。

2017 年，由世界银行编著的《PPP 参考指南》（第 3 版），在总结全球实践的基础上，将 PPP 模式定义为："社会资本与政府实体为提供公共资产或服务而订立的长期合同，合同中社会资本承担显著风险和责任，并且回报与绩效挂钩。"这项定义包含提供新增资产、存量资产及相关服务的 PPP 项目；完全由服务使用者付费的 PPP 模式，以及由政府部门支付部分或者全部费用的 PPP 模式；众多行业领域以及众多服务的合同，当这些服务的供给涉及供给利益，并且该项目包含与 PPP 合同的长期属性相关联的长期资产。此定义强调风险和绩效，明确 PPP 模式创造了一种协调社会资本与公共利益的激励机制，从而提升基础设施和公共服务供给的数量、质量和效率。

二、PPP 概念在中国的创新发展

在中国推进国家治理现代化进程中，PPP 模式具有重要创新和实践意义，是促进国家治理方式变革的重要载体之一，因此，在中国语境下，其概念的内涵和外延皆有所创新。

(一) PPP 内涵在中国的新发展

在财政部《关于推广运用政府和社会资本合作模式有关问题的通知》一文中对 PPP 的定义是：政府和社会资本合作模式是在基础设施及公共服务领域建立的一种长期合作关系。通常模式是由社会资本承担设计、建设、运营、维护基础设施的大部分工作，并通过"使用者付费"及必要的"政府付费"获得合理投资回报；政府部门负责基础设施及公共服务价格和质量监管，以保证公共利益最大化。在国家发展和改革委员会《国家发展改革委关于开展政府和社会资本合作的指导意见》一文中，明确界定 PPP 是指政府为增强公共产品和服务供给能力、提高供给效率，通过特许经营、购买服务、股权合作等方式，与社会资本建立的利益共享、风险分担及长期合作关系。2013 年财政部楼继伟部长所作的关于《推广 PPP：贯彻十八届三中全会精神的一次体制机制变革》的报告中指出："广义 PPP 是指政府与私人部门为提供公共产品或服务而建立的合作关系，以授予特许经营权为特征，主要包括 BOT、BOO、PFI 等模式。"

贾康和孙洁（2009）就 PPP 及其管理模式给出一个定义：PPP 是指政府公共部门与民营部门合作过程中，让非公共部门所掌握的资源参与提供公共产品和服务，从而实现政府公共部门的职能并同时也为民营部门带来利益。其管理模式包含与此相符的诸多具体形式。通过这种合作和管理过程，可以在不排除并适当满足私人部门的投资营利目标的同时，为社会更有效率地提供公共产品和服务，使有限的资源发挥更大的作用。

从 PPP 模式在中国实践中的创新发展可见，政府和社会资本合作是在公共产品和服务领域转变政府职能，引进市场机制，利用社会资本投融资、技术、管理和创新能力，增加、改善和优化公共产品和服务供给的一次体制机制变革创新。PPP模式下提倡政府和社会资本的有效合作是建立在平等合作理念、契约精神、法治化约束的基础上形成风险共担、互利共赢的政企合作格局，有利于创新投融资机制，拓宽社会资本投资渠道，增强经济增长内生动力；有利于推动各类资本相互融合、优势互补，促进投资主体多元化，发展混合所有制经济；有利于理顺政府与市场关系，加快政府职能转变，充分发挥市场配置资源的决定性作用。

本书认为，PPP是在基础设施、公共工程和公共服务领域政府与社会资本通过建立伙伴关系、共担风险、共享利益而形成的一系列长期合作，目的是提高公共服务供给数量、质量和效率。相对一般项目来说，PPP项目的公共性、复杂性、高风险的特征，有可能会使政府部门承担的风险超出合同约定的风险分担份额，增加支出义务，在一定条件下（如社会资本方无力承担损失）就有可能转化为政府的支出责任，形成政府债务压力，引发财政风险。因此，在PPP全生命周期中，政府部门要更加关注财政风险防控机制和绩效管理。

进一步从PPP的特点来理解PPP内涵发展，第一，伙伴关系。伙伴关系是PPP中最为首要的问题。PPP中社会资本方与政府公共部门的伙伴关系同其他关系相比，一个显著的独特之处就是项目目标一致。公共部门之所以和社会资本方合作并形成伙伴关系，核心问题是在其中存在一个共同的目标：在某个具体公共项目上，以最少的资源，实现最多最好的产品或服务的供给。社会资本方是以此目标实现自身利益的追求，而公共部门则是以此目标实现公共福利和利益的追求。形成伙伴关系要落实到项目目标一致，但这还是不够的，为了能够保持这种伙伴关系的长久与发展，还需要伙伴之间相互为对方考虑问题，具备另外两个显著特征，即利益共享和风险分担。第二，利益共享。PPP中公共部门与社会资本方并不是简单分享利润，而且还需要对社会资本方可能的高额利润进行控制，即不允许社会资本方在项目执行过程中形成超额利润。其主要原因是，PPP项目都是带有公益性的项目，不以利润最大化为目的。既然形式上不能与社会资本方分享利润，那么如何与民营部门实际地共享利益呢？共享利益在这里除了指共享PPP的社会成果之外，也包括社会资本方取得相对平和、长期稳定的投资回报。在此，利益共享显然是伙伴关系的基础之一，如果没有利益共享，同样也不会有可持续的 PPP 类型的伙伴关系。第三，风险分担。风险分担是利益共享之外伙伴关系的另一个基础。如果没有风险分担，也不可能形成健康而可持续的伙伴关系。无论是市场经济或计划经济、私人部门或公共部门、个人或企业，没有谁会喜欢风险。即使最具冒险精神的冒险家，其实也不会喜欢风险，而是会为了利益千方百计地来避免风险。在 PPP 中，公共部门与社会资本方合理分担风险的这一特征，是其区别于公共部门与民营部门其他交易形式的显著标志。公共部门尽可能多地承担自己有优势方面的伴生风险，而让对方承担的风险尽可能小。一个明显的例子就是，在隧道、桥梁、干道建设项目的运营中，如果因一般时间内车流量不够而导致民营部门达不到基本的预期收益，这时公共部门可以对其进行现金流量补贴，这种做法可以在"分担"框架下有效控制社会资本方因车流量不足而引起的经营风险。与此同时，社会资本方实际会按其相对优势承担较多的甚至全部的具体管理职责，而这个领域，对于公共部门而言，却正是政府管理层"官僚主义低效风险"的易发领域，这种风险由此而得以规避。[1]

（二）PPP 职能在中国的创新

1. PPP 机制创新的战略意义

在中国改革开放以来的现代化赶超过程中，PPP 机制创新具有战略性的意义。其机制创新体现在经济社会生活中促进机制转换、制度创新和资源配置效益提升。机制转换包含两层意思：一是公共部门由传统的计划向市场转换；二是私人部门由市场逐利向计划靠拢。这种"双转换"可以形成一种新型的激励机制，进而达到制度创新的推进、改革的深化和资源配置效益的提升。PPP 本质是公私合作，合作的结果便是计划与市场在运行机制层面的结合，从而形成了优于计划与市场单独作用的新型管理体制和运行机制。计划往往更注重平均，从而损失了效率，而市场通常更注重效率，从而损失了平均，PPP 管理模式注重的是平均、公平与效率的有机结

---

[1] 贾康，曾晓安，孙洁. 通过 PPP 化减地方政府债务压力的分析与建议 [J]. 财政部财政科学研究所研究报告，2014（29）.

合，尽可能减少损失效率情况下实现社会发展中的公平，同时尽可能减少损失公平的情况下提高经济资源特别是公共部门资源的使用效益和综合效率。机制创新的职能，也突出了PPP管理模式的后发优势并打开了其发挥潜力的空间，它可以有效避免前人所走的单独用计划手段和公共机制提供公共产品或服务的低效弯路，同时克服市场经济下容易出现的公共投入激励机制不足和私人部门的冷漠与"袖手旁观"，为公共产品和服务的提供、公共基础设施建设，提供带有明显"后发优势"特征的创新机制，进而加快中国作为新兴市场经济国家的现代化赶超进程。

2. PPP在中国经济转轨中发挥重要作用

中国经济社会转轨中PPP发挥了转变政府职能、促进供给侧改革、优化财政运行的重要作用。

政府通过PPP模式，向社会资本开放基础设施和公共服务项目，可以激发民间投资活力，形成多元化融资渠道和可持续的资金投入机制，促进经济结构转型和新型城镇化建设。规范的PPP模式要求政府和社会资本平等参与，实施项目全生命周期的合同管理，减少政府对微观事务的过度参与，有利于简政放权，更好地实现政府职能转变，提高公共服务的效率与质量。

PPP模式的推广不仅能推动相关企业去除落后和过剩的产能，还可以实现服务供给与服务需求的有效对接，缓解结构性过剩；不仅能有效降低政府债务的比例和风险，还可以降低项目运作的各项成本支出，提高财政资金的使用效率，并通过竞争机制的引入推动公共服务领域相关产业的技术改造与良性发展，从而实现供给侧结构性改革有关"去产能、去库存、去杠杆、降成本、补短板"的具体要求，并对包括政府管理体制改革、财政体制改革、税收体制改革、审计监督体制改革、投融资机制改革、国企改革、混合所有制改革等多方面内容的全面深化改革战略产生重要的影响力与牵引力。

从财政运行的视角看，一方面，PPP能够产生财政红利。成功的PPP项目能够动员社会资本方资源，减轻公共部门预算压力，并带来其他方面的财政效益，主要体现在：一是有利于提高公共工程的建设和管理水平。通过设计和实施高质量的PPP项目，地方政府能够提高自身的战略规划、项目管理和谈判能力，并掌握管理长期、复杂合同的技能。二是有利于降低项目建设、运营等全周期的成本。完善的PPP项目能基于竞争将各种项目风险分配给应对能力最强的参与者，从而提高资源使用效率。社会资本承担设施的维护和运营成本，有助于提高项目的设计和施工质量，促使其为项目引入新的技术、技巧、专业知识和经验，优化项目投资和维护方案，将项目生命周期成本降至最小。项目成本的最小化同时意味着减少对公共预算资金的需求。另一方面，PPP有利于提高公共财政的可持续性。运用规范的PPP项目也有利于减少公共债务。如将公共设施租赁给社会资本方能为地方政府带来现金收入，或通过对现有的公共服务提供方式进行更有效的公私合作改革，可推动社会资本在公共服务收费固定的情况下降低供给成本。此外，对因提供公共服务而形成的政府债务，如其债务结构不合理，可通过更有效的PPP合同进行债务重组。

第二节　PPP模式基础理论及其发展

人们对PPP理论基础及其相关认识正在继续实现多维度的深化。从开阔的视角来看，PPP实质上是一种协调公共部门、企业部门、专业组织和社会公众各方的准公共品优化供给制度。从公共产品理论、新公共管理理论、市场失灵与政府失灵理论以及从替代到合作构建新型关系的理论创新等方面，阐释PPP模式的理论基础及其在实践中的理论创新。

国内外的相关理论和实践证明，社会资本可以参与提供公共产品，且在一般情况下比政府部门更高效，但社会资本的提供是无法完全满足社会需求的。公共产品也无法像私人产品一样可以通过竞争性的市场定价机制找到供给均衡点，因此政府不能完全放手而让社会资本来全部参与。所以在政府部门和社会资本合作的过程中，需要严格把握好各方"参与度"，以防出现市场失灵或政府失灵。

一、公共产品理论

公共产品理论是PPP模式基础理论之一，PPP项目一般涵盖公共基础设施和公共服务领域，具有公共产品和准公共产品的典型特征。

美国经济学家保罗·萨缪尔森于1954年和1955年相继发表两篇关于公共产品的短文《公共支出的纯理论》和《公共支出理论图解》，对于"什么是公共产品"给出一个迄今为止较为明确且在理论界基本达成共识的概念。萨缪尔森将"集体消费品"（collective consumption goods）严格定义为"每个人对这种物品的消费，不需要从其他人对它的消费中扣除"①，在其之后与他人合著的《经济学》中，萨缪尔森又将该定义修正为"公共产品是指能将效用扩展于他人的成本为零，并且无法排除他人参与共享的一种商品"②，即消费的非竞争性。

纯公共产品具有效用的不可分割性、消费的非竞争性和受益的非排他性三个显著特征。与纯公共产品相对的具有消费的竞争性，可以被个别消费者占有和享用的，效用具有可分性、敌对性和排他性的产品，被称为私人产品，私人产品由市场提供。介于纯公共产品和私人产品之间的被称为准公共产品，准公共产品应该由市场和政府混合提供。西方经济学家萨缪尔森、布坎南、奥斯特罗姆等都对公共物品进行了深入分析，并给定了帕累托有效的经济或制度安排。虽然对公共产品内涵的研究尚存一定的争论，但是，人们普遍把公共产品的概念拓展成为一个包含俱乐部物品、集体物品、混合物品、非纯粹的公共物品等相近物品在内的广义概念。正如《公共事物的治理之道》一书序中所指出的："the commons"泛指与公共相关的事物，即除了私益物品之外的所有物品，如公益物品、公共池塘资源、收费物品（俱乐部物品）等。公共产品作为私人产品的对立面出现，因而公共产品的内涵研究实际上是非私人物品的研究。因此，排他性与竞争性的研究依然是公共产品研究的两大主流视角，广义公共产品的问题与对策研究是公共产品研究的核心内容。虽然公共产品非排他性意味着联合性，但公共产品并不是联合商品；虽然公共产品表现出一定的公共性，但它也可以通过私人供给、俱乐部供给等非公共形式给予提供；虽然公共产品表现出一定的契约性质，但是不同的产权配置会形成合作行为的不同配

---

① 张馨. 公共财政论纲 [M]. 北京：经济科学出版社，1999：609.
② 保罗·A. 萨缪尔森，威廉·D. 诺德豪斯. 经济学（第16版）[M]. 北京：华夏出版社，2002：268.

置收益，不同的产权体制会形成收入分配与生产水平上的差异。依此分析，PPP 项目的效用面向整个社会，在消费过程中不存在竞争性，一旦供给产品或服务，任何人都可以无竞争消费。PPP 项目对于受益方也不存在排他性或者排他性成本较低。PPP 也是公共产品供给的有效方式之一。

（一）公共产品理论的起源与初步发展

公共产品理论研究最早可以追溯到古典学派，以大卫·休谟关于"草地排水"的分析和亚当·斯密关于政府执行的三项国家职能等理论为代表。1739 年，哲学家大卫·休谟在其著作《人性论》中论述了"搭便车"现象。他在书中讨论了如何处理超越个人利益的公共性的问题，在书中关于这个问题的描述，被后来的萨缪尔森等人界定为"集体消费品"。休谟认为，在某些只能通过集体完成的事情中，因为人自利的天性，只有靠国家和官员来使每个人不得不遵守法则。他还举了著名的"公共草地排水"的例子来说明公共利益维护和政府参与的必要性。休谟的论述不仅表明了在公共利益的追求中个人的局限性和政府的优越性，而且还分析共同体的规模对共同利益的影响，并初步涉及了交易成本和群体博弈的思想。继大卫·休谟之后，亚当·斯密在 1776 年的《国富论》中对政府的职能问题进行了更加深入的分析，集中阐述了公共产品的类型、提供方式、资金来源、公平性等重要方面。虽然承认公共产品在完全没有政府的情况下难以较好地提供，但亚当·斯密作为古典经济学的代表人物，他和休谟都是崇尚自由主义的鼻祖，他认为政府只需充当"守夜人"，仅提供最低限度的公共服务。

意大利学者马尔科在其著作《公共财政学基本原理》中最早使用了"公共产品"这一定义。在 19 世纪 80 年代，奥意学派对古典经济学的一些基本方法和理论加以修改，提出边际效用概念和边际分析方法，使公共产品理论分析基础从斯密时代的劳动价值论转变为效用价值论。他们区分了公共产品在消费和交易上与私人产品的区别，进而提出了差别税率的概念来解决公共产品无法通过消费数量等来调节边际收益的不可分割性。奥意学派之后是瑞典学派的公共产品理论，代表人物有威克塞尔和林达尔。与奥意学派相比，威克塞尔在有关征税的个人效用最大化方面的基础上，进一步将公平问题引入了公共产品理论,即利益赋税的公平还应以分配的公平为前提。除此以外,威克塞尔还研究了政治秩序对公共产品供应效率的影响的论述。他认为,理想的政治程序是由消费者对若干公共服务的备选方案进行投票,政府依据获得一致支持的方案来提供公共产品,但这种理想状态是不存在的,因此他提出"近似一致"原则来取代一致原则。林达尔在威克塞尔思想的基础上建立了公共产品模型。在模型中,假定拥有充足理性的消费者会显示出真实偏好,社会由两个政治上平等的消费者 A 和 B 组成,在一定时期、一定的技术条件下,最大国民收入等于该社会资源约束下可以达到的最大私人产品和公共产品价值的总和。林达尔分析了这两个平等的消费者在此条件下将如何分担公共产品成本从而最终达到供给均衡的问题。该模型所产生的唯一的稳定交点,被称为林达尔均衡;相应的税收价格被称为林达尔价格,等于他们各自从公共产品消费中所获得的边际效用价值,并且两人的税额总计等于该公共产品的总成本。奥意学派和瑞典学派的理论贡献是将微观经济学的分析延伸到公共经济领域,运用经济学的核心原理来说明政府行为,相对于斯密时代的认识,就具有"革命性"的意义。如果说亚当·斯密使财政学成为一门研究分配活动的科学的话,"边际革命"则最终使其成为一门研究生产活动和经济活动的科学。①

(二) 萨缪尔森的公共产品理论

一般认为,现代经济学对公共产品的研究是从新古典综合派的萨缪尔森开始的。1954 年和 1955 年萨缪尔森发表在《经济学与统计学评论》上的两篇文章——《公共支出的纯理论》和《公共支出理论图解》举世闻名。在《公共支出的纯理论》中,萨缪尔森对公共产品的定义成了经典。为了严格表述公共产品的概念,② 萨缪尔森借助于数学工具,起初对私人产品和集体消费产品即公共产品进行了严格的区分,采用"公共产品—私人品"的严格二分法。后在《公共支出理论图解》中又建议将之前他的定

---

① 贾晓璇. 简论公共产品理论的演变 [J]. 山西师大学报(社会科学版), 2011 (5).

② P. A. Samuelson, "The Pure Theory of Public Expenditure", The Review of Economics and Statistics, Vol. 36, No. 4 (1954), pp. 387 – 389.

义作为极端情形来看待,承认大多数的公共产品都不是纯公共产品,诸如教育、法庭、公共防卫等,都存在某些"收益上的可变因素,使得某个市民以其他成员的损失为代价而收益"。萨缪尔森对于公共产品的定义虽然之后一变再变,但是非竞争性这一公共产品的基本属性已经被比较明确地提了出来,其不可分割性也被突出强调了。

萨缪尔森还对私人产品和公共产品的最优化供给均衡问题做了比较分析。公共产品无法像私人产品一样可以通过竞争性的市场定价机制找到供给均衡点,萨缪尔森假定存在着很有洞察力的人(伦理上的观察者),知道个人的偏好函数,以此来解决公共产品个人偏好的显示问题。萨缪尔森总结公共产品的最优化供给均衡点,即公共产品有效定价原则为个人价格总和等于边际成本,政府可根据个人从公共产品消费中的边际收益对他们征税。萨缪尔森还对私人产品和公共产品的一般均衡进行了分析,得出了公共产品最优供给的一般均衡条件,即著名的萨缪尔森条件:消费者对私人产品和公共产品的边际替代率之和等于私人产品和公共产品生产的边际转换率。

萨缪尔森的杰出贡献是给出了公共产品的严格定义。在萨缪尔森之前,古典学派的经济学家研究公共产品是从市场失灵、政府职能等问题入手的;而奥意学派和瑞典学派的学者虽然提出了共同消费、成本分摊等公共产品的特点,并且试图揭示其消费与所承担的税收之间的联系,但是,萨缪尔森是第一个能够严格区分私人产品和公共产品,提出了纯公共产品定义的经济学家。此外,其还对私人产品和公共产品最优供给的局部均衡和一般均衡进行了分析,发展了诸如征税效率、公平分配和效率的兼顾等问题的研究。

(三) 马斯格雷夫、布坎南和蒂布特的公共产品理论

现代公共产品理论的进一步发展体现在马斯格雷夫、布坎南和蒂部特的公共产品理论研究中。到20世纪50年代末期,美国著名经济学家马斯格雷夫出版著作《财政学原理:公共经济研究》,第一次引用"公共经济学"的概念,这时,公共经济学才作为一个独立的经济学分支学科建立起来。可以说,马斯格雷夫是现代公共经济学的先驱。首先,他

完成了公共产品的非排他性特征的描述，他将其阐述为"一种纯粹的公共产品在生产或供给的关联性上具有不可分割特征，一旦它提供给社会的某些成员，在排斥其他成员对它的消费上就显示出不可能或无效性""任何人都同等地消费，不管他是否为此付费。换言之，我们必须将联合消费与排他原则的不适用性结合起来"。其次，他在萨缪尔森的公共产品理论之上提出了产品的三分法，即产品可以分为私人产品、公共产品和有益品，在"非私人品"中又区分了公共产品和有益品：前者由于市场无法自发地提供公共产品的最优数量，是政府在尊重个人偏好的情况下提供的；后者是政府强制个人消费的政治经济产品，带有消费的强制性。马斯格雷夫夫妇还构建了社会货物（公共产品）的提供模型，通过征税确定公共产品的供给价值，拟订了一种非市场的等价交换。他们的预算模型在萨缪尔森的基础上还提出，公共产品偏好的显示需要通过政治过程，让消费者投票来显示偏好，而且还必须以给定的收入分配为基础。由于"搭便车"问题存在，要使模型适用，必须与投票过程理论相结合。这就要求去设计能获得偏好显示的选举制度，确定最为接近有效定价原则的税收—支出制度。马斯格雷夫和萨缪尔森一样，在经济效率的基础上，又加入了政治的因素来讨论公共产品的有效提供问题，将公共产品的有效供给与政治过程和分配公平相结合。实际上也显示出了公共产品理论与公共选择理论的不可分割性。

布坎南和蒂布特的公共产品理论。布坎南在萨缪尔森等人研究的基础之上创造性地提出了"俱乐部产品"，讨论关于公共产品的不纯粹性和复杂性的问题，解决俱乐部的最优规模和成员对俱乐部产品最优消费的关系。所谓俱乐部产品是指这样一类产品——一些人能消费而另外一些人被排除在外。布坎南使用成本收益分析框架，从产品的"共同拥有"角度对产品的集体供给方式进行研究，认为俱乐部产品可以涵盖从纯私人品到纯公共产品之间的所有情况，从而达到规模最优。他指出，每种公共选择规则都存在交易成本，应根据交易成本最低原则来决定采取哪种公共选择方式。蒂布特于1956年发表的《地方支出的纯理论》中构建了一个地方性公共产品模型。在文中，蒂布特在马斯格雷夫和萨缪尔森对于联邦支出的基础上，探讨了地方公共产品的有效供给方式和条件，认为各地方公共产品与市场上的私人产品一样，纳税人可以通过"用脚投票"的方式充分流动，选择他们的偏好能得到最大满足的社区。在他的模型中，只要人们可以在社区内自由流动，各社区内资源配置、规模将达到最优，有相似偏好的人聚居在一起，共同享用地方性公共产品。

公共选择学派显示出了一个信号，即"用脚投票"等会引起公平与再分配的问题，如每个人以林达尔价格纳税，高收入阶层与低收入阶层共同消费公共产品的情况会保证两种阶层人之间的财富再分配。但是如果人们通过充分流动使相似偏好的人形成了一些地方政体，就会使再分配困难。一个社区就可能通过吸纳能带来足够高租金的人以改善自身的福利，相对低收入群体就不能再从相对富裕的群体对公共产品的较大需求中获得利益。政治寻租和投票悖论产生的高成本也可能造成政府失灵。在此基础上，关于公共产品的私人提供的问题应运而生，为PPP模式的发展奠定理论基础。

（四）新制度经济学的公共产品理论

新制度经济学是以产权和制度为研究对象的理论学派，以科斯为代表的交易费用与产权学说为公共产品理论的发展做出了巨大的贡献。与新古典经济学对于公共产品的认识不同，后者是从公共产品的各个根本属性出发，因为公共产品具有正的外部性，从而得出的结论是政府供给公共产品这样一种固定的模式。而新制度经济学是从交易费用和产权的角度进行分析，以供给效率为评判标准，得出了公共产品的供给形式可以多样化的结论。交易费用概念由科斯首创，他将交易费用和外部性理论结合起来进行分析。著名的科斯定理来源于以下论述："如果定价制度的运行毫无成本，最终的结果（产值最大化）是不受法律状况影响的。"科斯通过举例得出的结论是，只要有清楚界定的产权，通过自由交易，以利润最大化为原则，可以导致资源的最优配置，结果可能会产生比政府干预更大的效用。将科斯的交易费用与产权理论进一步推广到公共产品理论，可以用来探讨政府与市场的关系。比较政府提供公共产品的交易费用和市场提供公共产品的交易费用，以效用最大化为原则，就可以选择更有效率的供给方式。新制度经济学的结论是不存在固定的产品供给模式，而是根据技术和制度等的变化，在具体的约束条件下

(交易费用和产权)选择最优的生产供给模式,这就给公共产品的私人供给提供了理论依据。

(五)公共产品理论的新发展:公共产品的私人供给

起初经济学家们认为,由于公共产品消费上的非排他性、非竞争性和不可分割性的特点,再加上私人的趋利性,使私人无法有效供给。随着公共产品理论发展到一定阶段,关于私人供给公共产品的可行性问题开始受到重视。科斯的经典论文《经济学中的灯塔》,从历史经验方面探讨了公共产品私人供给的可能性。在理论方面,德姆塞茨在《公共产品的私人生产》中分析说,在能够排除不付费者的情况下,私人企业能够有效地提供公共产品。由于不同的消费者对同一公共产品有不同的偏好,因此可以通过价格歧视的方法来对不同的消费者收费科斯与德姆塞茨分别是从历史经验和技术的角度分析公共产品私人供给的可能性。另外,从必要性方面来讲,公共产品政府单方面供给也面临着效率问题。首先,政府作为公共产品的唯一供给方,缺乏竞争会造成资源分配的效率低下;政府官员也会由于追求个人利益的最大化而损害公众的共同利益;寻租和官僚主义也是造成低效率的原因之一。其次,从新制度经济学的角度来讲,政府与市场一样,提供公共产品的过程都是需要成本(交易费用)的。政府通过强制性的以课税、行政管理费用等方式收费有时也有可能超过由私人市场方式提供的交易费用。

由政府提供公共产品和政府生产公共产品是两个不同的概念,萨瓦斯在《民营化与公私部门的伙伴关系》中列出了10种制度安排,认为供给和生产是可以分离的。私人会出于更大的市场效益、广告效益或政治目的等来提供公共产品。如在医疗、教育、救济和慈善方面,有些可以比政府提供更大的社会福利和更高的经济效率。他并对广义的PPP给出界定:指公共和私营部门共同参与生产的提供物品和服务的任何安排。包括一些复杂的、多方参与并被民营化了的基础设施项目。越来越多的事实表明,私人是可以提供公共产品的,且其在某些特定的组织形式下是有效率的,但是私人的提供也还是远达不到"满足"社会需求的程度,需要探讨在政府与私人供给之间的最优均衡点。目前,世界各国普遍采用市场化、引入竞争机制的新公共管理模式实现公共产品和服务的有效供给。但追根溯源，西方发达国家围绕"公共产品"展开的理论探讨与实践探索是以利益取向的公共性和公共管理权力运行的多向度为主导。因此，尊重公民权、以实现公共利益为目标，同时强调政府责任复位的新公共服务模式很有可能成为新时期公共产品理论发展的引领者。

二、新公共管理理论

从公共经济学和公共管理学角度来看，理论界至今对"新公共管理"的界定仍存在分歧，但无论是侧重在新理论、新模式或者新运动，新公共管理浪潮作为史实都无可争议。自20世纪80年代初开始，西方各国掀起了一场声势浩大的政府改革运动——新公共管理运动，其核心内容是引入私人部门积极参与公共服务供给的市场化改革。新公共管理思想主张在政府管理中采纳企业的管理方法来提高管理效率，在公共管理中引入竞争机制来提高公共服务的质量和水平，强调公共管理以市场或顾客为导向，重新调整国家、社会、市场三者的关系，用企业家精神的政府来代替官僚政府。

其理论基础可追溯到20世纪70年代前后，经济学理论发展中凸显了以科斯为代表的新制度经济学派，交易费用理论的产生和产权理论的深化发展对公共服务领域改革产生了重要影响。新制度经济学所指向的制度改革，与技术变革相比，是试图从制度的层面解决经济效率的问题，不同点在于，技术变革所反映的，直观上是人与物之间的关系，而制度改革则直接地反映人与人之间的关系。以英国为例，在经历20世纪三四十年代后的福利国家和70年代的国有化改革后，整个社会运行交易费用高而运行绩效低的矛盾，直接导致英国政府债台高筑。按照新制度经济学的理念，制度实际上可以被看作一种特殊的公共产品，提供者是政府，而改善制度这种公共产品的供给，必须且有效的途径就是改革。撒切尔政府一方面在以哈耶克为代表的新自由主义影响下，有非常明确的市场化改革方向；另一方面遵循新制度经济学所强调的交易成本分析，致力于降低整个社会制度的交易成本。开启公共服务市场化改革的PPP，可认为是在交易费用理论的影响下，随着公共服务供给的市场化改革而得以广泛发展的，其相关理论也得到深化。

公共服务市场化改革的另一理论支柱，是委托—代理理论，即研究委托人和代理人之间所建立的契约关系等的理论。由于委托人和代理人之间存在实际上的信息不对称，委托人无法总对代理人所有行为的细节全盘掌控，而代理人在利益驱动下会更有可能实行机会主义行为来追求利益最大化，所以，即便通过签订合同条款等方式形成相对稳固的委托—代理关系，其运行过程中也可能面临许多问题，因而对委托人和代理人之间关系的研究就显得更加重要。PPP模式往往包含多重契约关系，如果说"交易费用理论"是从宏观上指导了PPP实践的起点切入，那么"委托—代理理论"则一方面促使PPP这种以委托—代理为核心的模式成为更广泛的现实，另一方面也为PPP的管理和运行提供了理论基础。比较而言，"委托—代理理论"所研究的范畴显然是较为微观的层面，但其实质上仍然是在通过研究委托人和代理人之间关系而研究制度运行过程中的问题，或者说，我们可以认为其是在通过研究和解决委托—代理契约关系中可能产生的问题，而达到降低交易费用和制度运行费用的效果，实际上与"交易费用理论"一脉相通。在此运动的推进浪潮中，英国、澳大利亚、新西兰、法国、美国、日本等国家进行了较为全面和颇具新意的改革，为公共经济和公共管理范畴内的制度变革带来新气象。

新公共管理理论的基本思想可以概括如下。

（一）限定政府职能，政府发挥"掌舵"而不是"划桨"的作用

新公共管理理论以政府公共职能的重新厘定为基础，重新界定政府作用的范围与公共领域的界线，重新划分市场作用的范围与市场边界。政府的作用主要是"掌舵"——对整个经济社会发展的导向、领导和服务作用。将政府职能进一步限定为提供核心公共产品，而混合公共产品和政府提供的私人产品则要采取市场化的手段，由私人部门和非政府组织参与提供。在新公共管理看来，公共产品提供的主体有三种：政府部门、非政府组织、私人部门。政府部门是指以政府行政机关为主的公共管理机关；非政府组织指第三部门，包括民间团体非营利性中介机构、自愿性的公共团

体、群体性组织、基层自治机关等；私人部门主要指以民间资本为主的私营企业的或公私相互参股的股份制企业。新公共管理重新划定了政府、私人部门、非政府组织在提供公共产品中的作用。

在PPP模式中，政府部门应该看到一切问题和可能性的全貌，并且能对资源的竞争性需求加以平衡，社会资本则应专注于项目的执行。政府部门应当努力成为一个善于实行"治理"的政府，在PPP项目全生命周期发挥应有的作用。

（二）政府服务以顾客或市场为导向，响应社会公众需求

新公共管理从公共选择理论中获得依据，强调政府应以顾客或市场为导向，通过把公民变成消费者（顾客），以市场取代政府，提供回应性服务，满足公民（顾客）的不同需求。它通过引入市场机制、公民参与管理、公共服务提供的小规模化等措施，给公民（顾客）提供"以脚投票"即自由选择服务机构的机会，征求他们对公共服务的意见和要求，并测量其满意程度，这是公共管理理念向市场法则的现实回归。"企业家"在新公共管理思想中有其特殊的含义，作为"企业家"的政府并非以营利为目的，而是要把经济资源从生产效率较低的地方转移到效率较高的地方。

因此，在政府和社会资本合作中，往往企业家式的政府部门能够更高效地提供公共设施或服务，更加重视社会公众参与，综合评价PPP项目的实施与监管。

（三）广泛采用授权或分权的方式进行管理

新公共管理理论认为，与集权机构相比，授权或分权机构有许多优点，如比集权机构有更强的灵活性，对于新情况和顾客需求的变化能迅速做出反应；比集权机构更有效率；比集权机构更有创新精神；比集权机构能产生更高的士气、更强的社会责任感、更高的生产率，等等。在政府和社会资本合作中，政府部门可以把官僚组织分解为许多半自主性的执行机构，特别是把商业功能和非商业功能分开、决策与执行分开。

(四) 广泛采用私营部门的管理方法和手段

与传统公共行政排斥私营部门管理方式不同，新公共管理强调政府广泛采用私营部门成功的管理方法、手段和经验，这在 PPP 模式中得到充分的体现，如成本—效益分析、全面质量管理、目标管理、降低成本和提高效率等。取消公共服务供给的垄断性，如"政府业务合同出租""竞争性招标"等，新公共管理认为，政府的主要职能固然是向社会提供服务，但这并不意味着所有公共服务都应由政府直接提供。政府应根据服务内容和性质的不同，采取相应的供给方式，根据具体情况，决定是否直接介入以及介入的程度、范围、方式和力度①。

(五) 在公共管理中引入竞争机制

传统观念认为，微观经济领域应该由私营部门承担，而公共服务领域则应该由政府垄断。与传统公共行政排斥私营部门参与管理不同，新公共管理理论强调政府管理应广泛引入竞争机制，取消公共服务供给额垄断性，让更多的私营部门参与公共服务的供给，通过这种方式将竞争机制引入政府公共管理中来，从而提高服务供给的质量和效率，迫使垄断组织对顾客的需要做出反应，奖励革新。

(六) 重视提供公共服务的效率和质量，明确绩效目标导向

新公共管理理论主张政府管理的资源配置应该与管理人员的业绩和效果联系起来。在管理和付酬上强调按业绩而不是按目标进行管理，按业绩而不是按任务付酬。在对财力和物力的控制上强调采用根据效果而不是根据投入来拨款的预算制度，即按使命做预算、按产出做预算、按效果做预算和按顾客需求做预算。② 政府部门为了以较低的投入获得较高的公共服务质量和效率，大力倡导 PPP 模式，这在一定程度上减轻了政府部门的财政压力，完全符合新公共管理理论的目标。新公共管理理论反对传统公共

---

① 金太军. 新公共管理：当代西方公共行政的新趋势 [J]. 国外社会科学，1997 (5)：20 - 21.

② 李军鹏. 新公共管理的行政理论创新 [J]. 广东行政学院学报，2001 (2)：30 - 37.

行政重遵守既定法律法规轻绩效测定和评估的做法，主张放松严格的行政规制，实行严明的绩效目标控制，即确定组织、个人的具体目标，并根据绩效目标对完成情况进行测量和评估。实践中，新公共管理理论的很多思想，如"市场导向""授权分权""自由竞争""绩效评估""改进财政管理"等与PPP模式的核心要素异曲同工。

无论是世界范围内盛行的新公共管理理论及实践，还是倡导多元主体互动供给的新公共服务管理模式，公共产品只是在供给形式上实现了从政府向市场的转移。政府作为公共利益的最终捍卫者，向社会公众提供公共产品这一原始责任必须毫不动摇，并且随着公共产品民营化改革的深入，应更好地完成从公共产品直接提供者向监管者的角色转换，保证公共产品供给效率与监管质量。

三、市场失灵、政府失灵与志愿部门失灵理论

市场经济运行主要是借助市场交易来达成人类经济活动的目的，实现社会资源的优化配置。实践证明，市场在发展经济和提高资源配置效率方面显示出了巨大的优越性。但是市场不是万能的，在其运行中自发产生的或不可避免的缺陷和弊端，致使市场对资源配置出现低效率，即市场失灵。市场失灵的存在便为政府干预经济找到了充足的理由。但是市场不是万能的，政府干预也并非完美无缺。"应当认识到，既存在着市场失灵，也存在着政府失灵。"[①] 从"市场失灵"到"政府失灵"表明，作为配置资源和协调社会经济活动的主要机制或制度安排，政府与市场各有其优缺点，必须从理论上厘清政府与市场之间的基本关系及其作用边界，并探讨如何实现政府与市场配置资源的优化组合，从而"处理好政府和市场的关系，使市场在资源配置中起决定性作用和更好发挥政府作用"。在对政府失灵的校正中，出现了重新重视志愿部门在提供公共产品方面的作用的相关理论观点，即"把社会的还给社会"，但是，志愿部门也存在诸多内生性的缺陷，是为"志愿部门失灵"。

---

① 罗纳德·科斯. 财产权利与制度变迁 [M]. 上海：上海人民出版社，1994.

（一）市场失灵

理论上，在完全竞争的市场中，市场可以实现资源的最优配置。但是在现实经济中，由于各种因素的存在，仅依靠市场机制不能实现帕累托最优，也不能避免收入分配不公和宏观经济失衡等现象，从而会引发市场失灵问题。萨缪尔森认为："市场失灵是指价格体系的不完备性，它阻碍资源的有效配置。"①

依照竞争的平等性、市场效率和分配公平的标准来看，市场失灵主要表现在以下几个方面：一是垄断降低市场效率；二是市场调节不能解决宏观经济的平衡问题；三是市场不完全和信息不对称导致效率损失；四是市场不能有效地解决公共物品的供给；五是市场调节难以解决外部效应问题；六是市场不能解决收入分配的公平化，相反却有恶化收入分配差距的倾向；七是促进技术进步和调整产业结构不能单纯依靠市场机制；八是实现国际收支平衡不能仅仅依靠市场机制。

（二）政府失灵

当市场失灵时，不能实现资源配置效率的最大化，需要借助政府的干预。政府干预经济领域表现在纠正市场失灵或采取政策弥补其效果。所以斯蒂格利茨说"市场失灵至少可能地界定了政府活动的范围"。

正如市场机制不是万能的，政府干预也并非完美无缺。市场经济的实践已经证明，市场不能调节或调节不好的事情，政府并不必然就能调节或调节得比市场好，政府调节过程中亦会有失灵现象。萨缪尔森认为"当政府政策或集体行动所采取的手段不能改善经济效率或道德上可接受的收入分配时，政府失灵便产生了"。② 政府失灵主要是由以下原因造成的：一是政府行为目标与社会公共利益之间存在差异。理论上政府是公共利益的代表，但实际上，无论是政府官员还是政府机构，都有自己的行为目标，而这些行为目标并不必然与公共利益之间画等号。二是政府机构效率低下。

---

①② 保罗·A. 萨缪尔森，威廉·D. 诺德豪斯. 经济学（第16版）[M]. 北京：华夏出版社，2002.

由于缺乏对政府官员的有效监督,而政府机构又是天然的垄断组织,缺乏竞争和追求利润的动机使政府机构没有提高效率的动力和压力。三是政府角色错位。政府干预的范围和力度往往超出了校正市场失灵的合理界限,即政府管了不该由政府承担或政府管不好的事。四是政策的滞后效应。政府干预政策的制定和实施需要时间,政策对经济发生作用同样需要时间,政策滞后效应会使政策结果与预期目标相距甚远。五是政府干预与市场运行机制相冲突。政府干预依靠的是"看得见的手"的人为力量,市场运行依靠的是"看不见的手"的自然力量,人为力量既可能与自然力量相吻合,也可能发生矛盾和冲突。六是不完全信息的影响。由于缺乏有效的动力刺激和相应的约束,特别是广泛的私人利益的存在,政府要获得全面准确的信息十分困难,依据并不全面,也不准确的信息制定的政策也就很难达到预期效果。七是寻租活动。所谓寻租就是用较低的贿赂成本获取较高的收益或超额利润,寻租活动必然导致政府失灵,因为它酿成政府官员争权夺利,影响政府声誉,增加政府的廉政成本,引致社会资源的巨大浪费。①

政府和社会资本的合作模式对政府失灵现象有一定的缓解作用,由于社会资本的引入使得政府部门对市场失灵或缺陷更敏感,及时发挥有效的调节机制,降低政府部门的成本支出,使政府部门更好地提高供给效率,满足民众对公共产品或服务的需求。②

(三) 志愿部门失灵③

对公共产品领域中的政府失灵是从两个维度进行校正的。首先,把市场的还给市场,表现为创造性地区分"公共产品的提供"与"公共产品的生产"两个概念,一方面,坚持政府负有提供、送达公共产品的责任;另一方面,打破只有政府才能生产公共产品的神话,在公共产品的生产中引

---

① 黄新华. 从市场失灵到政府失灵———政府与市场关系的论辩与思考 [J]. 浙江工商大学学报, 2014 (5): 68-72.

② 汪丁丁. 为什么"政府失灵"比"市场失灵"更加危险 [J]. 财经, 2003 (2): 16-17.

③ 贾康、冯俏彬. 从替代走向合作: 论公共产品提供中政府、市场、志愿部门之间的新型关系 [J]. 财贸经济, 2012 (8): 28-35.

入市场机制,多主体的进入,通过形成竞争来提高效率,这就是20世纪80年代盛行于整个西方社会的新公共管理运动的浪潮。其次,把社会的还给社会,志愿部门在提供公共产品方面的功效被重新讨论。

相对于政府干预下始终存在"未被满足的需要",志愿部门天生是用来满足少部分人的需要的。如一个关爱艾滋病人的社会团体,一个从事保护野生动物的协会,一个致力于救灾的志愿者联盟等,针对的恰恰就是一小部分人的需要,许多在统一的政府体系中不能体现、不能满足的需求在志愿部门介入后常常可以得到比较理想的满足。从这个意义上讲,志愿部门的介入在一定程度上弥补了政府失灵,也是在一定程度上对政府机制的替代。

但是,志愿部门实际上也会有内生性的缺陷,表现为"志愿部门失灵"。按萨拉蒙的归纳,志愿失灵主要表现在四个方面:一是"慈善供给不足",这主要是基于其资源的有限性;二是"慈善特殊主义",即仅服务于某些特定的社会群体而忽略另一些更需要帮助的社会群体;三是"慈善组织家长式作风";四是"慈善业余主义",即志愿部门中充斥着有爱心但无专业技能的业余人员,而这不可避免地会影响服务的质量(萨拉蒙,2008)。

四、从替代到合作构建新型关系的理论创新

贾康和冯俏彬(2012)认为,从市场失灵到政府干预,再从政府干预到政府失灵,然后是志愿部门介入和志愿部门失灵……可以明显地看出,以上理论思维的逻辑特征总体而言,是板块状的、单向的,即在市场、政府、志愿者部门三者之间,呈现出一种基于"失灵"而依序继起、替代与被替代的关系。历史地看,这种重在突出某种机制失灵的理论,有利于打破对于这种机制的迷信,从而为另一种机制的导入开路(如从"看不见的手"到"国家干预"),客观上有其积极与进步的一面。但是,"替代"的另一面则是容易滑入冲突和互不兼容的绝对化,如关于政府与市场的紧张对立关系,不仅在我国改革开放以来的多次激烈论辩中可见,而且其分量之重,则体现在党的十八大称为两者关系的

正确处理是改革的核心问题；在发达国家，即使时至今日仍然有大量讨论政府与市场冲突的文献。

贾康和冯俏彬（2012）提出认识三者关系的新视角——基于"有效"的"合作"。政府、市场、志愿部门三个主体各自具有显著优势——市场的优势在于较高的效率，政府的优势在于可超越个体利益之争提供大多数社会成员需要的公共产品，并以公权为后盾在社会成员之间进行必要的强制分配，而志愿部门则有利于满足那些"未被满足的需求"。这些"老生常谈"的话语后面，却隐含着一种新的境界：只要在适当的领域和场合，使它们之中的任意两个形成合作，都可以达到比各自单独发挥作用时更大的效果。

市场、政府与志愿部门之间的新型伙伴关系的核心是：权力共享、共同治理。权力共享，是指自福利经济学以来被政府垄断式的提供的公共产品与公共服务的权力或者广而言之，政府作为社会管理者的权力正在由更多的主体分享，市场、志愿部门都已深深地卷入到公共产品的生产之中。正如新制度经济学中"产权束"概念一样，现在，当我们讨论政府管理社会、提供公共产品的权力时，已不能笼统地谈权力，而必须在"权力束"的眼界下对权力本身进行条分缕析。具体而言，权力包括决策权、执行权和监督权，在传统的行政管理中，以上权力主要是由政府内部的不同层级、同一层级内部的不同部门来分别履行的。现在的发展趋势则是：政府仍然保留和执掌着那些体现公共价值、以提供公共产品和公共服务为主的决策权，相关执行权则呈现多主体特征，政府或政府内部的某个部门、企业、各类志愿组织都可能是执行主体；甚至监督权也同样呈现出多主体的特征，一方面，科层制政府内部自上而下的监督、同级立法部门的横向监督仍然在起作用；另一方面，媒体监督、公共监督占据着越来越重要的地位，监督的内容则呈现出由传统的"合规"监督向加入"绩效"诉求的综合监督的演进。共同治理，是指基于伙伴关系的政府、市场、志愿部门之间平等协作、形成和分享共同价值的社会管理新模式。相对于过去政府自上而下的"管理"，"治理"意味着政府要运作一个网络，既在政府内部要维持"传统的自上而下的层级结构建立纵向的权力线"，在政府外部则要"根据新兴的各种网络建立起横向的行动线"（史密斯、埃格斯，2008），致力于在同级部门之间、上下级政府之间，公共部门、私人部门和志愿部门之间形成优势互补的"跨界治理"（马奔，2010），其实质内容就是跨越不同"部门""板块"拼接递补的效应，而生成与追求渗透、融合、系统化提升的合作共赢效应。更重要的是，在这样一个涉及多方主体的治理结构中，政府、企业、志愿部门通过对话讨论形成和分享共同价值、通过合同明确各方的权利责任形成平等合作、有序分工的关系。不可否认，政府在其中仍然居于中心位置，但与传统模式相比，治理结构中政府与企业、志愿部门之间的关系，已不再是过去政府高高在上的管理与被管理关系，而是一种相互倚重、平等合作的伙伴关系。这一点，既深刻地改变着当代政府的行政模式，同时又深刻地改变着政府花费公共资金、履行财政管理职责的模式。

市场、政府、志愿部门之间这种基于"有效"而形成的伙伴关系，固然源自公共问题本身的高度复杂性，同时更为解决复杂的公共问题提供了方案。如果我们结合前沿性事件进展对真实世界的政府、市场、志愿部门关系进行观察，其实不难发现三者的合作已成为不可回避的历史进步命题。不可否认，在某些特定的历史时期和某些特定的情境下，它们中的某一个曾居于显眼的甚至对另两个主体曾产生过相当程度"挤出"的主导地位，但仔细考察一下"全球化"时代与"和平发展"时代的总体状况，就会发现它们始终同时存在，各自在不同的领域内发挥着功用，而更加有必要，也有可能在更多的领域实行更多的合作。整个人类社会正是在三者的共同参与之下，走过历史、经历现在，也通向未来，并随着近几十年来纯公共产品与纯私人产品之间大量的中间状态联结部分——准公共品和俱乐部产品、权益—伦理型公共品等不断发生着多样化的升级发展而日益呈现相互渗透融合，即汇入合作共赢的历史潮流。[1]

一方面，理论给予PPP产生和实施的引领；另一方面，PPP的产生和发展也为理论带来了新思路与新境界。这种新思路如果归纳成一句话，就是PPP开启了政府与市场从替代到合作的新型关系的理性认识空间。

---

[1] 贾康，孙洁. 公私合作伙伴关系理论与实践（修订本）[M]. 北京：经济科学出版社，2015：6.

第三节 财政风险理论及其研究进展

国内外学者对财政风险理论的研究集中在财政风险的内涵、财政风险的类型、财政风险大小度量、财政风险预警系统的构建等。自 20 世纪 80 年代以来，根据各国经济运行实践，财政风险理论日益受到重视，理论研究不断深化。

一、财政风险的内涵

财政风险尚无统一定义。国外对财政风险的研究始于 20 世纪 80 年代末，真正深入的研究在 90 年代以后。代表人物世界银行高级经济学家汉娜·波拉克娃·布雷克斯（Hana Polackova Brixi）在 1998 年创新性地提出"隐性债务"和"或有债务"的概念，并在此基础上提出了财政风险矩阵（见表 1-3），拓宽了财政风险分析的研究视野。在汉娜的财政风险矩阵中，包括直接显性负债、直接隐性负债、或有显性负债、或有隐性负债四个方面的内容，她认为应该对或有性质的债务保持较高的关注，这是造成财政状况波动的重要因素。风险矩阵的提出，实际上是把"谨慎原则"引入政府财政领域，这就要求对政府的各种债务引发的风险应在预算决策过程中有充分的估计和准备。这对保持财政的稳健性和可持续性具有极其重要的意义。但从"政府财政风险矩阵"的内容来看，反映的主要是政府债务的四大类型及其基本特征。虽然具有不同特征的政府债务是政府财政风险的重要来源，但从中并不能直接得出政府财政风险的状况。因为就债务论债务无法说明财政风险的大小，只有当债务与清偿债务的资源联系起来时，债务的分析才有意义。[①] 因此，汉娜从可用财政资源的角度又提出了财政风险的"对冲矩阵"，把两个矩阵联系起来，可以看出四大类型的政府债务与其可用财政资源的对应关系。这对控制财政风险有一定的启示作

---

① 刘尚希. 财政风险：一个分析框架 [J]. 经济研究，2003（5）：23-31+91.

用，即当财政风险达到一定的临界点时，可按照"对冲矩阵"的布局来调动财政资源。

表1-3　　　　　　　　　　政府财政风险矩阵

债务	直接负债 （在一般情况下存在的债务）	或有负债 （在特定事件发生情况下的债务）
显性的（由法律和合约确认的政府负债）	1. 国家债务（中央政府借款和发行的债券） 2. 预算涵盖的开支（非随意性支出） 3. 法律规定的长期性支出（公务员工资和养老金）	1. 国家对非主权借款、地方政府、公共部门和私人部门实体（发行银行）的债务担保 2. 国家对各种贷款（抵押贷款、学生贷款、农业贷款和小企业贷款）的保护性担保 3. 国家对贸易和汇率的承诺担保 4. 国家对私人投资的担保 5. 国家保险体系（存款保险、私人养老基金收入、农作物保险、洪灾保险、战争风险保险）
隐性的（反映公众和利益集团压力的政府道义责任）	1. 未来公共养老金（与公务员养老金相对的） 2. 社会保障计划，如果不是由法律做出硬性规定 3. 未来保健融资计划，如果不是由法律做出硬性的规定 4. 公共投资项目的未来日常维护成本	1. 地方政府或公共实体、私营实体非担保债务（义务）的违约 2. 银行破产（超出政府保险以外的救助） 3. 实行私有化的实体债务的清偿 4. 非担保养老基金、就业基金或社会保障基金（对小投资者的保护）的破产 5. 中央银行可能的负净值或对所承担义务（外汇合约、货币保护、国际收支差额）不能履行 6. 其他紧急财政援助（如在私人资本外逃的情况下） 7. 改善环境、灾害救济、军事拨款

美国政府间关系咨询委员会将财政风险认定在破产、无力支付政府债券/票据的到期本金或利息、无法履行工资及养老金等支付义务三种情形范围内，这显然是基于直接支付责任定义的财政风险。蒂莫斯·艾尔文（Timothy Irwin, 1997）等在研究基础设施私有化中的公共风险时指出了政府担保行为的风险，并试图确定担保的预期损失，这是从或有风险的角度来考察政府责任。通过国外研究的对比可以看出，汉娜对财政风险的矩阵以及对冲矩阵分析是较为全面的观点，他人的研究可以基本包含在其分析框架之下。

由于世界各国政府的事权划分、财政预算制度不同，所形成的财政风险管理体制也不同。帕布洛和马里亚诺（Pablo and Mariano, 2004）比较了联邦制和集权制下财政风险的分担机制,指出了政治体制对财政风险分担的影响。但各国政府防范财政风险的意识和方向是明确的,在制度建设和管理上也一直在积极探索。

国内学者研究财政风险时在借鉴的基础上出现了很多创新。对于财政风险的理解主要有两种:一种是狭义上的财政风险,即仅从财政自身的角度来考察,是指政府资不抵债和无力偿付到期债务,不能维持正常机构运转的风险。它包含两方面的内容:一是财政不能提供必要财力致使国家机器不能正常运转的可能性;二是财政资源分配不当引起的资源浪费和损失。另一种是广义上的财政风险,在一定意义上,政府是为化解和规避公共风险而存在的,政府的每一项公共政策,最终都要体现在财政上。因此,财政风险就是公共风险。财政是社会经济风险的最终承担者,银行风险、国企财务风险等都将最终转化为财政风险,甚至将财政风险等同于国家经济安全问题。

在财政风险的内涵定义方面,刘尚希、隆武华、赵全厚(1997)认为,财政风险是指财政不能提供足够的财力致使国家机器的正常运转遭受严重损害的可能性,财政风险并不是财政部门的风险,而是整个国家及政府的风险;梁红梅(1999)认为,财政风险是指与财政有关的经济危险,是国家在组织收入和安排支出过程中,由于财政制度和财政手段本身的缺陷以及多种经济因素的不确定性,造成财政损失、困难以及财政政策目标难以实现的可能性;施青军(2000)认为由于财政是全社会风险的最终承担者,因此,从广义上理解的财政风险包括来自经济波动、利率变动、债务扩张等经济方面的风险和来自自然灾害、政治、社会不稳定等非经济方面的风险,而狭义财政风险是指财政的债务风险;吴厚德(2001)认为,财政风险是指国家在组织财政收入和安排财政支出过程中,由于财政制度和财政手段本身的缺陷以及多种经济因素的不确定性造成损失和困难的可能性;孙国相(2001)从财政收支对比的角度指出财政风险是指由于财政收入增长的惰性和财政支出增长的刚性以及两者合力所形成的财政困难,并可能引发财政危机的一种状况;刘尚希(2003)认为财政风险是政府拥有的公共资源不足以履行其应承担的支出责任和义务,以至于经济、社会的稳定与发展受到损害的一种可能性。表现形式为赤字不可持续、债务不可持续和财政不可持续,并提出财政风险评估的基本框架;丛树海(2005)指出广义的财政风险就是公共风险,即来自经济、自然、社会和政治等方面的不利因素致使国家财政、银行信用和货币流通出现混乱及动荡的可能性;而狭义的财政风险,指爆发财政危机的可能性,即政府财政入不敷出、预算赤字巨大、国家债务剧增、全部或部分国家债券停止兑付的可能性;王启友(2008)从财政政策的执行角度认为财政风险是政府财政政策的实际结果与预期结果之间的偏离程度。

二、财政风险的类型

各国财政制度的差异以及财政运行本身的复杂性导致了财政风险的多样性。因此,从不同的角度、按照不同的标准,可以对财政风险进行不同的分类。

(一) 根据财政风险的显露程度划分,可将财政风险分为显性风险和隐性风险

显性风险是指各种风险因素明显暴露,损失或损害能够测算的风险,如财政赤字、财政欠账、财政运行难度、财政职能实现程度等;隐性风险是指各种风险因素尚处于隐蔽状态,不容易被觉察的部分,如财政账面空转造成的虚收实支、非登记外债等(高志立等,2001);显性风险是指由特定法律或合同确认的政府债务带来的风险。隐性风险是指政府道义上的责任,主要反映了公众期望以及利益集团压力(汉娜·波拉克娃·布雷克斯,1998)。

(二) 按照财政风险的归属情况划分财政风险

按照财政风险在预算体制各级次上的表现划分,财政风险可分为中央财政风险和地方财政风险。地方财政风险又可细分为省财政风险、省辖市财政风险、县财政风险和乡镇财政风险(高志立等,2001)。

根据财政风险在财政运行各环节的具体表现划分,财政风险可分为财政收入风险、财政支出风险、财政赤字风险和债务风险。这几种风险都有

规模风险和结构风险之分。从规模的角度分析，财政收入风险一般是指财政减收风险，财政支出风险一般是指财政增支风险，财政赤字风险和债务风险一般是指债务规模扩大的风险。

（三）根据财政风险的形成原因划分财政风险

从内外因角度分析，可将财政风险分为内生风险和外生风险（张燕、王刚义，2001），或称内部风险和外部风险（孟繁金等，1999）、自我积累型财政风险和被动吸收型财政风险（曾军平，2000）或称内源性风险和外源性风险（高志立等，2001）。内生风险是指财政系统内部因素（如财政政策不当、财政制度缺陷、预算管理体制不合理和管理低效率等）造成的财政风险。外生风险是指由财政系统外部因素造成的财政风险，一般是在经济和社会运行机制不健全时，由不确定性因素引起的需要财政"兜底"的风险，如自然风险、社会经济运行风险、技术风险、政治风险和战争风险等。

从主客观的角度分析，可将财政风险分为主观性风险和客观性风险。主观性财政风险是指由主观因素引起，客观性风险主要由客观因素引起；技术风险、体制风险、决策风险、管理风险和政治风险带有很大的主观性，而自然风险和经济运行风险则主要由客观因素引起（丛树海，2005）。

（四）根据风险因素的作用方式划分，财政风险可分为直接风险和间接风险

一类是直接的财政风险，即由财政直接承担的债务，相当于世界银行讲的直接显性债务，一般是通过财政预算安排并经过一定的法定程序批准的债务，这些债务是可预见、可计算出来的；另一类是间接的财政风险，即由财政间接承担的其他领域的债务，相当于世界银行讲的直接隐性债务、或有显性债务和或有隐性债务，一般是在财政预算以外可能要由财政来承担的债务，至于承担多少债务，是事先无法知道的（丛明、何哲一，2001；张青，2002）。

可见，财政风险的各种类型不是绝对孤立的，我们必须对各类财政风险交互关系进行深层次的分析。第一，不同财政风险的分类之间存在两种关

系：一是近似等同关系，如内生风险对应于直接风险，外生风险对应于间接风险；二是衔接关系，即任何一种分类所得出的财政风险形式都可以按照其他的分类方式再进一步划分。这种衔接关系将会形成一个非常复杂的体系，这正说明了财政风险的复杂性。第二，就某一个具体的风险因素而言，从不同角度可以构成不同的财政风险。如国有企业债务，是财政的或有债务，它可以构成外生风险，也可以构成间接风险；既会带来财政收入风险，也可能会带来财政支出风险。第三，不同的财政风险形式相互影响、相互转化。如隐性风险可能转化为显性风险，显性风险也可以处理成隐性风险；地方财政风险与中央财政风险相互传导，财政运行各环节的风险传导性就更强，但在不同时期，财政风险总会以某些特定的表现形式令人更为关注。[①]

三、财政风险大小的度量

财政风险本身抽象而空泛，界定、度量财政风险便显得尤为困难。由于缺乏一致的财政风险界定和一个规范的评价标准，在评估我国财政风险的大小时，学者观点各异，见仁见智。

（一）通过分析国债依存度、赤字率和债务率等风险指标衡量财政风险状况

按照《马斯特里赫特条约》规定的国债依存度、赤字率和债务率等风险指标，以及用汉娜的财政风险矩阵测度政府债务规模，是较为常用的衡量我国财政风险状况的分析。

刘迎秋（2001）对中国均衡的和动态均衡赤字率和债务率的决定进行了理论分析，在债务—赤字模型基础上，通过实证分析，论证和揭示了与中国现阶段国民经济发展相适应的赤字率和债务率及其警戒线，得出的基本赤字率变动区间为：2.5%～5.5%。在全额赤字率为3.5%和5.5%的情况下，得到较低水平的债务率36.83%和较高水平的债务率57.88%。

---

① 张明喜. 关于我国财政风险和风险预警的研究综述［J］. 上海财经大学学报，2007（4）：90-96.

童本立和王美涵（2001）通过分析表明1996~2000年我国的赤字规模扩大，增速加快，赤字率由1996年的0.9%上升到2000年的2.9%，但是这些赤字是不包括地方财政赤字、外债、隐性或有债务在内的赤字，因此我国的财政风险包袱比较沉重。

马拴友（2001）全面分析财政政策的可持续性，提出了评价公共部门可持续性的一般理论框架，并测算了我国公共部门可持续赤字水平。通过测算，我国政府总债务占GDP比重已相当高，国内债务负担率1999年合计已达72.4%，财政的潜在风险较大。

陈共（2003）匡算出我国的直接显性债务占2002年GDP的比重为25%左右，直接隐性债务占GDP的比重为30%左右，或有显性债务占GDP的比重为40%左右，或有隐性债务占GDP的比重为15%~20%，政府综合负债水平约占GDP的115%~118%。

（二）通过资产和负债存量及两者的差额（净资产）来评估财政风险及其可持续

张春霖（2000）不仅提出了公共部门的预算约束，还提出了应用公共部门资产负债表评估财政的可持续性。丛树海和郑春荣（2002）沿着这一思路，提出如何应用国家的资产负债表来衡量政府的财政状况，并讨论了传统的财政赤字规模分析法和资产负债表衡量法各自的缺点，强调应将两者结合起来评估财政风险。

刘尚希、赵全厚（2002）对政府直接负债和政府或有负债进行测算，得到的初步结论是截至2000年底，政府直接负债规模为58186亿元，其中显性的为21186亿元，隐性的为37000亿元；政府或有负债规模达到58609亿元，其中显性的为23235亿元，隐性的为35374亿元。[①]

（三）通过公共债务与公共资源存量、流量和经济总量的对比分析评估财政风险

刘尚希（2003）在明确政府双主体定位的基础上，认为研究财政风险

---

① 刘尚希，赵全厚.政府债务：风险状况的初步分析[J].管理世界，2002（5）.

问题要从政府的公共主体身份出发，提出了评估财政风险应从两个方面入手：一是政府拥有的公共资源；二是政府应承担的公共支出责任和义务。评估财政风险的基本框架是：第一层次，公共债务与公共资源存量的对比分析；第二层次，公共债务与公共资源流量的对比分析；第三层次，公共债务与经济总规模的对比分析，通过这一层次的分析，可发现财政风险是否处于可控的范围之内。刘尚希（2005）认为公共债务与经济总量是一种历史的循环关系，不同的循环状态决定了政府财政风险是趋向收敛还是发散，不同的债务结构对经济总量及其增长产生不同的影响。

单大栋等（2005）沿着刘尚希的思路，认为当前我国财政风险的主要问题有两个方面：一方面，我国政府拥有的公共资源从存量上看，国有资源的使用不尽合理和国有资产经营效益低下甚至亏损的现象较为普遍；在流量上，近年的财政收入虽然形势喜人，但仍存在较多经济转轨中的不确定性。另一方面，我国政府应承担的显性和隐性公共支出方面。国有金融机构的不健康运行不断扩大财政隐性支出责任；深化国有企业改革将加大政府的支出责任；社会保障支出压力逐渐加大；政府担保的潜在支出较大。

（四）通过建立财政风险评估模型判断财政风险大小

欧林宏（2003）提出了财政风险层次组合模型，并进行实证分析，得出的结论是：财政的核心风险比较低，财政的分配性风险是目前财政风险的核心所在，财政的摩擦性风险比较大。钟大能和唐代盛（2003）通过分析隐蔽财政风险、隐性负债、或有负债、金融抑制收益和铸币税的角度进行分析，得出的结论是财政风险确实存在，财政危机没有爆发。

张振川（2004）主要通过选择国家财政风险的相关评估变量，利用AHP分析法来确立评估变量直接的相对权重，从而最终得出财政风险评估的三因素模型，并利用该模型得出的财政风险值呈现逐渐增长的特征，1997~2001年财政风险值分别为1.73%、2.25%、2.83%、3.26%和3.43%[1]。

---

[1] 张明喜. 关于我国财政风险和风险预警的研究综述［J］. 上海财经大学学报，2007（4）：90-96.

(五) 利用财政风险预警系统来分析财政风险

武彦民（2004）本着科学性、有限性的原则遴选了8个直接关联指标和8个间接关联指标，初步构建了具有中国特色的财政运行状态评价体系，并在此基础上通过定量分析的方法完成了对中国目前财政风险运行状况的测评，得出我国财政目前处在比较严重的风险境地，部分指标已经处于危机区域的结论。

丛树海和李生祥（2004）、丛树海（2005）以指数预警方法为主，根据财政内部风险和外部风险对各指标对风险的影响程度，分别选取8个和12个核心指标编制成衡量和预警财政风险的内部合成指数和外部合成指数，并确定了各指标的预警区间，设置了财政风险预警信号系统。将1990～2001年相关预警指标的样本数据输入上述系统，结果表明样本期内我国的财政风险一直未超过轻警区间的警戒线，处于基本安全状态。但这一期间多数年份财政风险的合成指数接近警戒线，应有所警惕。

刘尚希（2004）[①] 提出防范财政风险的重点不是削减现有的公共债务规模，而是如何对未来各种不确定性做出一个合理和科学的制度安排，以减少财政风险，并提高对财政风险的可控性。应至少从四个方面入手防范财政风险：一是通过制度创新来控制公共风险，从而有效地减少财政风险；二是减少政府干预公共风险中的各种失误，防范由此而引发新的财政风险；三是建立风险管理机制，打破"风险大锅饭"，抑制道德风险，减少风险的积聚和集中；四是增强政府抗风险能力，形成强大的风险防御能力。提高政府把经济资源、政治资源和社会资源全部整合起来的能力。

张志超（2004）提出从财政系统内部变量和财政系统环境变量两方面指标来评价财政风险，反映财政系统运行状态的指标主要有财政收入占GDP的比重、财政赤字率、国债负担率、国债依存度、国债偿债率和或有债务规模；反映财政系统环境的指标主要有经济增长率、物价波动幅度、失业率、企业亏损面、产业结构、国民受教育水平和经常项目赤字占GDP

---

① 刘尚希. 财政风险：防范的路径与方法 [J]. 财贸经济，2004，12：29-34.

的比重，运用这些指标来构建我国政府财政风险评估指标体系。

中国财政科学研究院宏观经济研究中心课题组（2016）探讨了财政风险指标（fiscal risk index，FRI）体系的基本框架，以及财政风险指数预警系统构建思路和方法，进而提出财政风险管理对策，包括：引入财政中期预测框架、对政府负债进行清理和分类、全面清理预算外财政活动、保持财政政策的可持续性要求逐步增加财政能力、将中期财政分析框架扩展到部分表外风险、逐步引入一系列财政风险的分析和管理方法。

➡ 第四节　PPP 财政风险理论及其研究进展

政府公共部门主体地位决定了其必然是公共风险的最终承担者，无论是政府部门活动还是私人活动，一旦表现为公共风险，就有可能成为财政风险。PPP 项目具有参与主体众多、设计结构复杂、生命周期较长的特点，时间上的跨度和空间上的广度决定了 PPP 项目财政风险的特点，即多发性、隐匿性和传递性。政府部门是 PPP 主体中的重要参与者，除了在非完全的使用者付费项目中要承担直接的支出责任外，还要承担可能引发或有风险的其他责任，这些极有可能转化为财政风险。另外，私人部门在 PPP 项目中产生机会主义行为进行风险转嫁或非预期因素导致 PPP 项目的失败最终都会转化为公共风险，财政对此兜底的可能性极大。

一、PPP 模式的风险研究

PPP 项目风险的一般性，在于 PPP 模式和其他项目具有共性风险，在项目进行的各个阶段，即计划、筹资、设计建造、维护运营阶段存在项目失败的风险；PPP 项目风险的特殊性，在于 PPP 项目具有利益共享，风险分担的特性。项目中出现的风险从理论上来说，是根据风险和利益对等的原则，按照风险承担能力在政府方和社会资本方进行分配的。在 PPP 模式风险研究的前期，研究者更倾向于探讨 PPP 项目可能失败的原因、社会资本在 PPP 项目进行中可能面临的风险以及项目风险的分担方式。随着 PPP

项目的常态化和普及化，更多的研究者关注到 PPP 模式可能带来的财政支出压力，以及随之而来的财政风险。PPP 项目中的风险是无法避免的，但却可以通过合同约定分担机制与具体分担方案，使各参与方实现"多赢"、互惠互利，从而促进 PPP 项目的顺利实施。其中，结合项目的具体情况，建立相应的风险分担机制是非常关键的，以期实现相关利益主体之间在风险分担上的权力、责任和利益的相互制衡，有效控制和防范风险。

（一）PPP 风险内涵

1. 风险的概念

风险是指在规定的时间内不确定事件发生的可能性，广义的风险事件有正负之分，可能带来利益或损失的不确定事件都可以认为是风险事件。[①]

风险的定义中包含了四个关键要素：

（1）风险事件。风险事件是产生收益或损失的直接原因和条件，风险事件的发生使潜在的风险转化为现实的收益或损失。

（2）事件发生的可能性或不确定性。风险事件的发生具有不确定性。风险事件必须具有 0 和 1 之间的发生概率，概率为 0 意味着事件不可能发生，因此不会产生损失。相反，概率为 1 意味着事件一定会发生，使之成为一个需要解决的实际问题而不是风险。

（3）事件发生后产生的结果或影响。风险的概念具有个体化，可能产生机遇增加收益，也可能产生危险造成损失，在项目中利用合同明确风险分配的方式，当双方协作管理风险，使项目增大获益机会，就能降低失败的风险。

（4）风险发生的时间及持续时间。风险事件出现在不同阶段会产生不同的影响。

2. PPP 风险内涵

PPP 风险是指 PPP 项目在运行过程中，即在项目的设计、建设、运营过程中，各种因素对 PPP 项目各阶段造成的不确定影响，这种不确定性可能使得项目受到损失或损害，甚至导致项目失败。例如，因为技术原因或

---

① 丁义明，方福康. 风险概念分析［J］. 系统工程学报，2001（5）：402–406.

者管理原因，造成对项目风险管理的不恰当，进而导致投资决策失误、建设方案计划不周全、工期拖延、财产损失、人身伤亡、生产运营不正常，最终导致项目失败。因此，做好项目前期的风险准备工作，准确识别项目建设和运营过程中存在的各种风险，并及时采取相应的风险应对策略，对于项目建设的顺利实施有着非常重要的作用。

除了具备一般项目的风险特征外，PPP 项目因为其资金投入量大、投资周期长、合同结构相对复杂、项目纠纷多等特点，还具备了复杂性、偶然性、阶段性和渐进性等特征。

复杂性是指 PPP 项目参与方众多，利益关系复杂，各参与方对项目的期望和衡量方式各有不同，并且各种不确定因素对不同参与者的影响也不同，这就导致了风险类型的复杂性。同一风险在项目不同发展阶段表现形式的复杂性以及将在众多项目参与者中合理分配风险的复杂性。

偶然性是指项目风险中有很多都是不可预期的，因为很多 PPP 项目都是创新的，没有之前的经验可供借鉴，可以说每个项目都是处于摸索阶段，所以会面临很多新的情况，处理的问题也都是新的问题，而参与者众多的特点又放大了这种偶然性。而伴随 PPP 项目风险的复杂性、偶然性以及 PPP 自身模式的多样性而来的必然是 PPP 项目风险的高不确定性。

阶段性是指 PPP 项目在不同的运行阶段会出现不同的风险，有些风险会贯穿整个项目的运行过程，有些风险则只出现在项目运行的某个阶段，如项目的整个过程都会伴随政策法律风险，而市场风险则主要发生在项目的运营阶段。阶段性的另外一层含义就是贯穿项目所有进程的风险在不同阶段的大小也会有所不同。

渐进性是指 PPP 项目的大多数风险不会突然爆发，而是慢慢堆积凸显的，事物之间都有联系，项目风险的大小和性质会随着项目内外部条件的变化而变化。

最后，PPP 项目受政府影响比较大，因为项目本身就是由政府发起设立的，政府不仅把关项目的批准，还可能在某些情况下为了公众利益介入项目进程中，对项目的建设、管理提出必要建议并强制执行或做出惩罚，这些都会对项目产生一定的影响。

（二）PPP 模式的风险识别

PPP 项目风险具备一般项目风险和 PPP 项目独特风险两者的特点，这使得 PPP 项目风险多且复杂。PPP 模式的风险识别，即通过搜集分析大量与 PPP 项目相关的资料信息，排查影响项目的各种风险因素，进而确定不同项目、不同阶段、不同参与者的相关风险种类、规模及性质，为风险的分担、规避和应对提供支持。在风险管理实践中，风险识别的方法有很多，主要有德菲尔法、头脑风暴法、核对表法、SWOT 技术、项目工作分解结构、常识经验和判断、敏感性分析、故障树法、流程图法等。

1. PPP 模式风险类别

达霖·格里姆赛和莫文·K. 刘易斯（Darrin Grinmsy and Mervyn K. Lewis，2002）从投资者的角度分析了影响投资者直接收益和资金成本的因素，并重点分析了银行和其他融资方对项目投资的影响；将 PPP 模式项目风险划分为九大类：政治风险、金融风险、建设风险、运营风险、技术风险、残值风险、不可抗力风险、完工风险及环境风险；建立了项目的风险分析框架，认为不同项目参与者的风险可通过不同的方法进行识别和评价。彼得和杰弗瑞（Peter and Geoffrey，1995）对英国斯凯桥的各项目参与者的风险进行了研究，认为项目陷入困境会对金融机构的声誉产生影响，而政府部门能否兑现关于项目回报率的承诺和项目完成后是否能达到预期则是私人部门所面临的风险。乔纳森·P. 多和雷玛穆迪（Jonathan P. Doh and Ramamurti，2003）认为政府的角色定位在很大程度上决定了 PPP 项目的成败，政府在项目中往往同时充当了发起人、规则制定者和消费者的角色，政府承担好自己的角色有利于降低项目风险，进而保证项目的成功。

彭桃花、赖国锦（2004）指出 PPP 项目的主要风险为政策风险、汇率风险、技术风险、财务风险和营运风险，科学地识别风险并将风险分配给相对最有利承担的 PPP 项目参与者方能实现项目价值的最大化。邓小鹏、李启明等（2006）指出风险识别的内容是对影响 PPP 项目进展的风险因素、性质及风险产生的条件和其可能引起的后果进行识别，并据此衡量项目风险大小，进而提出项目风险管理的五大目标。王守清（2014）指出风险始终贯穿 PPP 项目的整个过程，PPP 项目承担者会面临很多风险，包括法规风险、政府信用风险、市场和收益风险、融资和建造风险以及不可抗力风险，但众多风险中尤其要关注政府信用风险和违约风险，如果项目需要财政补贴，则要特别注意政府的财政支付能力。

基于众多 PPP 风险分类的文献研究，归纳来看，PPP 项目中的风险因素可按三个层面进行划分，即宏观层面风险、中观层面风险和微观层面风险。

（1）宏观层面的风险。宏观层面的风险是来自项目外部的风险，这种风险是国家、行业和自然因素类的风险。这类风险主要集中于政府政治、政策、法律环境、经济环境、社会环境以及气候环境。虽然这些风险源于项目之外的因素，其引出的后果却会超越边界影响项目进展。例如，政策风险，是指政治局势的稳定性、获准行为风险、政策的不准许、法律变更、税收制度的变化、行业调整的变化；金融风险，是指汇率（利率）的波动幅度、资本市场发达程度、通货膨胀率波动幅度、货币风险。当然，还有其他一些风险形式，例如，社会治安的稳定性、公众对项目的反对、战争动乱、不可抗力（如地震、风暴等）、地质条件、对自然环境的破坏。

（2）中观层面的风险。中观层面的风险是源自项目内部的风险，引发的风险后果发生在项目边界系统之内。主要包括项目执行过程中容易出现的，与融资、设计、建造及运营有关的风险。例如，技术风险包括设计变更、设计缺陷、不成熟的工艺技术、建造成本超支、建造工期延误、材料与劳动力的供应、工艺质量的不足；运营风险，即运营费用超支、运营收入比期望值要低、维修保养费用比预期要高、土地的获得（场址的可用）、项目的需求层面、项目的可行性、项目对投资者的融资吸引力、余值风险、高融资成本等。

（3）微观层面的风险。微观层面的风险表现为采购过程中形成的基于各种利益关系引发的风险，来源于合同管理中政府方与社会资本方以及相关参与方利益诉求的差异。这类内部风险不同于一般的中观风险，是从参与人的视角来分析识别项目过程中的风险。具体而言，风险表现为：政府部门组织协调风险、PPP 管理水平和经验有限；政府和社会资本方相互承担权利义务界限不清晰；第三方侵权行为的赔偿责任、员工问题、分包商或供应商违约等。

政府部门主要承担一些宏观方面的风险，如政治风险、政策风险、大部分的法律风险、经济风险，一部分的社会风险和项目的前期风险，以及受到政策、法规影响比较大的诸如规划变更、土地取得等风险。这类风险的确应由更具有控制力的公共部门来承担。

社会资本方主要承担中观层面的一些风险，项目融资阶段、建设阶段和营运期中的大部分风险由社会资本方控制更为合适。因为社会资本方处在最有利的位置去控制项目的建设过程和营运过程。通过组建一支有能力、有经验的项目管理团队，降低设计不合理、工程质量风险、服务质量缺陷、运营效率低下、维修成本超支等风险。

对于微观层面的风险既有可能是政府部门的原因，也有可能是社会资本方的原因，那么应根据归责事由确定由哪一方来承担。如果由于一些非双方的原因，或者双方都有过错，以及由于合同条款不严密导致的合同风险，则由双方分别承担风险。

2. PPP 模式风险特征

复杂性。PPP 项目资金投入量大、投资周期长、项目参与方多、利益关系复杂，各参与方对项目的期望和衡量方式各有不同，各种因素对不同参与者的影响也不同，这些都会导致风险具有复杂性，不同于一般项目。例如，天津双港垃圾发电项目是引进了当时世界上最先进的生活垃圾焚烧技术，项目运营后取得建设部"科技示范工程"称号，是全国第一个垃圾焚烧国家级示范工程项目。社会资本方为国企上市公司，特许经营期30年，实际运营不足10年，因其对周边环境的污染，遭到周围居民的群体性抗议，陷入进退维艰的境地，可见 PPP 项目的复杂性。

不确定性。PPP 项目在设计、建造、运营过程中，可能出现建设方案不周全、工期拖延、财产损失、人身伤亡、生产运营异常、项目管理不当等失误。项目移交阶段也可能会出现资产损失、补偿风险、性能测试结果不达标等风险。各种风险因素以及风险因素的组合和叠加，势必会对项目全生命周期的各阶段造成不确定影响，在一定条件下，很有可能引致风险发生。

多样性。PPP 项目涉及的行业和领域复杂多样，像供水、供电、隧道等领域专业性非常强。伴随 PPP 项目风险复杂性及 PPP 项目的多样性必然带来 PPP 项目风险的高不确定性。

（三）PPP 模式的风险分担

PPP 模式成功的关键因素之一是在项目参与各方之间实现有效的、合理的风险分担。所谓风险分担，即确定风险的归属权。要针对不同的风险承担主体考虑相应的风险分担措施，建立平等的、动态的风险共担机制，由对某风险最有管控能力和最低管控成本的那方承担相应风险。

贾康、孙洁（2006）指出，PPP 项目风险分担需要重视项目的财务经济分析，合理的收益分配、风险分担以及具体的 PPP 操作方案都离不开项目的财务经济分析，财务经济分析是判断一切决策是否合理的依据。周和平、陈炳泉、许叶林（2014）指出特许经营合同往往很难穷尽 PPP 项目的全部风险并提供相应的风险分配方案；当项目预估风险发生重大变化或出现了预料之外的风险时，项目参与方应当灵活调整原有的风险分担方案，使各方都承担自己有相对承担优势的风险。PPP 模式的风险管理是动态的、持续的，应遵循"风险损失由现实风险引起，再分配由根源风险决定"的规律进行风险的再分配。双方的讨价还价能力和政府对项目的支持程度也会对风险的再分配产生影响。马丁·罗斯茂（Loosemore M.，2006）提出了 PPP 模式的项目风险分担原则；风险承担者应该具备认识风险的能力，控制风险的能力，应对风险的资源，以及承担风险的意愿。王宝华（2016）认为，PPP 项目的实施需要建立在复杂的契约安排上，PPP 项目监管缺位可能导致官僚集团与商业机构合谋侵吞国有资产，转移负债。国有企业是重要的社会资本方，注资融资平台的资金很多来自企业贷款和企业债券，PPP 模式如果缺乏监管，可能将风险转嫁给银行或投资者。

1. 风险分担原则

归纳国内外关于风险分担原则的文献研究，遵循以下八项原则可以减少风险发生的概率、风险发生后造成的损失以及风险管理成本，使 PPP 项目对各方都具有吸引力。

（1）公平原则。公平原则是《合同法》的基本原则，贯穿于《合同法》的全部内容之中，以保证合同内容本身以及因合同而产生的法律后果之全面公正。PPP 项目的风险分担主要通过合同的方式来进行分配，因此在风险分担时应体现公平原则。公平原则主要体现在：既强调合同条款中本身对于风险的权利义务的均衡，也强调合同所派生的风险权利义务的均衡；既关注合同主体的由于风险事件引起的收益，也同时关注合同主体面临的风险损失。

（2）归责原则。"归责"在法律上的含义是指依据某种事实状态确定责任的归属，是解决责任的承担问题。由于 PPP 项目的合同及其风险因素的复杂性，在确定 PPP 风险分担时的责任归责时，应依照风险类型分别适用于民事归责原则和行政归责原则。

需要对不同类型的风险因素而确立不同的归责原则，建立一个包括行政归责原则和民事归责原则在内的统一的归责框架，形成具有内在的逻辑联系的包括过错原则、过错推定原则、违法原则、严格责任原则在内的多元化归责原则体系。在实际应用时应根据风险因素的具体情况综合应用这些原则。无论是民事归责原则，还是行政归责原则，都主要适用于风险因素能够分清过错的一方情况下，但很多风险因素并不能充分地界定二者的过错，或者合同的双方都没有过错，这就必须依据其他的风险分担原则来进行分担。

（3）风险收益对等原则。根据各方获利多少的原则考虑相应承担的风险，也就是说，当一个主体在有义务承担风险损失的同时，也应该有权利享有风险变化所带来的收益，并且该主体承担的风险程度与所得回报相匹配。如果风险接受的成本大于风险收益，风险转移不可能在自愿的情况下发生，若风险强加给一方，且该方恰当处理了该风险，应存在回报该方的机会。只有参与各方从风险分担中都能得到好处，风险分担才有意义，这需要双方的风险信息也要对称，否则风险分担不能达到优化。PPP 项目的参与方多，协调难度大，风险高，很多文献研究都试图找出一种理想的模型以达到风险—收益平衡的目的，但实际上是很困难的。

（4）有效控制原则。有效控制原则是指风险应分摊给处于最有利控制该风险地位并较小代价控制风险的一方，也就是将风险分配至能够最佳管理风险和减少该风险的一方。依据该原则，公共部门作为政府或政府的代表，有能力影响规章制度、政策、法律和其他规定，处在比社会资本方更有利的位置来识别、评价和控制这些风险，这些制度性风险应主要由公共部门来承担。而非制度性风险，如市场环境和自身经营带来的风险则主要由社会资本方来承担。但是该原则在运用时并不容易实现，因为该原则仅限于容易判断出哪一方更有控制力的风险，而PPP项目中还存在一些双方都不具有控制力的风险，如不可抗力风险等。对于双方都不具有控制力的风险，则应综合考虑风险发生的可能性、自留风险的成本，减少风险发生后所导致的损失和双方承担风险的意愿进行合理分担。

（5）风险成本最低原则。风险成本最低原则是指风险分担应使参与各方承担风险的总成本最小。风险分担对项目总体成本的影响可以归结为三个效应：生产成本效应、交易成本效应、风险承担成本效应。生产成本效应是指风险分担可以激励承担者有效控制风险，降低风险的发生概率，减少项目的生产成本。交易成本效应是指如果具有明确的风险分担准则和布局，会避免双方在这个问题上的复杂谈判，减少谈判时间和成本。风险承担成本效应是指承担风险的一方会要求相应的风险贴补，导致项目成本的增加，风险由超级承担者（低成本者）来承担，则可以将风险承担成本降低到最低水平。

（6）风险上限原则。在实际项目中，某些风险可能会出现双方意料之外的变化或风险带来的损害比之前估计的要大得多。出现这种情况时，不能让某一方单独承担这些接近于无限大的风险，否则必将影响这些风险的承担者管理项目的积极性，因此，应该遵从承担的风险要有上限的原则。如果让社会资本方承担其无法承担的风险，一旦风险发生时又缺乏控制能力，势必会降低提供公共设施或服务的效率和增加控制风险的总成本，有可能最终的风险损失由政府兜底。项目参与方所能承担风险上限与其承担该风险的财务能力、承担项目的技术能力、管理能力等因素相关。

（7）直接损失承担原则。直接损失承担原则是指如果某风险发生后，一方为直接受害者，则该风险应划分给该方承担。这是因为当人们的自身利益可能受到损害时，更能主动地采取措施去避免这种风险。直接受害者防范、控制此类风险的内在动力和积极性，可以提高风险管理的效率。

（8）风险分担的动态原则。有研究提出对于私人和政府共同承担的风险应每三年重新进行谈判，以调整双方的风险承担量。风险分担的动态性反映了 PPP 协议具有不完全合同的性质，正因为在合同谈判时，当事人不可能穷尽所有的风险，而在合同中设计了重新谈判条款来实现风险分担的调整。

总之，在公平合理分配风险的基础上，综合运用各种风险分担原则以最大限度地发挥出公共部门和社会资本方各自的优势和主观能动性，是保证 PPP 项目成功实施的关键因素。然而在 PPP 项目实施中，有时会由于信息的不对称性、项目利益相关者的目标冲突以及不对等的谈判能力等原因，使得实际风险分担的结果经常背离风险分担的一般原则。

2. 风险分担框架

目前文献研究中，关于 PPP 项目风险分担的方式和框架，主要来自案例的总结分析；问卷调查与专家访谈的统计分析；公共部门提供的 PPP 项目风险分担建议；基于理论模型和实证分析的结果；PPP 项目的历史经验值。基于前面风险类别的分析，PPP 风险分担的框架为：

政府部门更具有控制力的风险类型包括：政局不稳定、主权风险、所有权风险、监管体制不完善、法律体系不完善、官僚及腐败、授权风险、项目决策失误、土地取得、投资诱因不足、规划变更、税收政策变化等风险，这类风险偏宏观，由政府部门承担比较合理。

社会资本方主要承担中观层面的风险，项目融资阶段（融资结构、融资成本、金融市场不健全、融资可获得性）、建设阶段（设计不合理、工程质量、自然条件、供应、技术、合同）和营运期（运营效率低下、服务质量缺陷、财务风险、维修成本超支）中的大部分风险由社会资本方控制更为合适。因为社会资本方处在最有利的位置去控制项目的建设过程和营运过程。社会资本方通过组建一支有能力、有经验的项目管理团队，降低设计不合理、工程质量风险、服务质量缺陷、运营效率低下、维修成本超支等风险。

还有一类风险，如果导致这些风险既有可能是政府部门的原因，也有可能是社会资本方的原因，那么应根据归责事由确定由哪一方来承担，或者共担。例如，设计变更风险，如果是因为政府在某领域的规范标准变化了或者是规划变更了，引发的风险损失应该由政府部门承担；如果是因为社会方的设计不合理，技术水平不够而引发的设计变更风险损失则由社会资本承担；如果是由于项目合作期间合同变更而导致的设计变更，相应的风险损失则由双方按照一定的原则共同承担。

如果由于一些非双方的原因，或者双方都有过错，以及由于合同条款不严密导致的合同风险，则由双方按照一定原则分别承担风险。值得注意的是，一些微观层面的风险有可能最终转嫁政府部门承担。

二、PPP 模式财政风险内涵、识别与分担

PPP 财政风险的形成是由以下多种因素共同作用的结果：一是 PPP 的复杂性以及本身具有的可以产生财政幻觉的特点；二是现有的政府会计、预算制度与 PPP 模式不相适应；三是政府在 PPP 项目承担基于风险分配的责任；四是政府作为公共部门因提供公共产品与服务的职能而导致的在 PPP 项目中的弱势地位；五是政府作为公共主体要面临私人风险向公共风险的转化。判定 PPP 模式财政风险的核心前提在于政府天然负有提供公共服务的法定职责。由于 PPP 项目涉及参与方多、关系复杂，项目周期长，不确定因素较多，且相关的规范性制度建设不健全，导致 PPP 在实际运行过程中蕴含了诸多风险，这些风险因素一旦暴露，会直接或间接形成政府的支出责任，对财政正常运行构成压力，诱发财政风险。尤其是其中一些辨识度较低、或然性较高的风险隐患值得高度关注。

（一）PPP 财政风险内涵

1. PPP 财政风险内涵研究

对于 PPP 模式财政风险的研究虽然起步较晚，但国际货币基金组织、世界银行等多边金融机构以及国内外学者基于 PPP 实践形成了一定的研究成果。海明·理查德（Hemming Richard，2006）指出在 PPP 项目中政府除了承担直接支付责任，还会因政府担保行为产生或有债务，这就构成了 PPP 模式中的财政风险。由世界银行金融与私营部门发展网络、世界银行学院编写的《PPP 财政承诺管理框架的实施》报告中，定义了 PPP 财政承诺，指出管理 PPP 财政承诺的重要意义，对财政承诺管理框架进行了讨

论，并研究了与之相关的识别评估、预算安排、职能划分等问题。亚洲开发银行专题报告《PPP 的财政效应》中指出，通过实践经验总结，导致财政风险的因素：一是政府部门过度承担项目风险，如签订固定收益率合同、接受不恰当的无条件支付安排或者为项目提供担保；二是在公共服务的使用费达不到 PPP 合同规定的水平的情况下，政府部门被要求弥补收入缺口；三是因不能有效识别和分配财政风险导致政府责任不清晰；四是项目的信息披露不充分，导致政府与运营方的信息不对称；五是未安排项目的长期预算；六是将政府的财政责任转移到预算外；七是财政风险监管不到位；八是受 PPP 项目前期费用较低影响，政府可能过度投资。财政风险问题在 PPP 项目中是难以掩盖的，要运用精密的财政管理工具进行行之有效的管理。曾小慧、战岐林（2013）保持了与世行相似的关注点，认为政府的各种隐性、或有负债问题将会使政府承担较多的财政风险，并采用了量化分析的方法得到了财政风险各项组成因素的影响权重，指出政府担保是 PPP 模式财政风险的最主要因素。周小付（2013）认为产权的视角才是理解 PPP 模式最深刻的视角，相应地指出当前 PPP 模式财政风险的根源在于法律形式的所有权与经济实质分离，所以要合理、清晰地界定产权，从主要风险承担者的角度确定所有权的归属。白瑞瑶、王春成（2014）指出 PPP 模式中公共负债管理的隐性风险，即政府承担的合同以外的法定保证责任、基于对 PPP 项目的产品需求保障而产生的支出责任、政府对 PPP 项目的救济责任。温来成（2015）研究了我国 PPP 政策中财政风险监管的现状及问题，提出了相应的政策建议。刘尚希等（2017）发现，一些 PPP 项目没有经过严格的可行性论证，各种"明股实债"的变相违规违法融资形式加大了地方的财政金融风险。

PPP 项目的公共服务属性，阻碍了它的独立盈利能力，隐含了政府持续支出责任和承担兜底责任的要求，这可能带来新的财政风险。梁冬玲（2014）认为，当建立 PPP 项目时，政府部门通常被要求对项目提供各种各样的支持，承担更多风险。王玺（2016）认为，PPP 会给政府带来隐性负债（不具有法律约束力的义务），他认为由于道德义务或公众期望而产生的非合同责任都可以视为隐性负债。陆雨（2017）提出"俘获风险"理论和不完全契约理论，为争取社会资本的支持，更多的 PPP 项目风险由地方政府财政承担。地方政府信用风险突出。庄佳强、陈志勇（2017）[①] 分析认为，PPP 隐含的财政风险体现为对未来财政不可持续的可能性，社会资本无法获利退出，导致政府必须从预算中安排原本应由社会资本承担的资金，这就增加了政府未来预算支出决策的不确定性。政府可能承担大量的"推定债务"，而这一债务既具有隐性特征，又具有无法定量的特征。未来的支出责任是或有的，预测出来的，风险可控性小，对财政冲击力大，风险隐性，且具有无法定量的特征。

2. PPP 财政风险类别界定

（1）PPP 中政府财政风险类别的经济学界定。如前所述，根据汉娜财政风险矩阵的分析，财政风险主要源于政府的广义负债，具体包括显性直接负债、显性或有负债、隐性直接负债、隐性或有负债四类。本书认为，PPP 模式财政风险可以界定为在政府和社会资本合作过程中形成的或可能形成的政府支出义务或支出责任导致的财政不稳定或不确定性状态。可以将 PPP 模式财政风险划分为四类，即直接显性风险和或有显性风险，直接隐性风险和或有隐性风险（见表 1-4）。

表 1-4　　　　　　　　PPP 财政风险矩阵分析

PPP	直接债务	或有债务
显性债务	合同约定的政府承担的责任	在特定事情发生情况下需由政府承担的责任
隐性债务	合同条款之外政府承担的责任	政府对项目的必要救助（道义责任） 社会资本的风险转嫁

根据财政部《政府和社会资本合作项目财政承受能力论证指引》（以下简称《指引》），PPP 项目全生命周期的财政支出责任主要包括四类：一是股权投资；二是运营补贴；三是风险承担；四是配套投入。从 PPP 财政支出责任的构成来看，有直接支出责任，也有或有支出责任，如股权投资、配套投入等需要在前期投资建设阶段支出，属于政府的直接支出责任。而风险承担责任支出则取决于风险事项的发生与否，当约定的未来风险事项发生时，则政府方需要按照风险分配承担相应支出责任，若风险事

---

① 庄佳强，陈志勇. 城镇化进程中的地方政府财政风险——基于三类融资模式的比较分析[J]. 中南财经政法大学学报，2017（1）：33-40.

项不发生，则不承担该项风险支出责任。运营补贴则需要社会资本方依据所提供公共服务的绩效评价结果获得对价支付，是设定前提条件的承诺性支出。考虑到大多数社会资本方能够有效确保项目绩效考核指标，所以对政府来说该项支出责任基本上属于确定性较强的直接支出。由此可见，单从 PPP 项目合约规定的政府支出责任来看，上述四种责任基本上属于政府的显性责任，形成政府的显性财政风险。其中，政府的股权投资、配套投入和运营补贴属于直接显性风险，而风险补贴则属于政府的显性或有风险。从权责发生制会计角度来看，这些支出责任属于政府债务性质。

本着"利益共享、风险分担"原则的 PPP 项目，社会资本方也承担着相应的支出责任。这些责任一般在合约中有着较为翔实的规定。在正常情况下，经过较为规范的程序，社会资本方正常履约是一个大概率事件，不需要政府承担这些成本。但社会资本方毕竟是市场主体，存在着经营失败的可能性，虽然可能是小概率事件，可一旦出现，若无政府的斡旋或救助，必然导致项目所提供的公共服务受到严重影响，乃至停摆。提供社会公众所需要的公共服务是财政的基本职能，也是政府的法定职责，因此社会资本方失败所导致的责任缺失一旦影响公共服务的即期服务，政府必然会想方设法弥补由此形成的责任空缺，致使原来由社会资本方承担的支出责任回归到政府又是一个大概率事件。因此，我们认为，由于社会资本方的失败（部分失败或全部失败）而导致的合约规定的社会资本方的责任，将会成为政府的隐性或有责任（隐性或有负债）。不仅如此，由于公共领域项目的复杂性（其复杂性尤其显示在所面对的社会公众多样化或动态化的需求），一些 PPP 项目在合约签署时可能存在着考虑不周全的情况（如一些建筑没有考虑到盲人或残疾人先走的便利等）而需要增加合约外的支出责任。如果在合约签订前，这些支出责任本应由社会资本方按照比较优势原则来承担的，但在合约后这些不得不追加的支出责任就需要政府来承担，构成政府的直接隐性债务。其理由是在合约锁定之外，按照道义责任推定由政府负担的部分。

（2）PPP 中政府财政风险类别的现实分析。经济理论是用于指导经济实践的。因此，一般来说，经济学概念往往和现实中相应的经济管理概念在口径上是一致的或大致是一致的，但也不排除出现差异的情况。例如，当前理论界探讨的 PPP 中的财政风险类别，从目前的管理政策趋向来看，就存在着差异。依照预算法规定，自 2015 年 1 月 1 日起，地方政府可以举债，但必须是以发行债券为唯一的方式。这意味着，从即日起，推广 PPP 模式所涉及的政府支出责任，虽然从权责发生制会计来看属于债务性质，但在法律和政策上不能按照债务来管理，视同于地方政府债务的"表外融资"，类似于银行之外的"影子银行"。基于此，上述 PPP 中财政风险类别的经济学界定在现实中又被蒙上一个"影子"的概念，即所有 PPP 项目中所涉及的政府支出责任（债务性质），均成为地方政府的隐匿债务，构成隐匿的财政风险。具体可以划分为隐匿的显性直接负债、隐匿的显性或有负债、隐匿的隐性直接负债和隐匿的隐性或有负债四种。

不仅如此，由于在具体管理中还涉及推广 PPP 模式的过程中存在着的乱象（如明股实债、违规承诺、兜底等），以及防止超越《政府和社会资本合作项目财政承受能力论证指引》所规定的上限等而需要进行的 PPP 宏观管理。诸如"明股实债"等违法违规行为造成的现实债务增加（如果强调政府不能轻易违背承诺的话）、通过故意夸大未来财政规模规避 10% 的红线而增加政府支出责任总量（相当于增加政府债务）等，也应该纳入隐匿的财政风险计量和管控范围。这类债务由于存在着政府合约的明确痕迹，在经济学意义上本应属于政府显性债务，但由于是出于规避的目的，属于在政府债务表外和限制性规定之外的不当融资，在现实中也可以将其纳入隐匿的债务，构成隐匿性财政风险的重要组成内容。

（二）PPP 财政风险识别与分担

1. PPP 财政风险识别与分担研究进展

PPP 模式广义的政府风险已得到了较为充分的识别和研究。如果每一种风险都能由最善于应对该风险的合作方承担，那么毫无疑问，整个基础设施建设项目的成本就能最小化。[①] 柯永健等（2008）提出，政府如果没有从制度、政策、监管等方面履行其作为发起者和监管者的职能，将导致

---

① ［美］E.S.萨瓦斯. 民营化与公私部门的伙伴关系［M］. 周志忍等译. 北京：中国人民大学出版社，2002：265.

社会资本承担其难以有效管理和缓释的风险，影响 PPP 项目的实施效果。亓霞等（2009）通过对国内 16 个 PPP 失败案例的总结，发现政府信用风险是发生频率最高的风险类别，主要指政府不履行 PPP 合同约定的责任和义务，具体表现形式包括未按期足额支付费用、采购量价低于合同约定等。贾康、孙洁（2014）认为，PPP 管理模式中，更多的是考虑双方风险的最优应对、最佳分担，而将整体风险最小化。事实证明，追求整个项目风险最小化的管理模式，要比公、私双方各自追求风险最小化更能化解准公共产品供给领域内的风险。谢虹等（2014）对国内外 PPP 风险的相关研究进行了归纳，也认为制度环境下产生的政府履约风险是 PPP 项目面临的最主要风险因素之一。周小付、萨日娜（2016）提出共享风险是 PPP 的基础，是 PPP 的核心治理方式，也是 PPP 区别于政府采购、私有化等方式的主要特征。通过共享风险，公共部门和私人部门联结成风险共同体。我国推进 PPP 发展面临的最大问题是风险共享所需要的合作行为的脆弱性，提出我国 PPP 共享风险的治理对策，要随着社会资本风险管理经验的积累和体制机制的完善，逐步扩大共享风险的范围；缓解公私两个部门风险治理方式的冲突；建立风险损失的共担机制；在三方治理的框架下完善相关风险的管理机制、损失分担机制。张霁阳、蔡庆丰、郜晓雯（2017）综合考虑财政整体可持续性的宏观维度和 PPP 项目支出的微观维度，构建了一套以"财政承受能力指数"和"PPP 财政支出覆盖率"为核心的地方政府财政承受能力评估方法，使银行能够在投融资决策中及时发现地方政府过度扩张、财政超负荷运作的风险迹象，以期在融资上引导政府对 PPP 项目实行合理规划、量入为出。张鹏等（2017）发现，入库项目的物有所值评价和财政可承受能力评价对项目的经营阶段管理、收益问题大多采用假设性质的直线匡算方法，没有考虑环境变化，也没有做出精细化的经营安排。目前来看，已转入运营期项目收益率不理想，不及在预测中的最低收益水平。随着更多项目转入运营期，收入缺口压力可能进一步增加，导致风险压力增大。

PPP 的推广和政府债务扩大具有一定同步性，PPP 可能带来预算监管的真空地带，同时带来未来支出承诺的直接负债和推定债务风险。格尔德·施瓦茨（Gerd Schwartz，2008）认为，PPP 中包含新的财政风险，因为 PPP 可以绕过预算管理，将公共投资从预算表中摘出去，将债务从政府资产负债表中移除出去,这也是国外一种主流观点。贾康、孙洁(2013)指出,PPP项目未来每年支出的现值总额便是政府的或有债务,如果PPP项目规模过大或总额过大都会给政府带来财政风险。温来成(2015)认为,我国PPP推广可能存在后续债务风险。后续债务风险则是将PPP项目股权合作转化为债务融资,把PPP当作融资工具。吉富星(2015)认为,PPP会带来新的债务问题。合同约定的、事实上的、推定的政府承担的各类承诺、保证、担保、补贴、救助等均构成了政府的潜在风险,一旦风险发生或显性化,就直接转化为政府支出责任、直接债务。政府的各种非理性担保、不合理补贴或补偿等游离于资产负债表外,未纳入财政预算和负债管理,中长期将背上沉重的财政负担。

PPP中风险分配的分析框架主要来自英国官方和澳大利亚官方制定的风险分配矩阵,描述的是哪些风险可以从政府转移给企业。世界银行(2007)指出,PPP的核心特征是把重大风险或者主要风险转移给了参与PPP的企业。澳大利亚政府(2003)认为,PPP的核心特征是把"需求风险"转移给参与PPP的企业。如果需求风险没有转移给企业,那么政府和企业之间仅仅是融资性租赁关系。博德曼(Boardman,2005)认为,PPP的政府会计工具缺乏,并已经成为风险分配的短板,因此,最佳的方法就是把尽可能多的风险都转移给企业或者外部的保险商。霍尔(Haoul,2005)认为,公私合作项目失败的主要原因是风险转移的失败。在各国PPP的实践中,由于政治和法律的原因,风险并没有真正转移给PPP中的企业,企业的风险甚至逆向转移给政府,PPP仅仅繁荣了商业,而不是市民社会。

2. PPP 财政风险识别与分担

PPP模式财政风险的识别,需要根据上述的界定,按照政府和社会资本合作中具体风险责任的划分来进行更为系统的识别。具体来说,应该按照:一是将项目建设、运营中的风险责任在政府方和社会资本方进行合理划分;二是按照政府与社会资本业已划定的风险责任,对合约规定的具体风险责任事项进行系统性识别;三是对PPP合约之外可能涉及的项目建设、运营中出现的意外风险进行确定性责任归属认定。

(1) PPP中风险责任的合理分担是识别财政风险的前提。任何项目建设和运营均是有风险的。政府全资建设和运营的公益性项目风险由政府独自承担；政府和社会资本合作建设与运营的公益性项目则需要合作双方合理分担风险。这也是政府在公共领域引入社会资本的重要原因。所谓风险分担，即确定风险的归属权以及与此相对应的风险事件补偿责任。在 PPP 模式中，要针对不同的风险承担主体考虑相应的风险分担措施，建立平等的、动态的风险分担机制，由对某风险最有管控能力和最低管控成本的那一方承担相应风险，最终实现总体风险的最小化。

一般来说，在 PPP 中，政府按照合同或合约分担的风险责任直接体现为政府显性的、直接的财政风险。从理论上讲，政府分担的风险责任越小，政府由此而应负担的风险补偿压力就越小。但在现实中基于平等协商的原则，政府若刻意躲避应该承担的风险责任，就难以如期如愿地吸引社会资本。因此，从长期博弈来看，政府与社会资本的合作最终会按照一定的原则趋向于双方合理分担风险责任的状态。

（2）根据具体情况采取适宜的方法进行识别。目前文献研究中，关于 PPP 项目风险识别与分担，主要来自一些案例的总结分析；问卷调查与专家访谈的统计分析；公共部门提供的 PPP 项目风险分担建议；基于理论模型和实证分析的结果；PPP 项目的历史经验值等具体方式。

（3）在 PPP 模式风险责任清晰划分的基础上，系统性识别财政风险的类别。由于政府在公共服务领域有直接面对公众负责的法定职责，因此，从理论上讲，无论公共服务项目是由政府直接生产和提供，还是由政府和社会资本合作生产和提供，政府均要承担相应的法定职责。只不过是生产和提供的组织方式不同，政府实质上承担的风险有所区别而已。

在 PPP 中，政府承担的财政风险类别确实与政府直接建设和运营是有明显的区别的，需要较为系统的识别。PPP 中财政风险的划分要基于如下原则：①合同约定原则。基于 PPP 风险分担原则和分担机制，合同中所约定的政府部门承担的风险都属于显性财政风险，但需要依据具体条款厘清哪些是直接显性和或有显性。②公共性原则。不同于一般的项目工程，PPP 项目是公益性项目。因此，基于政府在公共领域的法定职责，即使在 PPP 合约中明确规定属于社会资本方的责任风险在一定条件下（社会资本方运营失败或无力承担风险补偿责任）都有可能转化为政府财政风险，构成政府的或有隐性债务。③动态性原则。PPP项目的生命周期较长，涉及相关利益主体多，当内外部条件发生变化时，合同未约定的意外风险可能会出现，需要重新确定风险分担布局，原则上各方要主动制定应对风险的措施，协同解决风险隐患，但是PPP毕竟是公共工程和服务，政府基于天然的职能，不得不在动态风险管理中居于主导地位，相应承担更多责任，可能带来额外的政府支出，引发隐性直接的财政风险。

基于此，本书认为，PPP中政府的财政风险甄别主要采取如下的步骤。

第一，政府承担的责任及其财政风险归属。主要有两类：一类是政府因拥有绝对资源优势所承担的风险，以项目外部风险为主，宏观风险为主。例如，政局不稳定、所有权风险、主权风险、项目审批延误、项目决策失误、征地（选址）等，这一类风险发生，政府责无旁贷。另一类是政府对该风险的控制力比较强，但并不能绝对控制，仍要受外界其他因素影响的风险。政府作为政策制定者，对于"政府干预""政府违约""政策变化"这些政策风险显然有比较强的控制力。而且这些风险主要来自项目外部风险，政府主要承担能有效抑制这些风险。但是，政府无法完全控制这些风险的发生。法律风险，政府是法律制定者，更熟悉其内容，也能及时地了解其变化。所以，政府是此类风险主要承担者。"汇率变化风险"由政府主要分担是因为政府可以通过补贴、担保方式较有力地分担。"基础设施配套风险"是政府能利用资源优势而提供的，但并不能绝对保证，应是政府主要分担该风险。

第二，政府和社会资本共担责任及财政风险归属。政府和社会资本双方在对这些风险控制能力上没有悬殊差距。总体来看，通货膨胀的变化、利率变化、政府对利润和收费价格限制、竞争风险均受市场大环境影响，政府和社会资本双方都不能控制这些风险的发生。对于不可抗力风险，因为其不可预测性，双方对其都没有控制能力，只能通过采取措施尽量降低损失，其责任应由双方分担。而且，一般来说，这类分担的风险责任大多数也要在合约中按照商定的原则明确各自的分担比例。政府分担的比例部分实际上也归属于政府的显性财政风险，而社会资本方分担的比例部分在其失败或失去抵御能力时也可能成为政府的负累，属于政府隐性或有财政风险范畴。

第三，社会资本方承担的责任及财政风险归属。那些由社会资本承担的风险责任，如项目融资、设计、建设、运营过程中可能出现的工程质量风险、市场风险、运营费用超支风险、违约风险等有可能在一定条件下转化为政府部门承担的责任。即一旦出现经济利益损失并且"穿透"社会资本方承载能力时，就有可能致使财政承担风险，成为政府隐性或有风险考虑的内容。

第四，PPP 合约之外的风险责任归属。以上所述的风险都是在 PPP 合同中明确规定的责任划分。可是，在 PPP 全生命周期中，由于时间跨度长和社会公众对公共服务需求的"与时俱进"，可能会出乎合约签订时未曾预料的责任，如对残疾人服务的个性化设计缺陷、环境保护公共需求的提高、老龄化的照顾需要等。这些责任的追加大多数会直接体现为作为公共服务责任主体政府的直接成本，故而成为政府的隐性直接财政风险。

基于上述，表 1-5 对 PPP 中存在的各种责任进行了经济学意义上的财政风险识别和归类。

表 1-5　　　　　　　　　PPP 财政风险类别与分担

指标分类			主要由政府部门承担	政府和社会资本分担（根据具体项目按比例分担）	主要由社会资本承担	财政风险类别			
一级风险指标	二级风险指标	三级风险指标				显性直接债务	显性或有债务	隐性直接债务	隐性或有债务
宏观风险	政治和政府政策	政局不稳定	√				√		
		所有权风险（资产征用或国有化）	√				√		
		官僚及腐败	√						√
		主权风险	√				√		
		政府违约	√			√			
		政策变化	√				√		
		项目审批延误	√				√*		√#
	宏观经济	通货膨胀		√					√
		利率变动		√					√
		汇率变化	√						√

续表

指标分类			主要由政府部门承担	政府和社会资本分担（根据具体项目按比例分担）	主要由社会资本承担	财政风险类别			
一级风险指标	二级风险指标	三级风险指标				显性直接债务	显性或有债务	隐性直接债务	隐性或有债务
	法律	监管体制不完善	√				√		
		专项法律变更	√				√		
		税收政策变化	√				√		
		产品/服务标准变化	√						√
	社会	公众反对	√				√		
		信用风险		√			√*		√#
	市场风险	政府对利润和收费价格限制	√				√		
		竞争风险			√				√
		基础设施配套风险		√		√*		√#	
		原材料供给			√				√
		市场需求变化			√				
	自然	不可抗力		√		√*		√#	
中观风险	项目选择与融资	项目决策失误	√				√		
		征地（选址）	√		√				
		项目对投资者金融吸引力			√				√
		高融资成本			√				√
		项目融资结构			√				
		融资可获得性			√				√
	设计	设计不合理			√				√
		技术风险			√				√
	建设	工程质量风险			√		√		
		合同变更	√			√*		√#	
		建设成本超支			√				
		设计变更			√				
		工期超期			√		√		
		分包商/供应商的破产			√				√
		土地拆迁与补偿成本过高	√		√				
		环境/文物破坏			√			√#	√*

续表

指标分类			主要由政府部门承担	政府和社会资本分担（根据具体项目按比例分担）	主要由社会资本承担	财政风险类别			
一级风险指标	二级风险指标	三级风险指标				显性直接债务	显性或有债务	隐性直接债务	隐性或有债务
	运营	运营费用超支			√		√*		√#
		运营收入低于预期			√		√*		√#
		移交后项目/设备状况	√					√#	√*
		服务质量缺陷			√		√*		√#
		费用支付风险		√			√*	√#	
		运营安全			√		√*	√#	
		维护风险			√		√*	√#	
		运营效率低			√				√
		项目公司能力			√				
微观风险	合同风险	责任和风险分配不当	√		√				
		合同中权利分配不当	√					√	
		合作者之间工作方法不同		√					√

注：*代表合同约定；#代表合同约定之外。
资料来源：笔者整理。

三、PPP 财政风险应对与管理

（一）PPP 财政风险的评价

国内关于 PPP 财政风险评价大多采用定性与定量相结合的方法，如 SWOT 分析法、层次分析法、模糊综合评价法、灰色聚类评价法、蒙特卡洛模拟方法等。吴泽宁、索丽生（2003）等用模糊综合评价法，对某一水利水电领域中 PPP 模式应用的风险进行评价和分析。彭桃花、赖国锦（2004）考虑我国国情与实际，研究中国国情下 PPP 项目的风险评价和风险分担问题，构建了一个新的加权平均资本成本模型，并将政策风险、破产风险、债务风险等因素考虑到新模型中，为成功运用 PPP 模式提出了对策。冯燕（2007）提出需要对项目中的风险进行定量化分析，在这个分析过程中她采用了敏感性分析和蒙特卡洛模拟相结合的评价方法。韩亚品、蒋根谋（2009）同样提出对 PPP 项目中风险进行定量评估的想法，他们采用的是敏感性分析与概率分布相结合的评估方法，同时为风险管理措施的制定和实施提供参考依据。水电工程项目，证明了该模型的操作性。王亮（2009）运用改进的 AHP 法，分析高速公路 PPP 项目风险情况，评价各个风险因素的影响程度。桑美英（2014）基于 AHP 法对基础设施 PPP 项目风险因素评价，通过对各风险因素的重要性排序，得出政治风险、法律风险、金融风险是影响我国基础设施 PPP 项目成败的关键风险。崔阳（2015）运用灰色系统理论中的灰色聚类和改进的灰色关联度构建风险评估模型，结合实际案例验证了灰色系统理论对 PPP 项目风险评估中的可行性和适用性。徐永顺（2016）通过运用群组决策特征根方法对公租房 PPP 项目风险指标进行筛选，得出风险评价指标体系，再运用熵权模糊评价模型对指标体系进行评价，从而得出风险指标相对于目标层的权重值来判断公租房 PPP 项目风险大小。赵雪婷（2017）采用问卷调查的方式，从风险发生概率及危害程度两方面来衡量综合管廊全寿命周期风险因素的风险大小，并通过效度检验与信度检验来检验问卷调查的有效性，最终通过主成分分析法识别出主要风险因素，对风险进行评价。

（二）PPP 财政风险的应对

国内 PPP 项目风险应对研究的重点在于风险分担。国内学者关于风险分担的研究主要集中在风险分担原则、比例、机制等方面。罗春辉（2001）认为基础设施 PPP 项目风险分担必须充分考虑各方对风险的控制能力，避免过多地承担力所不能及的风险，并且所获得的收益也应与承担的风险相称。马强（2002）认为社会资本方应当承担一些自身可控的风险，且承担的风险要有限度。柯永健、王守清和陈炳泉（2008）认为合理的风险分担是基础设施 PPP 项目成功的关键，并对资金的时间价值有很大的影响，风险分担要公平、定量、合理。邓小鹏（2008）将风险分担归为以下几项原则，即公平原则、归责原则、收益对等原则、有效控制原则、风险成本最低原则、风险上限原则、直接损失承担原则、风险成本最低原则、风险分担的动态原则、风险偏好原则。柯永建、王守清、陈炳泉（2008）通过分析英法海峡隧道项目的风险分担发现，PPP 项目失败乃至项目公司破产是因为过多地承担了自身无法控制的风险，应当由政府方承担的政治政策风险及法律市场风险却由项目公司承担，分析还表明风险应该由对该风险最有控制力的一方承担。周鑫（2009）提出了采用轮流出价的博弈模型，以此解决 PPP 项目融资风险在各参与方间的最优分配。柯永建、王守清（2011）等在文章中提出基础设施 PPP 项目中存在的风险因素应该由对该风险最有控制能力的参与方承担，政府部门在政治和法律方面控制力较大，由此主要由政府部门承担。私人部门在项目融资、项目施工建设、项目运营维护等方面最有控制力，由此主要由私人部门承担。李林等（2013）认为国内 PPP 项目社会资本方与政府方地位不对等现象较多，利用讨价还价理论，在完全信息和不完全信息两种条件下，分别建立 PPP 项目风险分配的讨价还价模型，并得出博弈精炼纳什均衡。周和平（2014）等先对 12 个 PPP 项目的案例进行风险识别，接下来根据风险分担的规律制定了风险分担的对策。陶思平（2015）在文章中提出公共公平性、风险分担的动态性、有效控制性、收益—风险对称性这四个原则是 PPP 项目风险分担要满足的基础。寇杰（2015）提出构建 PPP 项目风险分担与收益分配博弈模型，根据各方风险控制与承担能力，求解分担与收益 Shapley 值。薛琳靖（2017）基于 HHM 法识别得出 67 项综合管廊 PPP 项目风险因素，在此基础上首先使用成因分析明确政府与项目公司各自承担的风险与双方共担的风险，随后使用改进的 Shapley 值法进一步对共担风险的分担比例进行确定。晋雅芳（2017）将综合管廊 PPP 项目风险分担过程分为三个步骤：第一步进行政府方或社会资本方自担风险分配；第二步对需要双方共同承担的风险进行比例分配；第三步进行风险跟踪与再分配。

PPP 中的财政风险如同所有风险一样并非一成不变，而是随着融资环境的改变、监管政策体系的完善、相关参与方利益预期的调整、市场的成熟程度等各种外部因素的变化而变异、升级。PPP 中的财政风险不可能通过一个轮回的识别、处置、防范而一劳永逸，正确认识、精准识别、持续监管才是应对财政风险的理性选择。尽管我国在 PPP 财政风险问题上逐渐达成共识，风险管理上也在不断加强管理，但相对 PPP 规范发展需要以及与国外 PPP 发展成熟的国家相比仍有很大差距，应考虑构建完善我国 PPP 财政风险管理框架。

专栏　PPP 财政风险评估模型①

近年来，随着 PPP 模式的推广，入库项目越来越多，政府承担的总体支出规模也越来越大，而且推广 PPP 过程中也存在着一些乱象，如变相突破 10% 的红线、明股实债、社会资本方良莠不齐等，引发了对 PPP 发展导致政府财政风险扩大的担忧。这客观上需要加强 PPP 财政风险的监控和计量。本报告拟对 PPP 模式对地方政府财政风险的影响进行评估，主要着眼于宏观层面的评估。本部分构建 PPP 财政风险评估模型，进行情景分析。评估当前 PPP 隐匿的显性财政风险和隐性财政风险。

一、评估模型

在 PPP 隐匿财政风险中，一部分风险可以根据政府的支出责任大小来进行估计。例如，显性风险中政府股权投资和可行性缺口补贴以及隐性风险中社会资本失败后由政府承担的部分。另一部分风险没有边界很难评估，如配套投入支出责任、合约外不得不追加的支出责任等。下面将从这三部分可评估的政府支出责任入手，构建 PPP 财政风险评估模型。

不同的投资回报机制，PPP 项目政府支出责任类型不同。使用者付费项目有充足现金流，可以覆盖项目成本和收益率要求，可以视为不会产生政府支出责任。政府付费项目没有现金流，投资可视为全部由政府财政支付。可行性缺口补助项目一部分靠项目自身现金流，另一部分靠政府财政出资，形成政府未来债务。可行性缺口补助项目中

---

① 资料来源：中国财政科学研究院金融研究中心课题组，《政府与社会资本合作（PPP）中隐匿的财政风险》，载于《中国财政科学研究院研究报告》第 36 期（总第 2013 期），2018 年 8 月 28 日。

政府需有两部分支出，即前期项目投资和后期运营时期的补贴。PPP总投资规模中，可行性缺口补助项目中政府的支出责任部分加上政府付费项目是财政风险的源头。

在可行性缺口补助的PPP项目中，政府支出责任估计步骤如下：

$$I = s + g + v \tag{1}$$

$$g = \beta_1 I \tag{2}$$

其中，I为PPP项目投资额；g为项目投资额中政府投资部分，包括股权投资和其他投资；s为项目投资额中社会资本投资部分；v为外部融资，如项目公司的银行贷款、债券融资等；β_1为政府投资部分占项目总投资额的比例；β_1越大，PPP项目前期投资中，政府出资比例越大。

$$g_1 + c = I + \theta(s + v) \tag{3}$$

$$g_1 = \sum_{t=i}^{T} \frac{g_{1t}}{(1+\sigma)^t} \tag{4}$$

$$c = \sum_{t=i}^{T} \frac{c_t}{(1+\sigma)^t} \tag{5}$$

其中，g_1为PPP项目后期运营中政府补贴部分的贴现，如公式（4）所示；c为项目本身产生现金流部分的贴现值，公式（5）所示；σ、i和T分别为贴现率、开始运营的年份和移交给政府的年份。θ为社会资本的投资回报率，在本书模型估计中，θ假定为6%；公式（3）表示政府总补贴与项目本身产生总现金流之和，等于投资额加上社会资本与融资所要求的回报。

$$g_1 = \beta_2(g_1 + c) \tag{6}$$

$$G = g + g_1 = \beta_1 I + \beta_2[1 + \theta(1-\beta_1)]I$$
$$= [\beta_1 + \theta\beta_2 + \theta\beta_2(1-\beta_1)]I \tag{7}$$

$$G' = s + v = (1 - \beta_1)I \tag{8}$$

$$\rho = \frac{G_1 + G}{F} \times 100\% \tag{9}$$

$$\rho' = \frac{G'}{F} \times 100\% \tag{10}$$

其中，β_2 项目回报中来自政府补贴的比例，这一比例越高，政府支出责任越大；G 为政府前期投资与后期补助的加总，表征 PPP 显性财政风险；G_1 为政府付费项目政府支出责任；G' 为社会资本失败，推定给政府的支出责任，表征 PPP 隐性或有财政风险。F 为政府一般财政公共预算支出。ρ 为财政支出责任与政府一般财政公共预算支出之比，以此来度量财政风险的大小，ρ 越大，财政风险越大，财政部规定的红线为 10%。

二、PPP 中隐匿显性财政风险评估

政府财政支出责任规模的大小和期限结构决定 PPP 中财政风险的大小和分布。如公式（9）所示，政府全付费 PPP 项目投资额已知，而 β_1 和 β_2 决定了可行性缺口补 PPP 项目中政府支出责任，这两个比例越高，财政风险越大。另外，未来 30 年内政府支出责任分布也决定了政府的财政压力，如果财政支出责任集中于未来几年，那么这一时期的财政风险较大，而财政支出责任相对均匀分散，财政风险将大幅度减小。根据财政部 PPP 中心 2017 年年报，2017 年底落地 PPP 规模为 4.6 万亿元，其中使用者付费项目 5166 亿元，可行性缺口补助为 25622 亿元，政府付费项目为 15261 亿元。根据这些数据和上面评估模型来估计政府支出责任和财政风险。

情景分析：

（1）假定 $\beta_2 = 80\%$ 时，β_1 分别选取 5%、10%、20%、30% 和 50%，分析不同情境下 PPP 项目对政府的财政压力，也就是地方政府的显性财政风险。根据调研情况，在项目前期投资中，项目公司注册资本金一般占总投资 20% 左右。而且，在地方政府项目公司资本金所占比重也不超过 50%，这是由于财政部《PPP 项目合同指南》规定"但政府在项目公司中的持股比例应当低于 50%，且不具有实际控制力及管理权"。因此，选择 β_1 低于 50% 的几种情景进行分析。

如图 1 和表 1 模拟所示，纵坐标是政府 PPP 支出责任占 2017 年地方一般财政公共预算支出比例，横坐标是支出责任集中的时间分布。例如，在 $\beta_2 = 80\%$，$\beta_1 = 5\%$，政府支出责任集中未来 1 年时，政府支

出责任占地方一般财政公共预算支出比例 ρ 为 22.03%，超过财政部规定红线，财政风险较大。但如果支出责任集中于未来 3 年，那么 ρ 为 7.34%，小于财政部红线，财政风险可控。这意味着，PPP 政府支出责任越集中于未来几年内，显性财政风险更大。反之，越平滑，财政风险越小。

当 β_1 依次取 10%、20%、30% 和 50% 时，政府财政支出责任也逐渐增加，但增加幅度不大。从这些结果来看，期限结构对财政风险影响较大。在各种情形下，如果财政支出责任都集中在未来 2 年，那么政府支出责任比例都已超过 10%，财政风险较大。但只要财政支出的分布更为均匀，支出责任平滑在 2 年以上，PPP 政府支出与一般公共财政预算支出比例都在 10% 红线以下。因此，从全国范围内看，现有 PPP 投资额带来的显性财政风险在可控范围内。

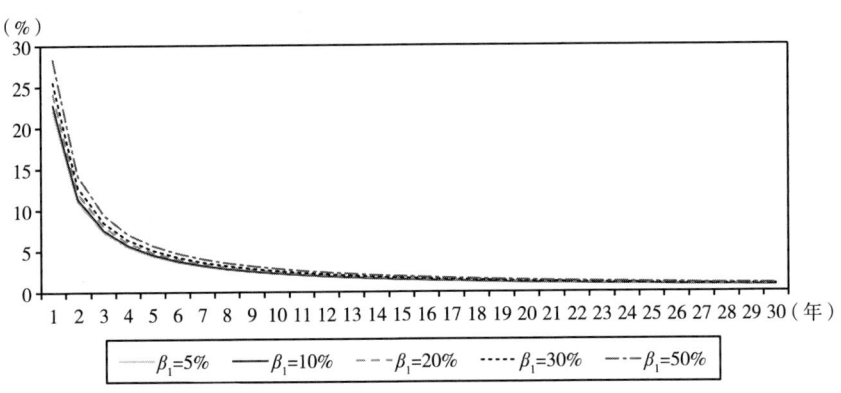

图 1 β_1 不同比例下政府显性财政风险情景

资料来源：课题组测算。

表 1 β_1 不同比例下政府显性财政风险分布

$\beta_2 = 80\%$	$\beta_1 = 5\%$	$\beta_1 = 10\%$	$\beta_1 = 20\%$	$\beta_1 = 30\%$	$\beta_1 = 50\%$
1	22.03%	22.73%	24.13%	25.54%	28.35%
2	11.01%	11.36%	12.07%	12.77%	14.18%
3	7.34%	7.58%	8.04%	8.51%	9.45%
4	5.51%	5.68%	6.03%	6.39%	7.09%
5	4.41%	4.55%	4.83%	5.11%	5.67%

（2）假定 $\beta_1 = 10\%$ 时，β_2 选取分别选取 80%、60%、40%、20% 和 5%，分析不同情景下 PPP 项目对政府的财政压力。如图 2 和表 2 模拟所示，政府补贴比例的变化对政府支出责任曲线影响较大。如当财政支出集中于未来 1 年时，$\beta_1 = 80\%$ 时，$\rho = 22.73\%$，而当 $\beta_1 = 50\%$ 时，ρ 迅速降低为 11.05%。而且在 β_2 小于 80% 的四个情景中，政府支出责任分布只要不集中于 1 年，ρ 均小于 10% 红线。这意味着在 PPP 项目中，相比政府投资额，政府补贴产生财政支出责任更大，β_2 值的估计对政策决策者更为重要。加入当前可行性缺口补助 PPP 项目中 β_2 值较大，那么财政风险值得警惕。

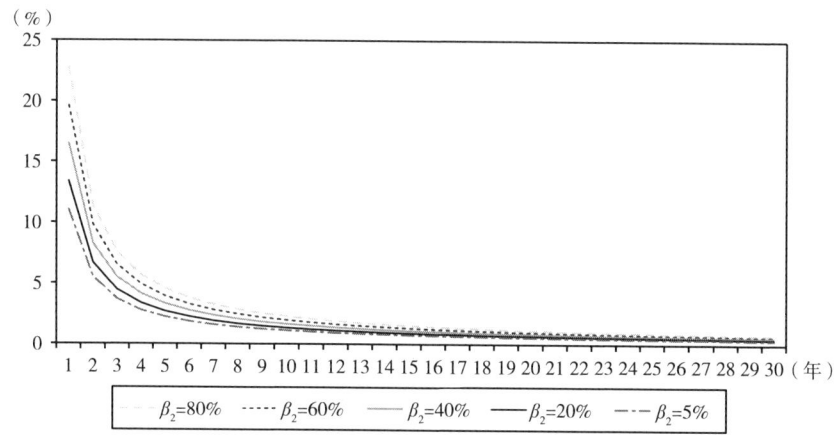

图 2 β_2 不同比例下政府显性财政风险情景

资料来源：课题组测算。

表 2　　　　β_2 不同比例下政府显性财政风险分布

$\beta_1 = 10\%$	$\beta_2 = 80\%$	$\beta_2 = 60\%$	$\beta_2 = 40\%$	$\beta_2 = 20\%$	$\beta_2 = 5\%$
1	22.73%	19.62%	16.50%	13.39%	11.05%
2	11.36%	9.81%	8.25%	6.69%	5.53%
3	7.58%	6.54%	5.50%	4.46%	3.68%
4	5.68%	4.90%	4.13%	3.35%	2.76%
5	4.55%	3.92%	3.30%	2.68%	2.21%

三、PPP 中隐匿隐性财政风险评估

由于社会资本方的失败导致的合约规定的社会资本方的责任，将会

成为政府的隐性风险。因此，利用公式（8）和公式（10）来估计各种情景下社会资本在PPP项目中的支出责任，也就是隐性财政风险。

假定 $\beta_2 = 80\%$ 时，β_1 选取5%、10%、20%、30%和50%五种不同情境。如图3和表3模拟所示，只有在 β_1 超过30%和未来支出责任集中于未来1年的情况下，ρ' 才超过警戒线10%。而且随着 β_1 增加，社会资本支出责任减少，隐性财政风险降低。

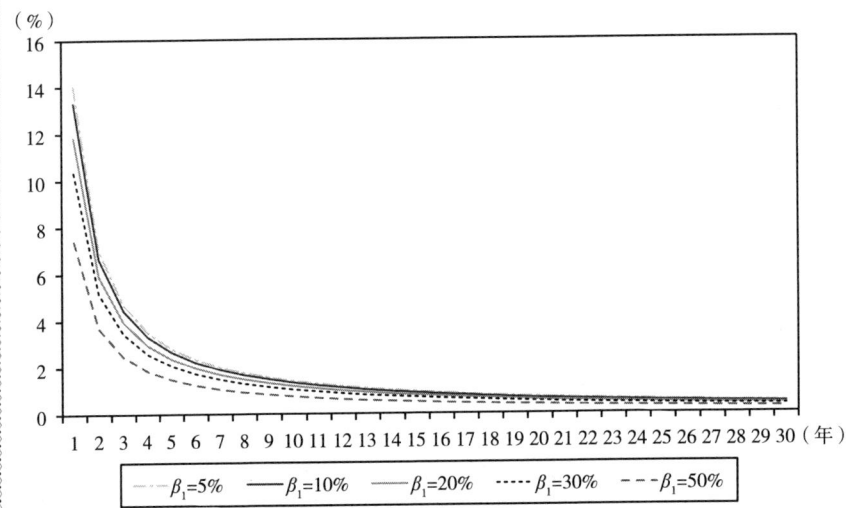

图3　政府隐性财政风险情景

资料来源：课题组测算。

表3　　　　　　PPP隐性或有财政风险情景分布

$\beta_2 = 80\%$	$\beta_1 = 5\%$	$\beta_1 = 10\%$	$\beta_1 = 20\%$	$\beta_1 = 30\%$	$\beta_1 = 50\%$
1	14.03%	13.29%	11.82%	10.34%	7.39%
2	7.02%	6.65%	5.91%	5.17%	3.69%
3	4.68%	4.43%	3.94%	3.45%	2.46%
4	3.51%	3.32%	2.95%	2.58%	1.85%
5	2.81%	2.66%	2.36%	2.07%	1.48%

尽管PPP项目隐性财政风险相对显性财政风险较小，但两者相加得到的总财政风险较大。社会资本失败的概率增加，PPP财政风险则迅速增加。在 $\beta_1 = 10\%$、$\beta_2 = 80\%$ 和支出责任集中在未来1年情景下，总支

出责任占公共预算支出比重达到36%，而显性财政支出责任占比为22.7%，如图4所示。可见，PPP项目中的隐性财政风险不可忽视。

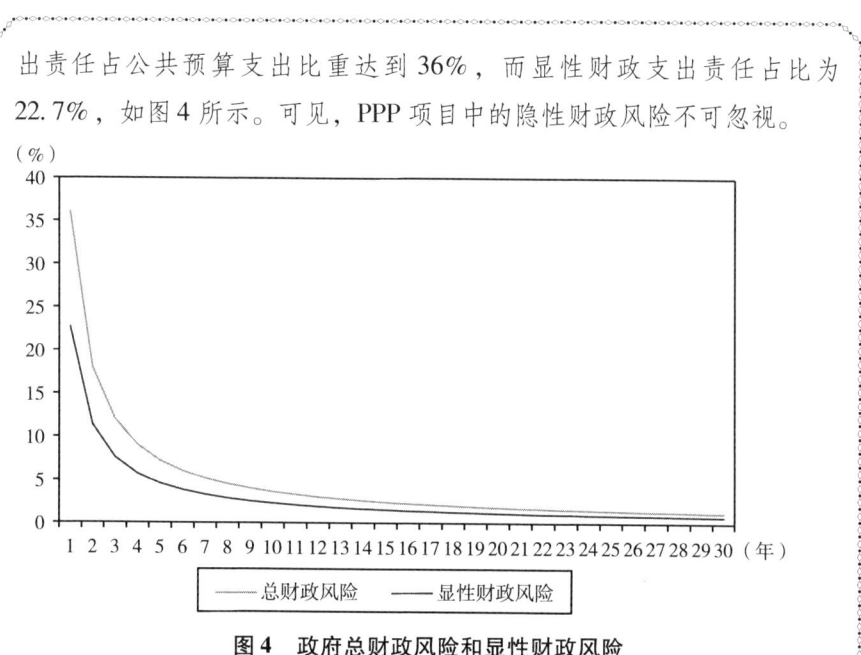

图4　政府总财政风险和显性财政风险

资料来源：课题组测算。

第二章

PPP 模式在中国的发展历程

PPP 起源于 17 世纪欧洲收费公路的诞生。在当时，人们还没有明确提出 PPP 的概念或理论，只是实际生活中出现了"公"与"私"互动、交易关系而共同维系收费公路运行的模式。中国 PPP 模式的雏形可追溯到 1906 年由官方与民间资本合作建设的全长 133 千米的广东新宁铁路（Sunning Railway，又名宁阳铁路），是由华侨新宁县人陈宜禧集资兴办，作为中国第一条民办铁路，它从筹备、设计、修建、经营到管理都是由新宁铁路公司完成，其建造经费完全由陈宜禧等人从民众及华侨手中筹得，主要收入来源于客运。同时，它也得到了官方的支持，甚至被赐予"尚方宝剑"来宣示官与民、公与私之间的"合作"关系，可认为是广义 PPP 模式在铁路项目上的运用。

1949～1978 年，在计划经济体制下，基础设施和公共服务供给是由政府垄断，财政出资。1978 年党的十一届三中全会后，伴随着改革开放战略的提出和步伐的逐步加强，基础设施和公共服务作为引进外资和促进经济增长的重要领域，其经营理念和投资模式也相应地突破了传统的政府垄断。20 世纪 80 年代，一部分外商将 PPP 的理念带入一些相对复杂的基础设施领域，促进了以 BOT 为主的 PPP 模式在中国的逐步推广。例如，深圳沙角 B 电厂 BOT 项目被认为是我国第一个具有现代意义的 PPP 项目，该项目由深圳经济特区电力开发公司与香港合和电力（中国）有限公司于 1985 年合作兴建，1988 年 4 月正式投入商业运营。沙角 B 电厂项目的开展，为我国的基础设施建设提供了崭新的思路，自此以后，PPP 模式在我国逐步发展起来。

至于我国真正形成具有现代意义的 PPP，要以 2003 年 10 月召开的党的十六届三中全会为重要标志，会议通过的《关于完善社会主义市场经济体制若干问题的决定》明确指出：清理和修订限制非公有制经济发展的法律法规和政策，消除体制性障碍。放宽市场准入，允许非公有资本进入法律法规未禁入的基础设施、公用事业及其他行业和领域。

当然，受国际国内经济政治形势的周期影响、政府宏观调控政策的变化，PPP 在中国的发展并非一帆风顺，其发展历程大致可划分为：初期探索阶段（1983~2002 年）、逐步发展阶段（2003~2012 年）、大力推广阶段（2013~2016 年）、规范发展阶段（2017 年至今）。本章从 PPP 发展的背景、发展历程及其特点，分阶段梳理 PPP 在中国的发展及其可持续发展方向。

第一节 初期探索阶段（1983~2002 年）

一、背景

自 1978 年起，我国的改革开放政策成功吸引了一大批外资企业在一些快速消费领域集中投资，由于当时虽已确立了对外开放的基本格局，但国内对是否允许非公有制经济发展仍存较大争议，这一阶段的社会资本以外国资本为主。1986 年 10 月 11 日，国务院发布《关于鼓励外商投资的规定》，鼓励外国投资者在中国境内举办中外合资经营企业、中外合作经营企业和外资企业。在优惠政策的鼓舞下，外国资本掀起了投资中国的热潮，一部分外资尝试进入公用事业和基础设施领域。在开放较早的广东沿海地区，一些外商华侨出于支持家乡建设的考虑，开始以合资企业的形式探索进入中国的基础设施建设领域，其资金主要投向了一些电力和交通项目，以深圳沙角 B 电厂项目为起点，还有广州北环高速公路项目、广深高速公路项目、顺德德胜电厂项目等。在此阶段，PPP 尚未引起中央政府的关注与重视，主要靠民间"自下而上"地"摸着石头过河"，无相应政策和规章，地方政府与投资者都是在探索中前进。

党的十四大和分税制改革以后，我国政府开始注意到 PPP 在基础设施市场化投融资改革中的作用,并在小范围内进行试点。一方面,1992 年党的十四大确立了"社会主义市场经济体制"的改革目标,为以市场化的方式改革基础设施投融资模式提供了可能性。另一方面,在随之而来的分税制改革中,中央上收了地方大量的财权,但基础设施建设、提供公共服务等事权却层层下放地方。财权与事权的不匹配,使得地方政府不得不积极寻求民间力量的帮助,吸引社会资本进入基础设施建设领域有着现实的迫切需求。因此,中央政府开始有意识地进行"顶层设计",着手研究 BOT 可行性问题并进行试点。1995 年,原国家计委选择了广西来宾 B 电厂、成都第六水厂、广东电白高速公路等五个 BOT 项目进行试点。同年 8 月,原国家计委、原电力部、原交通部联合下发了《关于试办外商投资特许权项目审批管理有关问题的通知》,为试点项目提供政策依据。在国家试点的带动下,各地政府也陆续推出了一些 PPP 项目,如上海黄浦江大桥项目、北京第十水厂项目、北京肖家河污水项目等。这些项目的投向虽仍以电力和交通为主,但已开始逐步向污水处理及通信设施等领域扩展。

此后,受 1997 年亚洲金融危机的影响,PPP 在中国的发展经历了一次向下调整的过程。一方面,为了应对亚洲金融危机,我国政府开始实行积极的财政政策,将大量国债资金投放于基础设施建设领域,这削弱了地方政府和社会资本合作的动机。另一方面,金融危机暴露了地方政府在推出 PPP 项目时出现的一些违规乱象,迫使中央政府开始对违规项目进行清理整顿。经历了 3 年的向下调整,从 2000 年开始,PPP 模式再一次进入逐步复苏阶段。

总而言之,在整个初期探索阶段,PPP 的作用逐渐被政府发现并认识。同时,我国在 PPP 方面也积累了一些经验和教训,为下一步的大规模推广奠定了理论和实践基础。

二、发展历程及其特点

(一) 以 "建设—经营—转让" (build – operate – transfer, BOT) 模式为主

这一阶段一些地方政府采用 BOT 或 "建设—转让" (build – transfer,

BT）方式建立发电厂和桥梁、高速公路等，可认为是广义 PPP 的重要组成。此阶段 BOT 试点项目涉及的行业很多，包括电力、自来水、污水、燃气、大桥、区域开发等。这些试点项目为后来 BOT 项目运作积累了重要的知识。带有一定程度的开拓、创新性质，为党的十六届三中全会决定的出台提供了实践经验的支撑。

（二）为基础设施融资

这一阶段，PPP 兴起的主要目的是为基础设施融资，具体形式较多地表现为公路建设、铁路建设的融资。政府在建设公路、铁路等基础设施时，往往由于资金不足，让民营部门进行投资，民营部门通过收费的形式收回投资。正是这种融资的职能，使人们对 PPP 有了极大的兴趣和热情，随后这种 PPP 的融资职能被不断地运用到基础设施的各个方面，如自来水提供、污水处理、隧道建设、公共卫生与医疗、基础教育等。政府公共部门在不同的领域，通过民营资本来为社会提供公共产品和服务，可以弥补政府向社会提供公共产品和服务过程中资金的不足。BOT 是 PPP 模式中融资功能表现最为明显的一个，政府公共部门通常让民营部门利用自己的资金建设基础设施（如高速公路），然后让民营部门经营，并从中获得收益，经过一定的时间再转移给政府部门。但是，与此相关的顶层设计较难推动及完成，各地 PPP 融资模式缺乏一个制度性环境。

三、代表性案例

初期探索阶段的 PPP 项目代表性案例见表 2-1。

表 2-1　　　　初期探索阶段的 PPP 项目代表性案例

项目名称	时间	投资方	备注
深圳沙角 B 电厂项目	1984 年	国有资本、香港民营资本	中国第一个 BOT 项目，为传统 BOT 项目；初期探索阶段代表性的 PPP 项目，特许经营期限 11 年（含延长的 1 年），结束后已成功移交给当地政府，此项目 PPP 模式圆满结束
广州白天鹅饭店	1981 年	广东省旅游局、香港民营资本	由于所处行业的原因，是否属于 BOT 项目存在争议

续表

项目名称	时间	投资方	备注
北京国际饭店	1983年	国家旅游局、外国资本	由于所处行业的原因,是否属于BOT项目存在争议
广西来宾B电厂项目	1995年	外国资本	国内第一个正式由政府批准的BOT项目;自1995年8月正式推向国际投资市场公开招标之后,不仅得到我国政府的大力支持,同时也获得国际投资市场的广泛关注。1995年该项目被海外誉为"世界十大BOT项目之一";1996年特许权协议签订后,该项目又被《亚洲金融》杂志评为"1996年亚洲最佳融资项目"
福建泉州刺桐大桥	1994年	内地民营资本、国有资本	国内最早采用BOT模式建设的路桥项目;第一个以内地民营资本投资为主的基础设施BOT项目。 按照特许经营协议,项目公司的特许经营期为30年(含建设期),期满后将全部设施无偿移交给泉州市政府。自大桥通车以来,车流量迅速上升,车辆通行收入由1997年的2371万元增至2006年的8100万元,但随着后渚大桥、晋江大桥等建成通车,分流了刺桐大桥车流量,2013年其车辆通行收入降至4200万元。最终项目以失败告终
成都市自来水第六水厂项目	1999年	外国资本	国内首个采用BOT模式建设的城市供水基础设施项目;将于2017年8月移交给成都市人民政府
武汉汤逊湖污水处理厂	2001年	内地上市公司	武汉市首个非国有资本进入城市污水处理领域项目;因配套设施和排污费收取等问题以失败告终

资料来源:根据联合资信资料整理。

第二节 逐步发展阶段(2003~2012年)

一、背景

2003年,以党的十六届三中全会为重要标志,在会议上通过的《关于完善社会主义市场经济体制若干问题的决定》明确指出:清理和修订限制非公有制经济发展的法律法规和政策，消除体制性障碍。放宽市场准入，允许非公有资本进入法律法规未禁入的基础设施、公用事业及其他行业和领域。这标志着民营资本可以全面进入基础设施和公用事业领域，开启了中国形成具有现代意义的PPP模式，PPP在中国迎来了一段较快的发展时期。与此同时，2003~2007年，中国经济连续5年保持了10%以上的增长。经济的高速增长，凸显了我国在能源、交通等基础设施方面面临的瓶颈。为填补经济发展所需的巨额基础设施投资缺口，各地政府纷纷开始调动当地民间资本的积极性。而PPP作为民间资本进入基础设施领域的重要途径，由于有了上一阶段的经验积累，开始被政府大力推广。法国威望迪集团以约20亿元人民币拍得浦东自来水厂50%的股权、50年的经营权，这是当时较为著名的PPP案例之一。这一阶段的项目实践，同时也促进了PPP理论体系在中国的深化和发展。

全球金融危机以后，2008~2010年，地方政府从4万亿元财政刺激计划中获得了充裕的信贷支持，社会资本参与基础设施建设的规模大幅萎缩。由于地方债务危机的凸显，政府开始再次重视社会投资，BT模式大行其道，结果却造成较为严重的政府债务危机。据统计，2013年中国政府债务余额高达17.89万亿元，而根据各地方政府审计的资料显示，这些债务的60%实际投入基础设施建设和招商引资当中，而民生经济只有12%。这些债务里面有70%左右是由地市级和县级地方政府产生。2013年6月公布的36个地级市债务情况显示，其中有16个地级市政府债务率超过100%。

关于"中国模式"和"北京共识"的思潮，改变了我国PPP发展的生态环境，PPP在中国经历了第二次向下调整的过程。2009~2012年，由于地方政府投融资平台大规模投资带动，我国城镇化程度大幅提高；而PPP项目数量出现回落，甚至有些执行中的项目被政府提前终止。故此阶段社会资本在公共产品和服务领域的参与度有所下降，PPP的发展处于调整、缓慢发展状态。

与此同时，金融危机也暴露出民营企业自身在参与PPP过程中存在的问题，如在相关制度不健全的情况下，出现的合谋串标、贪污腐败、豆腐渣工程等现象。在这一阶段，PPP虽然出现了大幅度的向下调整，但暴露出的一些弊端和缺陷，成了下一阶段重新起航的宝贵财富。

二、发展历程及其特点

（一）开启现代意义 PPP 模式

这一阶段我国开始真正形成具有现代意义的 PPP 模式。PPP 项目开展逐步规范。比较典型的是市政项目的特许经营，它改变了以往由投资方与地方政府直接协商发起项目的方式，引入了更加规范的竞争性招投标机制。2002 年底，建设部发布了《关于加快市政公用行业市场化进程的意见》，鼓励社会资金、外国资本采取独资、合资、合作等多种形式，参与市政公用设施的建设。随后，2004 年，建设部首先颁布并实施了《市政公用事业特许经营管理办法》（以下简称《办法》），要求通过公开招投标等市场竞争机制选择市政公用事业的投资者或者经营者。各级地方政府也纷纷以此为模板，先后出台了大量地方性法规、政府规章及政策性文件，用于引导和规范各自行政辖区范围以内的特许经营项目开发。该《办法》的出台为这一阶段规范化地开展 PPP 项目奠定了法律基础。同时，在中央政策的鼓励下，地方政府也积极跟进。经历了这一阶段，PPP 被中国各界所广泛认识，并逐步走向规范。

（二）缺乏顶层设计

这个阶段我国推进的 PPP 项目仍然缺乏顶层设计，一切以地方政府短期的实用价值优先，初期探索阶段存在的各种问题依然延续。但不能忽视的是，成功 PPP 经验在这个阶段经过复制与改良，被用于更加综合、开放和复杂的项目系统，而不再限于一个独立的运作单元，项目参与主体和影响项目实施的因素也趋多元，而广泛、多元的项目实践同时也促进了 PPP 理论体系的深化和发展。实践与理论共识初步成型，政策法规框架、项目结构与合同范式在这个阶段得到逐步确立。

三、代表性案例

逐步发展阶段的 PPP 项目代表性案例见表 2-2。

表 2-2　　　　　　　　逐步发展阶段的 PPP 项目代表性案例

项目名称	时间	投资方	备注
北京地铁四号线	2003 年	香港上市公司、国有资本	我国官方广泛推广的 PPP 项目，我国城市轨道交通行业第一个正式批复运用 PPP 模式（BOT）地铁项目，将于 2039 年移交给北京市政府
合肥王小郢污水项目	2004 年	外国资本、国有资本	国内公开规范招标最大的以 TOT 方式转让资产和权益的污水处理项目，2004 年国内污水行业合资收购第一大项目，是合肥市首个采取规范招投标方式来融资、通过特许经营的方式来运营和管理的市政基础设施
杭州湾跨海大桥项目	2003 年	民营资本（前期参与投资，后期部分退出）、国有资本（后期参与投资）	国内第一座投资超百亿元的民营化基础设施项目。通车 5 年后，项目资金仍紧张，2013 年全年资金缺口 8.5 亿元，通行费收入仅为 6.43 亿元；按照 30 年收费期限，可能无法收回成本。后期民资本纷纷退出，政府通过国有企业赎回了股份
北京国家体育馆项目	2006 年	国有资本、外国资本	国内第一个大型体育馆的 PPP 项目，2005 年被英国《建筑新闻》评为"世界十大令人惊讶的建筑"之一。鸟巢于 2008 年 6 月 28 日正式竣工，特许期应始于项目完工日 2006 年 12 月 31 日，终止于 2038 年 12 月 31 日。然而，项目于 2009 年 8 月 29 日以失败告终：原运营商中信联合体放弃了 30 年特许经营权，成为持有项目 42% 股权的永久股东；北京国资公司持有的 58% 股份将改为股权，主导经营该场馆项目，并承担亏损和盈利。对"鸟巢"经营者进行股份制改造标志 PPP 模式在我国大型体育场馆建设、运营中首次应用提前终止
兰州威立雅水务集团合作项目	2007 年	外国资本	兰州市首个引入国外投资的市政公用事业项目，因项目溢价较高而受到以内高度关注，为 PPP – BASED BOT 模式。兰州自来水公司从 2002 年开始连年亏损，由于地方政府财政资金短缺，兰州市供水扩建工程严重滞后，故需要引进外部投资。而鉴于水务行业的特点，水务项目不宜采用外包、租赁等固定回报的具体模式，也不宜将给排水资产过于分散地转让给不同的主体（这样不利于政府对水务行业经营发展的统一管理与协调）。最终，政府和自来水公司一致同意通过股权转让引进战略投资者，共担风险、共享利益
北京市第十水厂项目	2007 年	外国资本、国有资本	北京市首个国际招标以 BOT 模式建设的市政供水设施项目
北京高安电垃圾焚烧发电厂项目	2008 年	外国资本、国有资本、民营资本	北京市第一家垃圾焚烧发电项目，以 BOT 模式建造

第三节 大力推广阶段（2013~2016年）

一、背景

2010年我国人均GDP达到29992元，折合4736美元，迈进中等收入国家行列，市场经济体系建设初见成效，GDP超过日本正式成为第二大经济体。中国从"站起来""富起来"阔步迈进"强起来"的新时代。2013年11月党的十八届三中全会通过的《中共中央关于全面深化改革若干重大问题的决定》明确指出，"允许社会资本通过特许经营等方式参与城市基础设施投资和运营，研究建立城市基础设施、住宅政策性金融机构"，这开启了PPP新一轮的大发展。《国家新型城镇规划（2014—2020年）》指出，根据世界城镇化普遍发展规律，我国的城镇化率还处在40%~70%的较快发展区间，规划到2020年我国的城镇化水平达到60%左右（以常住人口城镇化率为指标）。在我国新一轮城镇化进程中，城镇化水平的大幅上升将带来巨大的基础设施和其他公共服务需求，如城市供水、城市污水处理、城市生化垃圾无害化处理、城镇常住人口保障性住房供给、城镇常住人口基本医疗、基本养老保险等。面对巨大的公共产品和服务带来的资金缺口，财政预算资金难以与之相匹配，地方政府通过融资平台大量负债融资，地方融资平台经过多年发展债务急剧累积、债务风险显露，PPP被当作化解地方债务风险、打破融资困境的利器。同时，未来城镇化建设融资需求巨大，PPP的推行即是对政府投融资模式的有效探索。最后，PPP被认为能够带来体制机制创新，能够激发民间经济活力，鼓励社会资本进入政府传统的垄断领域，提高基础设施建设和公共服务供给的质量、效率，为国有企业混合所有制改革提供思路，促进市场在资源配置中起决定性作用，推动我国经济的转型和升级。

2013年以来，从中央到地方大量推出PPP试点项目，掀起了继第二阶段和第三阶段之后国内第三波PPP热潮。截至2015年3月16日，财政部推出30个PPP试点项目（含存量和新建项目），涉及天津市、河北省、辽宁省、吉林省、上海市、江苏省、浙江省、安徽省、福建省、江西省、青岛市、湖南省、重庆市、贵州省、陕西省15个省份，总投资规模约1800亿元。安徽省、福建省、贵州省、湖南省、江苏省、四川省、河南省、浙江省、江西省、甘肃省、吉林省、陕西省、黑龙江省均公布了PPP试点项目清单，其中前九省市PPP试点项目总投资分别为709.53亿元、1478.60亿元、188.00亿元、583.22亿元、929.84亿元、2534.25亿元、806.70亿元、1176.10亿元和1065.17亿元；重庆市和青海省也推介了PPP项目，投资金额分别是1018亿元和1025亿元，故上述省市PPP项目投资规模已超万亿元。上述试点项目涉及交通、污水处理、供水、供暖、供气、供热、垃圾处理、环境综合整治、地下综合管廊、教育、医疗养老、文化体育、保障房、园区开发等多个领域。

二、发展历程及其特点

（一）自上而下的体制机制创新

2013年11月，党的十八届三中全会通过的《中共中央关于全面深化改革若干重大问题的决定》提出"允许社会资本通过特许经营等方式参与城市基础设施投资和运营"。为贯彻党的十八届三中全会精神，财政部于2013年底全面部署PPP项目的推广工作。2013年的全国财政工作会议结束后，时任财政部部长楼继伟做了关于PPP的专题报告，对PPP在国家治理现代化、让市场在资源配置中发挥决定性作用、转变政府职能、建设现代财政体制和促进城镇化健康发展等方面的作用给予了高度期待。财政部在2014年中央和地方财政预算中提出"推广运用政府和社会资本合作模式（PPP），鼓励社会资本通过特许经营等方式参与城市基础设施等的投资和运营"，这是中国官方首次提出PPP概念。

PPP作为市场和政府合作的天然载体，受到了政府的高度重视。"兵马未动，粮草先行"，在这一阶段，中国政府出台了许多规范PPP发展的重要文件。国务院及财政部、国家发展和改革委员会等部门于2014年相继印发《关于创新重点领域投融资机制鼓励社会投资的指导意见》《关于推广运用政府和社会资本合作模式有关问题的通知》《关于印发政府和社会资本合作模式操作指南（试行）的通知》《关于开展政府和社会资本合作的指导意见》《基础设施和公用事业特许经营管理办法》等政策性文件，加快了 PPP 模式在城市基础设施领域的推广运用。此后，各省、自治区、直辖市政府也相继出台了有关试点、推广 PPP 模式的指导性文件。如福建省政府于 2014 年 9 月 6 日发布《关于推广政府和社会资本合作（PPP）试点的指导意见》，并由省财政厅与国家发展和改革委员会于 9 月 17 日联合发布福建省第一批 PPP 试点推荐项目。

同年，国务院先后下发《关于加强地方政府性债务管理的意见》《关于深化预算管理制度改革的决定》两份文件，财政部出台《地方政府存量债务纳入预算管理清理甄别办法》，中央政府以 2013 年政府性债务审计结果为基础，对地方政府性债务存量进行甄别清理。随着《中华人民共和国预算法》的修订实施，新《预算法》以及国务院《关于深化预算管理制度改革的决定》这两个关于深化预算改革的文件直接导致了政府支出全部纳入预算，整个政府财政支出格局发生了改变，引领着政府对 PPP 模式的概念进行重新审视及定义，也引导着未来 PPP 项目中政府支付和补贴行为的新路径。

为保证 PPP 项目的顺利实施，六部委起动特许立法工作，《基础设施和公用事业特许经营管理办法（征求意见稿）》于 2015 年 1 月公开征求意见。《基础设施和公用事业特许经营管理办法》于 2015 年 6 月 1 日起正式施行。2015 年 5 月 19 日国务院办公厅转发财政部、国家发展和改革委员会、中国人民银行《关于在公共服务领域推广政府和社会资本合作模式的指导意见》（以下简称《指导意见》）。《指导意见》明确了要在能源、交通运输、水利、环境保护、农业、林业、科技、保障性安居工程、医疗卫生、养老、教育、文化等公共服务领域广泛采用 PPP 模式，将 PPP 提升到了前所未有的战略高度。

随着一系列顶层设计的逐步推进，我国开始形成由法律法规、管理机构、操作指引、标准化工具和专业培训构成的相对完整的 PPP 政策框架。

（二）强调政府与社会资本的合作共赢

这一时期的 PPP 模式呈现新特点。倡导政府与社会资本之间风险共担、利益共享、平等合作的精神，以期整合社会资本的专业运营管理能力和技术创新能力的资源优势来提高基础设施与公共服务的供给效率及质量，进而化解政府供给能力不足、供给效率和供给质量低、资源浪费的问题。

2013 年以前的 PPP 更多以 BT、BOT 等为主，政府是主要的投资者和风险收益主体，2013 年以后，开始强调包括国有企业在内的社会资本与政府共享利益、共担风险的合作机制建设，并为推动混合所有制经济发展助力，PPP 项目在质量和数量上迅猛增长。

三、代表性案例

大力发展阶段的 PPP 项目代表性案例见表 2-3。

表 2-3　　　　大力发展阶段的 PPP 项目代表性案例

项目名称	时间	投资方	备注
北京地铁十六号线	2015 年	香港上市公司、国有资本、外国资本	借鉴北京地铁四号线、大兴线 BOT 模式，项目公司获得 30 年的特许经营权
广东省汕头市海湾隧道项目	2015 年	国有资本	BOT 模式，该项目创新了 PPP 模式下城市基础设施的建设和运营的投融资机制
那孝河流域治理项目	2015 年	国有资本	广西首个 PPP 试点项目：特许经营期 10 年
池州市污水处理及市政排水设施购买服务	2014 年	国有资本	项目采用"厂网一体"模式，被财政部和住建部列为首个污水处理 PPP 试点项目，被业内称为 PPP 项目的"池州模式"

第四节　规范发展阶段（2017 年至今）

一、背景

2017 年下半年开始，在金融业严守不发生系统性金融风险的底线，以及财政系统要求严格做好地方和国企债务管理的多重施压下，PPP 也快速"冷却"，从较为"狂野"的发展模式走向了高质量发展的"下半场"。

PPP模式在经过一系列"修枝剪叶"后逐步回归理性。2019年3月8日《关于推进政府和社会资本合作规范发展的实施意见》（以下简称《实施意见》）出台，是《政府和社会资本合作条例》未出台前的一种替代性指导意见，试图将PPP列车拉回到正确的轨道上来。《实施意见》的着眼点，意在给业界讲清PPP项目何为规范，什么是财政部认可的PPP模式。由于文件给PPP加了很多定语和条件，进一步限制了对PPP的广义解释的可能性，是一种对PPP更加狭义的理解和约束。《实施意见》出台之后，新一轮清库工作开始，清除一些不合规、不适宜用PPP模式的项目，清理融资不能到位、迟迟不能启动的"僵尸项目"，以腾出一般公共预算支出的空间来用于真正优质的PPP项目。

二、发展历程及其特点

（一）强化PPP项目的监管

随着地方政府大规模利用融资平台公司推动地方基础设施建设投资，导致地方政府债务规模快速增长，引发了中央政府和社会各界对政府债务问题的高度重视。2017年以来，规范发展和防范风险成为PPP可持续发展的重点。多部委出台《政府和社会资本合作项目财政承受能力论证指引》《关于推进政府和社会资本合作规范发展的实施意见》《关于依法依规加强PPP项目投资和建设管理的通知》等监管和指导意见来规范PPP项目，PPP项目入库速度开始放缓收紧，另外，财政部对PPP项目库进行整理，一些不符合规范或者不适合使用PPP方式的项目逐渐被清理出PPP项目库。

（二）构建绩效管理框架

经过大力发展阶段，PPP模式的引资规模已经超过13.5万亿元，正步入运营落地的关键期，同时也在加速迈进"绩效为王"的新阶段。自2018年开始，多地新一轮政府和社会资本合作（PPP）规范政策集中发布，地方在实践中不断深化探索创新模式。2018年11月6日，财政部发布关于贯彻落实《中共中央 国务院关于全面实施预算绩效管理的意见》的通知，其中指出加快对政府和社会资本合作（PPP）实施绩效管理，实现全过程跟踪问效。2019年4月29日，财政部办公厅发布关于征求对《政府和社会资本合作（PPP）项目绩效管理操作指引（征求意见稿）》意见的函，其出台渐行渐近。

三、代表性案例

规范发展阶段的PPP项目代表性案例见表2-4。

表2-4　　　　规范发展阶段的PPP项目代表性案例

项目名称	时间	投资方	备注
厦门市翔安新机场片区地下综合管廊项目	2018年	国有资本、民营资本	完善的地下综合管廊入廊收费机制，保障社会资本权益；股比合理，特殊约定决策机制
浙江省杭州地铁1号线项目	2018年	国有资本、民营资本	杭州市第一条地铁线路，采用"A+B"将土建工程、机电安装及后期运营分开，对B部分资产采用PPP模式，通过港铁先进的运营、管理经验，有效节约了项目成本，提高了运营质量
宁夏回族自治区中宁县能源互联网项目	2018年	国有资本、民营资本	对辖区内火电、光伏发电、风电、生物质发电、余热发电等调峰、调频、备用等发电辅助服务和电解铝等可中断负荷等灵活性资源进行商品化改造，采用需求响应负荷集成商等新型商业模式建设运营的示范项目
四川省广安市"洁净水"行动综合治理项目	2018年	国有资本	针对乡镇污水厂点多、面广、量小的特点实行分片区域化管理创新模式，有效减少管理成本，提高运营效率，政府从"一对多"转化成"多对一"的监管模式

第五节　PPP实践发展的方向

PPP作为一种模式登上历史舞台与中国城镇化、市场化、国际化步伐加快密不可分。城镇化过程涵盖了包罗万象的基础设施、公共工程升级换代的要求，对于仍处于"转轨"过程中的中国政府，无疑产生了巨大的财政压力，这种现实生活中的财政压力如果上升到理论层面，实际上又包含制度运行成本过高的问题,而市场取向改革和对外开放,恰恰提供了运用市场机制和借助国际经验与国内外资金降低交易费用与综合成本的可能。随着我国城镇化、市场化进程继续推进,全面开放条件下和理论创新指导下服务实践的政府和社会资本合作模式,在更大和更广泛的发展空间里,必将在进一步规范化发展中助力中国现代化赶超战略的实现。

一、PPP 模式仍然是最佳选择模式之一

PPP 模式仍然是基础设施和公共服务最佳选择模式之一。基础设施和公共服务建设作为政府的主要社会责任,随着中国社会主要矛盾的变化,增加基础设施和公共服务的供给是摆在当前政府面前的主要任务,然而发行地方政府债券受额度限制,政府购买服务方式禁止实施工程项目建设;"EPC＋F 模式"涉嫌违规举债,不能得到投资人及金融机构积极响应。政府和社会资本合作不仅解决了资金来源问题,还是良好的项目管理模式。地方政府在近几年的 PPP 浪潮中积累了丰富的项目实践经验,未来地方政府将从项目筛选（识别）、前期工作（准备、采购）、一般公共预算支出 10% 的红线控制、绩效考核、项目监管、预算绩效执行等方面建立项目全过程管理体系。

二、PPP 项目规模呈现新变化

对于社会资本方而言,参与 PPP 项目的社会资本从以国有资本（央企）为主向地方国企和上市公司为主转变,具备投融资实力和项目运营实力的社会资本在宏观政策引导下,在 PPP 模式中将会有较大的发展空间。对于 PPP 项目而言,有经营性现金流且政府不承担或承担部分运营补贴的项目（例如"产业＋园区"项目）是采用 PPP 模式的首选,主要依靠政府支出责任的项目采用 PPP 模式的规模将减小。

三、对跨专业领域的综合顾问需求越来越强

随着项目逐步进入建设期和运营期,各种不确定因素开始显现,如项

目超概、设计变更、合作期延长、融资不到位、政府违约、社会资本方违约、项目公司管理混乱、资金使用混乱、提前终止等。这给经验不足的政府及项目公司的 PPP 日常管理工作带来了巨大的考验。双方对法律、财税、工程等跨专业领域的咨询需求越来越强。例如，江苏省将建立全省政府和社会资本合作项目全生命周期法律顾问制度，进一步规范财政部门的 PPP 项目周期管理、防范化解 PPP 项目全生命周期各类现实和潜在风险。

第三章

供给端的观察——PPP 的规范与绩效管理

为贯彻落实党的十八届三中全会提出的"要让市场在资源配置过程中发挥决定性作用""允许社会资本通过特许经营等方式参与城市基础设施投资和运营"①，PPP 模式受到各界的高度重视，成为落实国家战略的重要工具之一，并成为全面深化改革的重要组成部分。自 2014 年 9 月以来，国务院、财政部、国家发展和改革委员会、中国人民银行发布了一系列全面促进 PPP 发展的指导性文件；住建部、交通部、科技部、工信部、国土部、水利部、农业部、环保部、文化旅游部等其他相关部委也相继发布了各自行业的配套文件；各级地方政府从观望、学习，到纷纷推出种类繁多的 PPP 项目，使得 PPP 模式在全国快速进入高速发展阶段。这一期间，国家层面和各部门出台的 PPP 相关制度政策以"推广""鼓励""支持""引导"为主，对于缓解地方政府的财政压力、优化市场环境、促进全国经济的增长和城镇化建设的步伐发挥了重要的积极作用，但是，随之而来的是 PPP 市场出现了越来越多的乱象，隐患频现，2017 年 5 月，财政部、国家发展和改革委员会、司法部、中国人民银行、银监会、证监会六部委联合发布了《关于进一步规范地方政府举债融资行为的通知》，对借 PPP 变相举债融资行为予以严令禁止，11 月，财政部印发的《关于规范政府和社会资本合作（PPP）综合信息平台项目库管理的通知》，开启了 PPP 规范治

---

① 《中共中央关于全面深化改革若干重大问题的决定》和《关于〈中共中央关于全面深化改革若干重大问题的决定〉的说明》，http://news.sina.com.cn/o/2013-11-15/210428723442.shtml。

理之路。中国 PPP 进入规范发展的新时期，特别是 2019 年 3 月 8 日财政部出台的《财政部关于推进政府和社会资本合作规范发展的实施意见》（以下简称《实施意见》），通过加强入库和财政承受能力监管，进一步明确规范 PPP 项目的必备特征，并对不规范行为"亮出监管之剑"，为 PPP 规范发展指引方向。本章通过对 PPP 项目规模分析和相关制度供给的梳理，探讨 PPP 高质量发展之路。

第一节 2013 年以来我国 PPP 项目发展

为贯彻落实党的十八届三中全会关于"允许社会资本通过特许经营等方式参与城市基础设施投资和运营"精神，自 2014 年以来，国家层面积极推进 PPP 大发展，PPP 市场欣欣向荣，为增强公共产品供给能力，促进调结构、补短板、惠民生，拓宽城镇化建设融资渠道，促进政府职能加快转变，完善财政投入及管理方式发挥了积极的作用。为了更好地对全国 PPP 项目进行全生命周期监管，建立统一、规范、透明的 PPP 市场，财政部于 2015 年 3 月组织搭建了全国 PPP 综合信息平台，对 2013 年以来全国所有 PPP 项目实现线上监管、动态数据分析、案例分享等。这一平台被业界誉为是国内最权威的 PPP 大数据库。

根据全国 PPP 综合信息平台项目数据，PPP 项目在 2015 年经历井喷式发展，2016 年、2017 年、2018 年随着规范 PPP 管理力度的加强，入库项目数量和规模出现较大幅度下降，2017 年 11 月，财政部印发的《关于规范政府和社会资本合作（PPP）综合信息平台项目库管理的通知》，明确 PPP 进行分类管理，严把新项目入库标准，并对不符合标准的老项目将于 2018 年 3 月底前集中清库。总体来看，全国各地 PPP 项目和投资差距较大；PPP 项目库所涉及的 19 个行业中，市政工程、交通运输项目占据半壁江山。从项目投资回报来看，可行性缺口补助项目最多，使用者付费类项目最少，国家示范项目落地率较高。

从财政可持续的角度看，如果推行 PPP 客观上为经济发展带来了新的动力，使经济增长更快，便是一种良性循环。经济发展带来的增量完全可以覆盖债务的成本,并产生更多的经济资源保障支出责任,这时并不存在财政风险问题,财政也是可持续的。但考虑到 PPP 模式主要应用于经济效益较差的公共属性项目,其对经济发展的增量作用有限或短期效果并不突出,形成自发的良性循环可能并不现实,这时衡量 PPP 的财政风险问题将依赖于 PPP 项目所导致的政府支出责任与政府所拥有的经济资源的对比。从我国经济发展的趋势来看,L 型特征明显,近几年减税降费政策的推行以及新一轮税制改革可以预期财政收入在未来一段时间将大概率表现出同比增速不断收窄甚至下滑,而 PPP 项目的财政支出责任呈不断扩张的趋势。根据财政部发布的全国 PPP 综合信息平台项目库季报,截至 2019 年第一季度末,管理库项目累计 8843 个、投资额 13.4 万亿元,考虑到库外项目以及可能增长的项目申报,投资规模存量及增量可能将继续增加,这意味着政府在 PPP 项目中所要承担的支出责任将继续增加,产生财政风险的可能性也将增加。

一、我国 PPP 项目入库数量与规模

(一) 基本情况分析

根据全国 PPP 综合信息平台项目数据,PPP 项目按全生命周期分为识别、准备、采购、执行和移交 5 个阶段,其中,准备、采购、执行和移交 4 个阶段的项目纳入管理库。从行业分布情况来看,PPP 项目库涉及能源、交通运输、水利建设、生态建设和环境保护、市政工程、城镇综合开发、农业、林业、科技、保障性安居工程、旅游、医疗卫生、养老、教育、文化、体育、社会保障、政府基础设施和其他 19 个一级行业。截至 2019 年第一季度末,综合信息平台项目管理库的情况为:2019 年第一季度末比 2018 年第四季度末(以下简称环比)净增项目 189 个、投资额 2250 亿元;2019 年 3 月管理库项目比 2 月净增 63 个、投资额 1040 亿元;管理库项目累计 8843 个、投资额 13.4 万亿元。2019 年第一季度,储备清单环比净减项目 237 个、投资额 2661 亿元;3 月储备清单比 2 月净减项目 46 个、投资额 210 亿元;累计储备清单项目 3734 个、

投资额 4.3 万亿元。其中 2013~2019 年第一季度的入库项目数量及入库项目金额统计如图 3-1 所示。2019 年第一季度各地进一步加强入库审核和规范管理，持续清理不合规项目，共清退项目 93 个、涉及投资额 1344 亿元；新入管理库发布项目 282 个、投资额 4910 亿元。由于管理库内存量项目结构调整导致投资额变化，因此新入库项目投资额减去退库项目投资额与净增投资额不相等。①

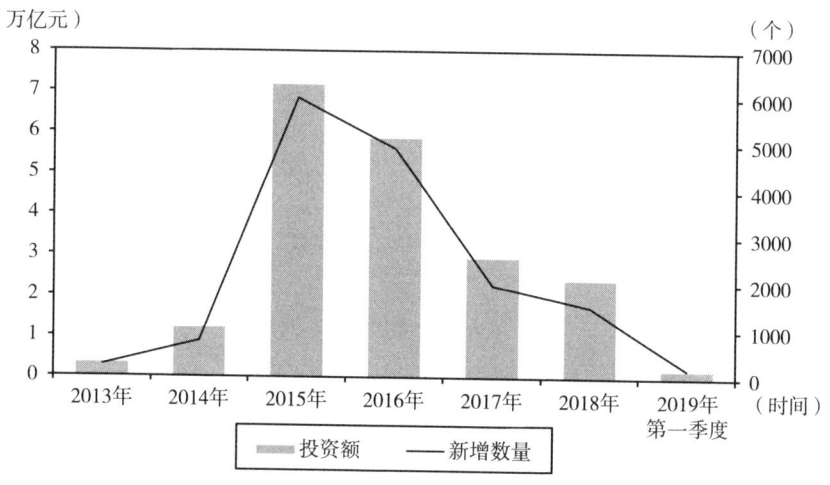

图 3-1 2013~2019 年第一季度 PPP 入库项目

资料来源：全国 PPP 综合信息平台；2017 年中国 PPP 发展年度报告，明树数据。

（二）重点地域分析

从重点区域情况来看，长江经济带覆盖上海市、江苏省、浙江省、安徽省、江西省、湖北省、湖南省、重庆市、四川省、云南省、贵州省 11 个省市，PPP 管理库累计长江经济带项目总数 4015 个、投资额 7.0 万亿元，分别占管理库的 45.4% 和 52.4%。项目数位于前三位的是四川省 530 个、贵州省 527 个、浙江省 497 个；投资额前三位的是贵州省 11212 亿元、云南省 11187 亿元、浙江省 9442 亿元，具体如图 3-2 所示。

---

① 财政部 PPP 中心：《全国 PPP 综合信息平台项目管理库 2019 年一季度报》。

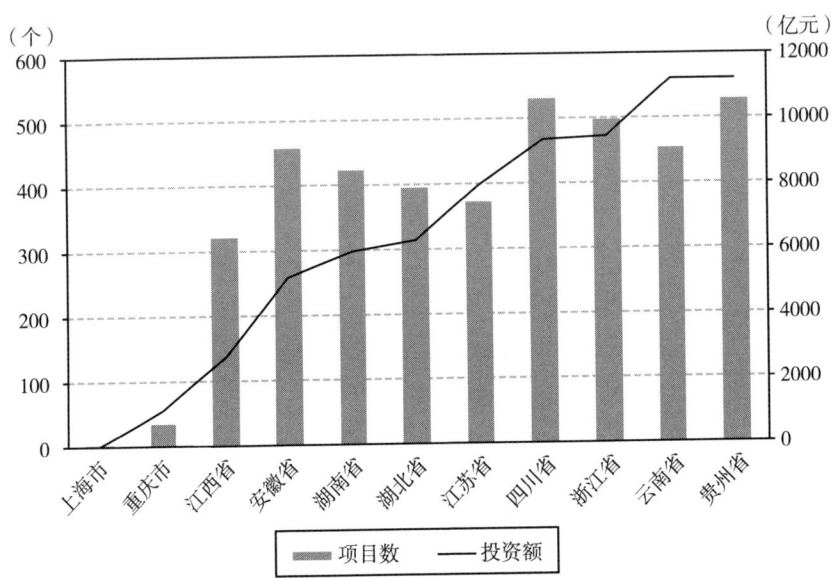

图 3-2　长江经济带项目情况

PPP 管理库累计长江经济带落地项目总数 2433 个、投资额 4.3 万亿元，分别占管理库的 43.9% 和 51.3%。落地项目数位于前三位的是浙江省 359 个、安徽省 331 个、四川省 302 个；落地项目投资额位于前三位的是浙江省 7097 亿元、云南省 6659 亿元、贵州省 6516 亿元，具体如图 3-3 所示。

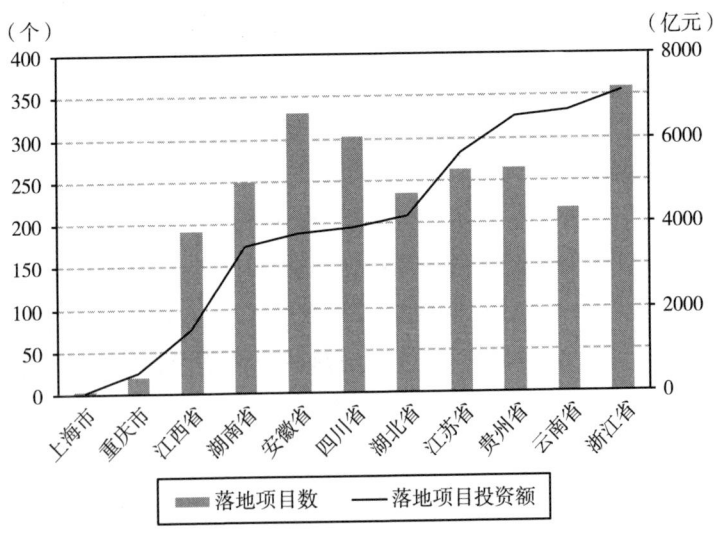

图 3-3　长江经济带落地项目情况

从京津冀地区情况来看，PPP管理库累计项目总数451个、投资额8835亿元，分别占管理库的5.1%和6.6%；其中落地项目总数304个、投资额6499亿元，分别占管理库落地项目的5.5%和7.7%。2019年第一季度环比净增项目16个、投资额701亿元；具体如图3-4、图3-5所示。

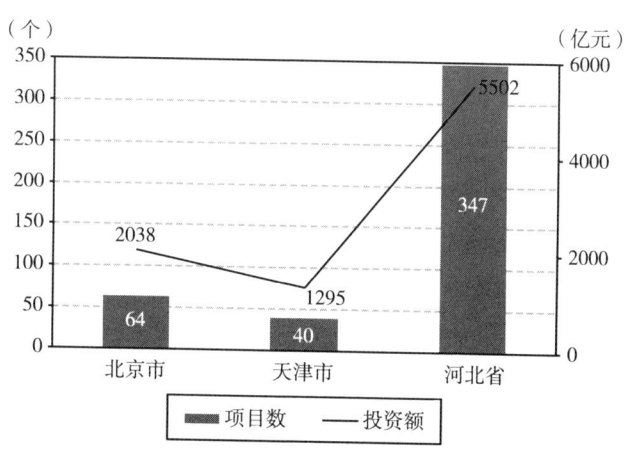

图3-4 京津冀地区项目情况

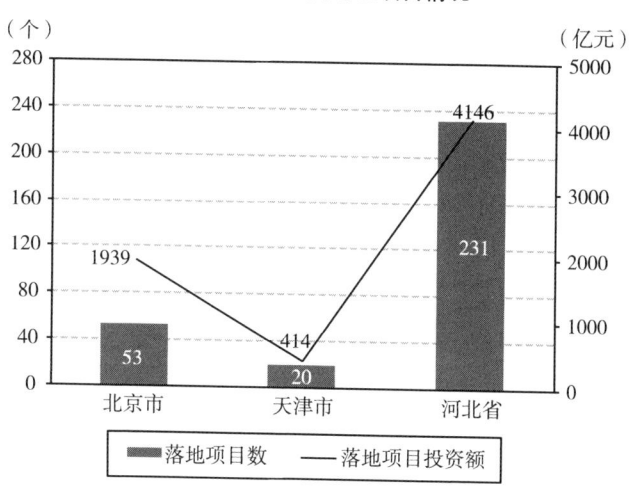

图3-5 京津冀地区落地项目情况

（三）消费领域基本公共服务项目分析

消费领域基本公共服务项目覆盖文化、旅游、体育、健康、养老、教育6个领域，管理库2019年第一季度环比净增项目13个、投资额30亿元；累计消费领域基本公共服务项目1443个、投资额1.3万亿元，分别占管理库的16.3%和9.7%。项目数位于前三位的是教育425个、旅游334个、健康271个；投资额前三位的是旅游4763亿元、教育2471亿元、健康2027亿元，具体如图3-6所示。

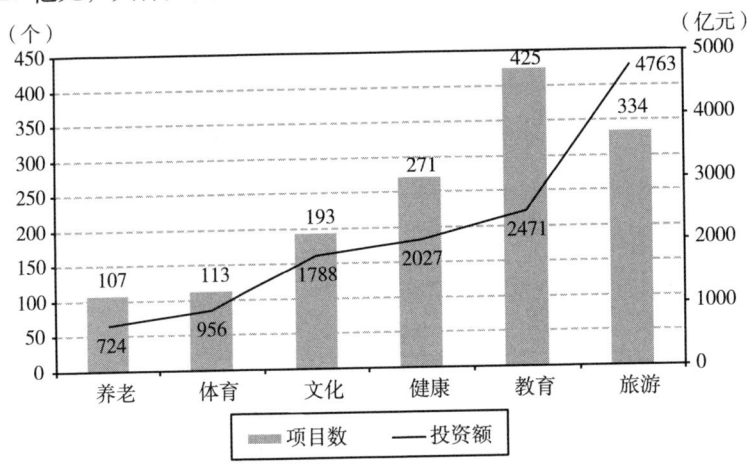

图3-6 消费领域基本公共服务项目情况

消费领域基本公共服务落地项目821个、投资额6624亿元，分别占管理库落地项目的14.8%和7.8%。落地项目数前三位的是教育250个、健康171个、旅游170个；落地项目投资额前三位的是旅游2163亿元、教育1430亿元、健康1070亿元，具体如图3-7所示。

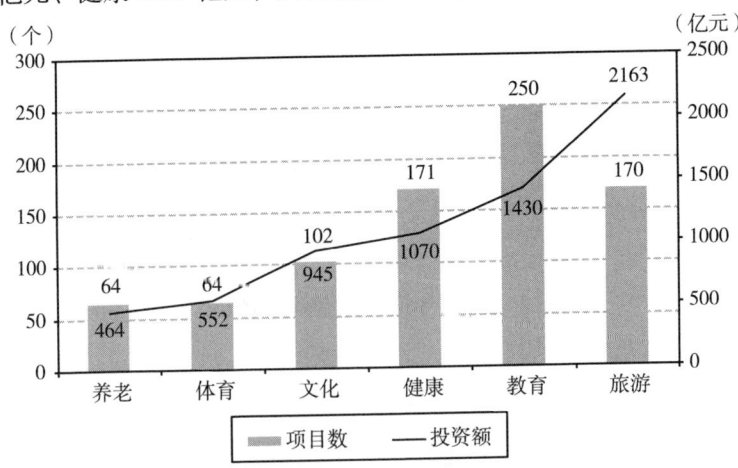

图3-7 消费领域基本公共服务落地项目情况

（四）污染防治与绿色低碳项目分析

公共交通、供排水、生态建设和环境保护、水利建设、可再生能源、教育、科技、文化、养老、医疗、林业、旅游等多个领域 PPP 项目都具有支持污染防治和推动经济结构绿色低碳化的作用。按该口径，管理库 2019 年第一季度污染防治与绿色低碳项目环比净增项目 143 个、投资额 964 亿元；管理库累计污染防治与绿色低碳项目 4909 个、投资额 4.8 万亿元，分别占管理库的 55.5%、35.8%；其中落地项目 2993 个、投资额 2.9 万亿元，分别占管理库落地项目的 54.0% 和 33.8%。2018 年第四季度末与 2019 年第一季度末情况对比如图 3-8 和图 3-9 所示。

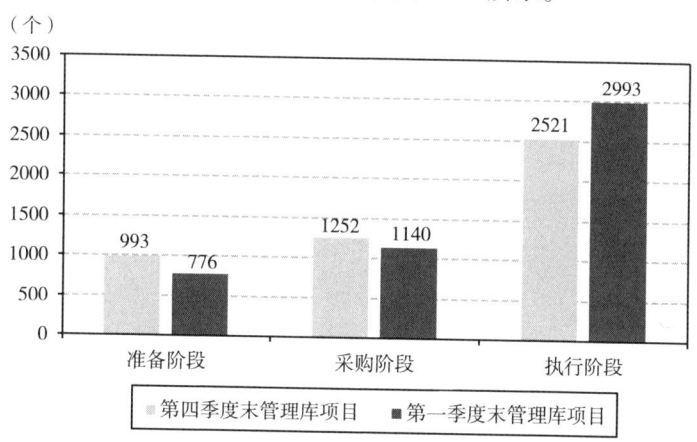

图 3-8　2018 年第四季度末与 2019 年第一季度末污染防治与绿色低碳项目数对比

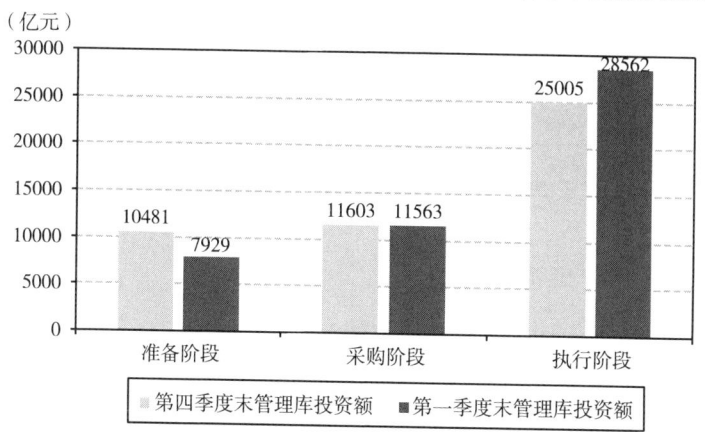

图 3-9　2018 年第四季度末与 2019 年第一季度末污染防治与绿色低碳项目投资额对比

（五）落地项目开工情况分析

2019年第一季度已开工项目环比净增1085个、投资额1.8万亿元；管理库累计已开工项目3322个、投资额5.0万亿元，分别占落地项目的60.0%和58.7%，开工率（即累计开工项目占累计落地项目的比例）环比上升12.3个百分点。已开工项目数位于前三位的是山东省（含青岛市）、安徽省、广东省，分别为356个、269个、253个，开工率分别为72.5%、81.3%、71.7%；开工项目投资额位于前三位的是云南省、山东省（含青岛市）、浙江省，分别为4218亿元、3881亿元、3590亿元。各地情况如图3-10、图3-11所示。

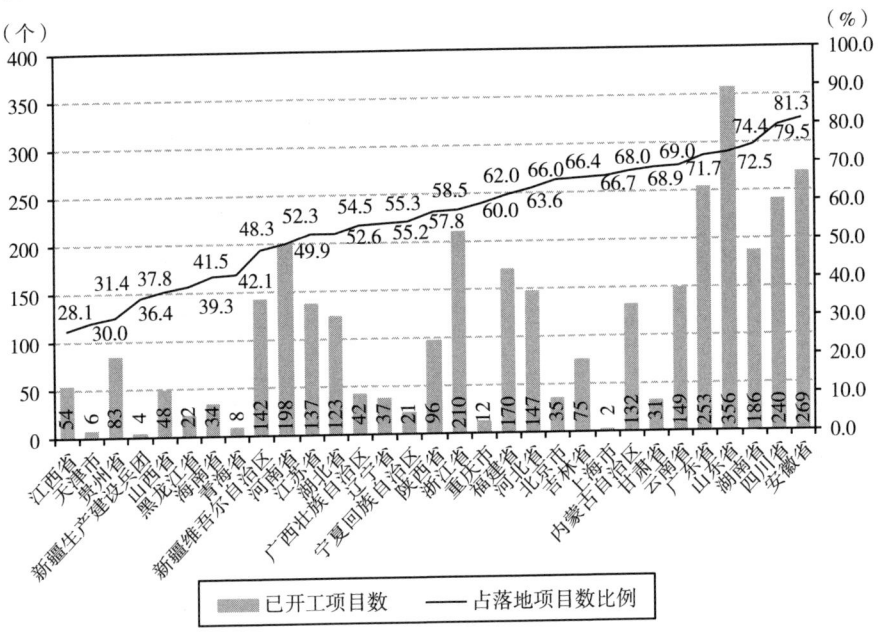

图3-10 截至2019年第一季度末各地开工项目数及占落地项目数比例

二、PPP管理库项目分析

截至2019年第一季度末，管理库项目累计8843个、投资额13.4万亿元。从项目落地率（指执行和移交两个阶段项目数之和与管理库项目数的比值）来看，第一季度，落地项目净增850个、投资额1.2万亿元，比上

第三章　供给端的观察——PPP 的规范与绩效管理

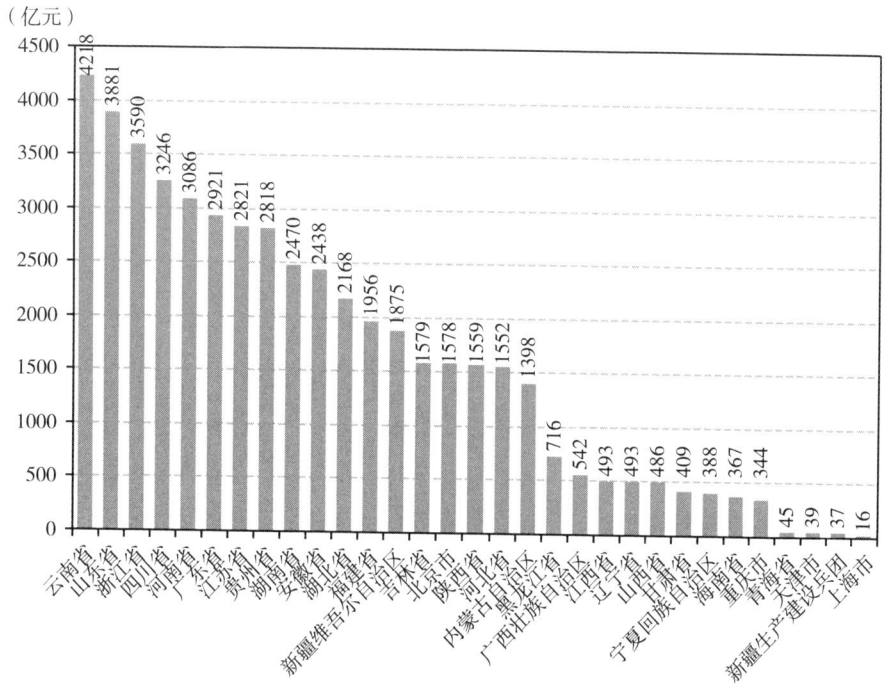

图 3-11　截至 2019 年第一季度末各地开工项目投资额

季度净增数多 248 个、3502 亿元，比 2018 年第一季度净增数多 255 个、3351 亿元。截至 2019 年第一季度末，落地项目累计 5541 个、投资额 8.4 万亿元；落地率 62.7%，比上月末上升 6.7 个百分点，比上季度末上升 8.5 个百分点，比 2018 年第一季度末上升 17.9 个百分点。从项目开工率（指累计开工项目与累计落地项目的比值）来看，2019 年第一季度，开工项目净增 1085 个、投资额 1.8 万亿元，比上季度净增数多 708 个、1.2 万亿元，比 2018 年第一季度净增数多 869 个、1.4 万亿元。3 月开工项目比 2 月净增 949 个、投资额 1.6 万亿元。截至 2019 年第一季度末，开工项目累计 3322 个、投资额 5.0 万亿元；开工率 60.0%，比上月上升 11.8 个百分点，比上季度末上升 12.3 个百分点，比 2018 年第一季度末上升 18.6 个百分点。

2019 年 3 月在库落地项目、开工项目的相关数据增幅较大，主要原因是各地按照 3 月出台的《关于推进政府和社会资本合作规范发展的实施意见》《关于加强全国 PPP 综合信息平台管理库项目管理的通知》等要求，更新充实了在库项目实施进展信息。

（一）管理库项目总体稳中有升

截至 2019 年第一季度末，管理库 8843 个项目均已完成物有所值评价和财政承受能力论证的审核，覆盖 31 个省（自治区、直辖市）及新疆生产建设兵团和 19 个行业领域。2018 年 1 月至 2019 年 3 月管理库项目数如图 3-12 所示、投资额如图 3-13 所示。

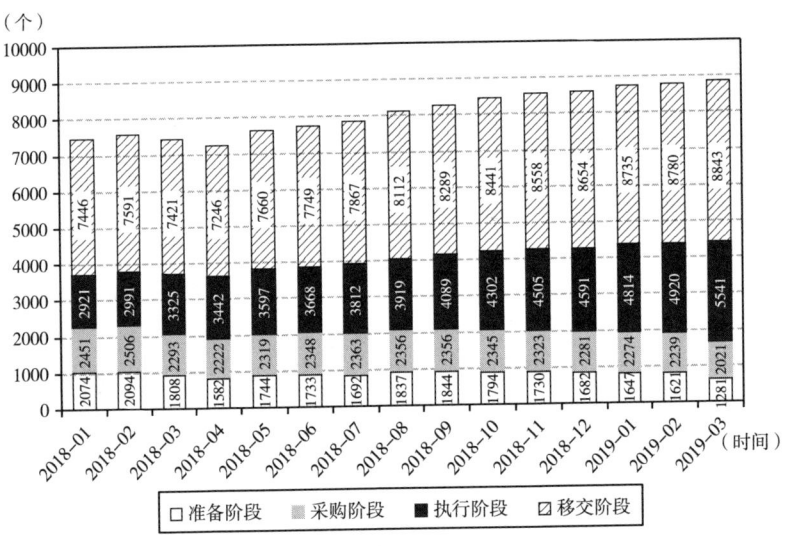

图 3-12　管理库各阶段项目数月度变化

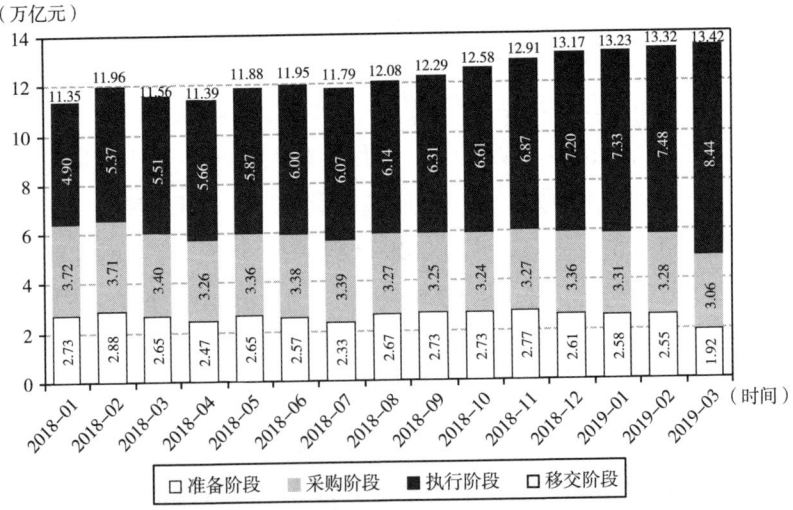

图 3-13　管理库各阶段项目投资额月度变化

（二）管理库项目地区分布分析

2019年第一季度各地净增项目数位于前三位的是广东省、四川省、河南省，分别为26个、17个、15个，如图3-14所示；2019年第一季度净增投资额前三位的是四川省、天津市、贵州省，分别为889亿元、435亿元和402亿元，如图3-15所示。

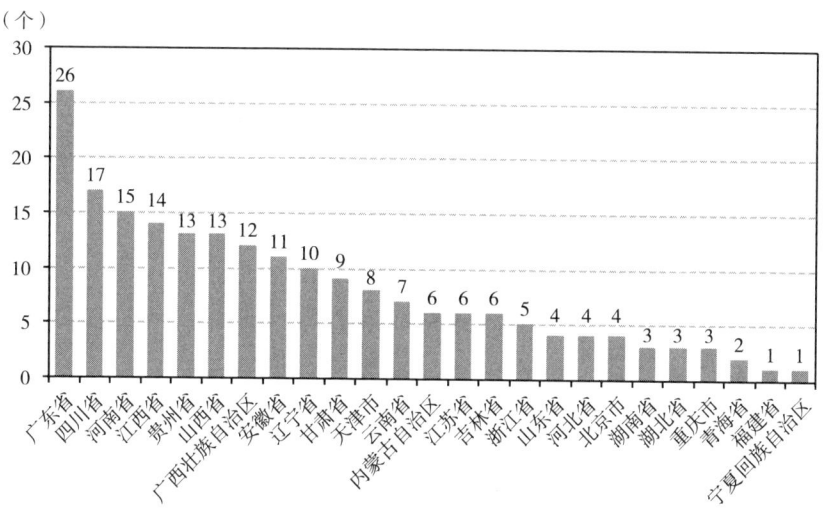

图3-14 2019年第一季度管理库净增项目数地区分布

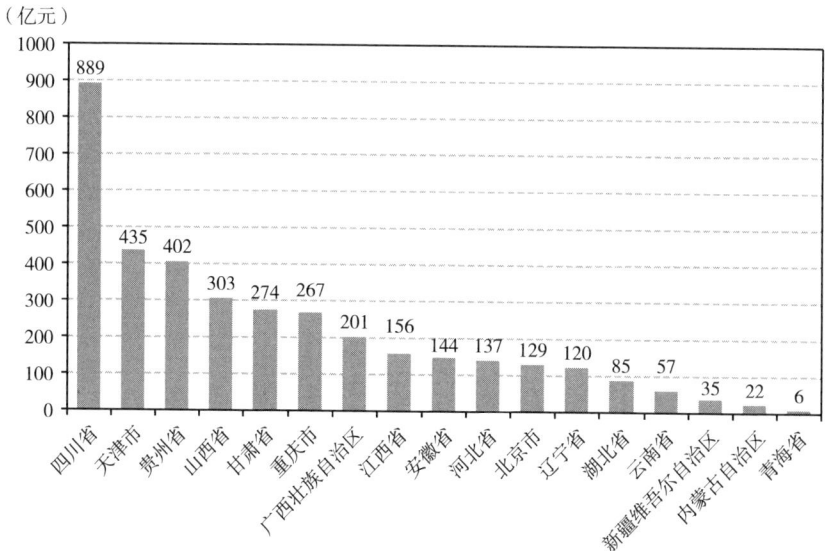

图3-15 2019年第一季度管理库净增投资额地区分布

按累计项目数排序，管理库前三位的是山东省（含青岛）、河南省、四川省，分别为 761 个、658 个、530 个，合计占入库项目总数的 22.0%。按累计投资额排序，管理库前三位的是贵州省、云南省、浙江省，分别为 11212 亿元、11187 亿元、9442 亿元，合计占入库项目总投资额的 23.7%。各地方 2018 年第四季度末与 2019 年第一季度末的管理库项目数、投资额对比情况分别如图 3–16、图 3–17 所示。

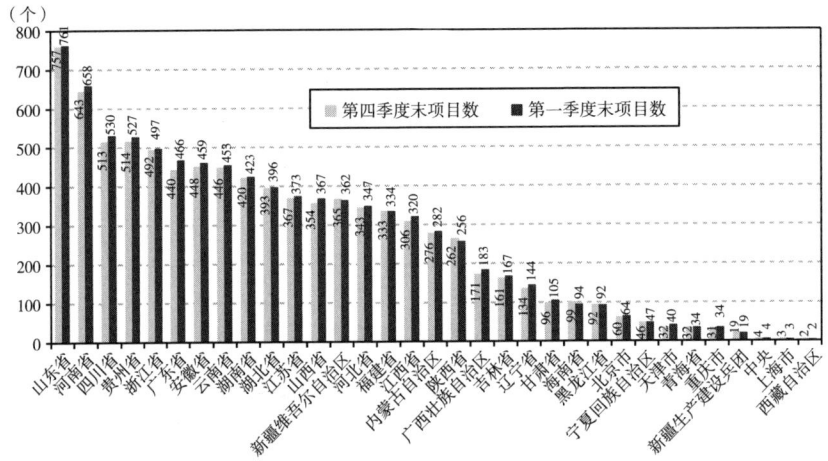

图 3–16　2018 年第四季度末与 2019 年第一季度末管理库项目数地域分布对比情况

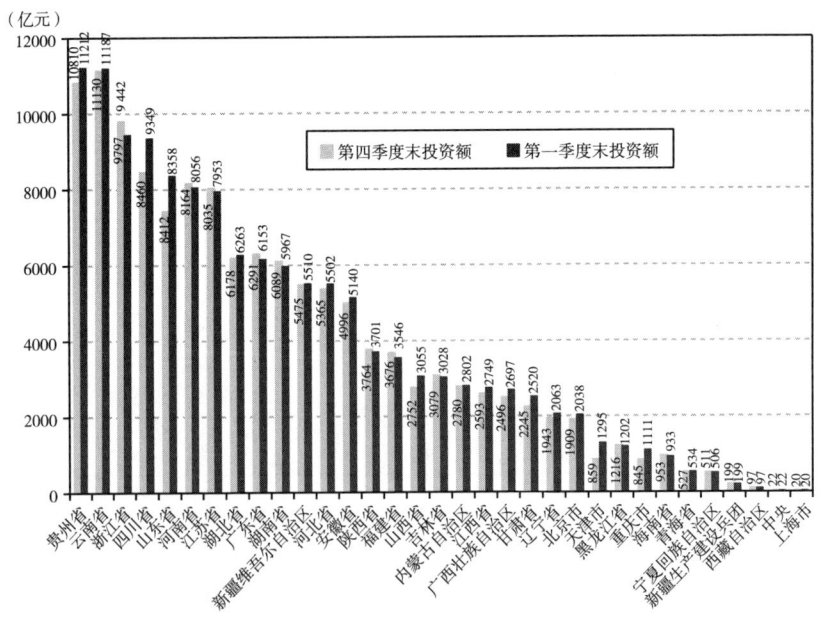

图 3–17　2018 年第四季度末与 2019 年第一季度末管理库项目投资额地域分布对比情况

（三）管理库项目行业分布情况

管理库共包括能源、交通运输、水利建设、生态建设和环境保护、市政工程、城镇综合开发、农业、林业、科技、保障性安居工程、旅游、医疗卫生、养老、教育、文化、体育、社会保障、政府基础设施和其他19个一级行业。

2019年第一季度管理库净增项目数前三位的是市政工程、交通运输、生态建设和环境保护，分别是93个、33个、22个，如图3-18所示。

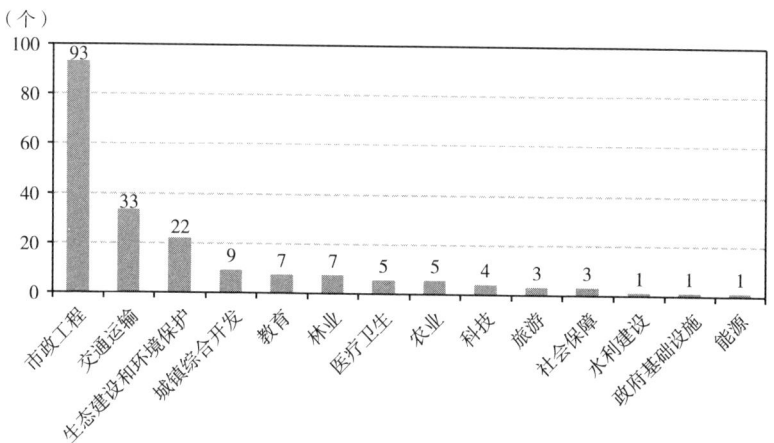

图3-18　2019年第一季度管理库净增项目数行业分布

2019年第一季度净增投资额前三位的是交通运输、城镇综合开发、市政工程，分别为1658亿元、430亿元、387亿元，如图3-19所示。

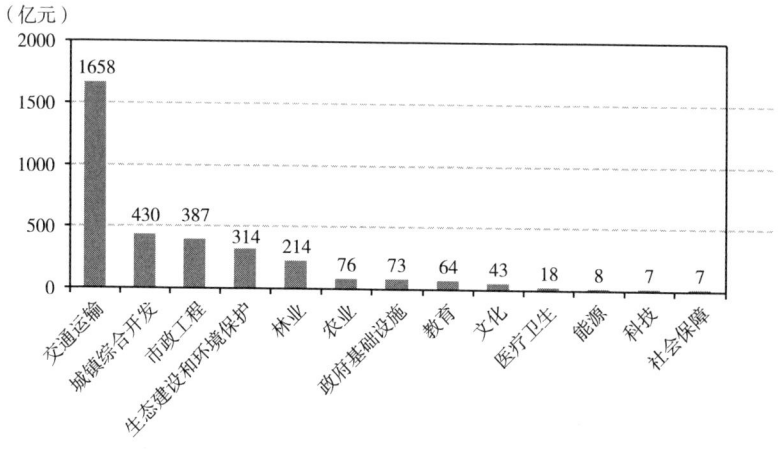

图3-19　2019年第一季度管理库净增投资额行业分布

管理库内各行业累计 PPP 项目数及投资额如图 3-20 和图 3-21 所示。其中，项目数位于前三位的是市政工程、交通运输、生态建设和环境保护，合计占管理库项目总数的 63.3%；投资额前三位的是交通运输、市政工程、城镇综合开发，合计占管理库总投资额的 73.5%。

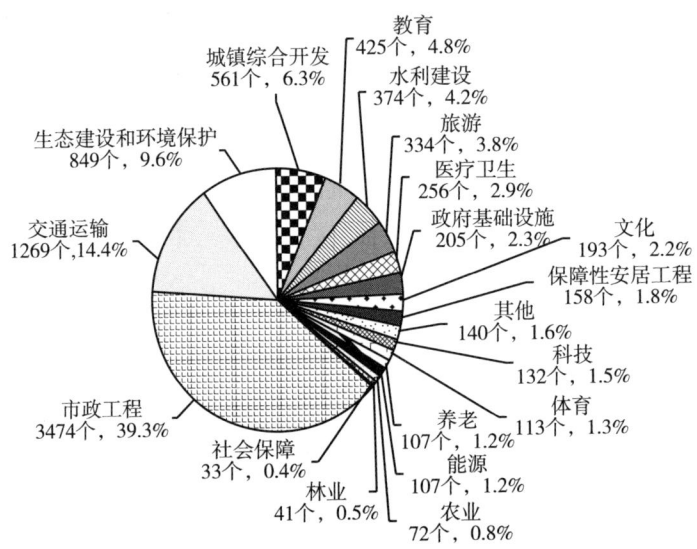

图 3-20 2019 年第一季度管理库项目数行业分布

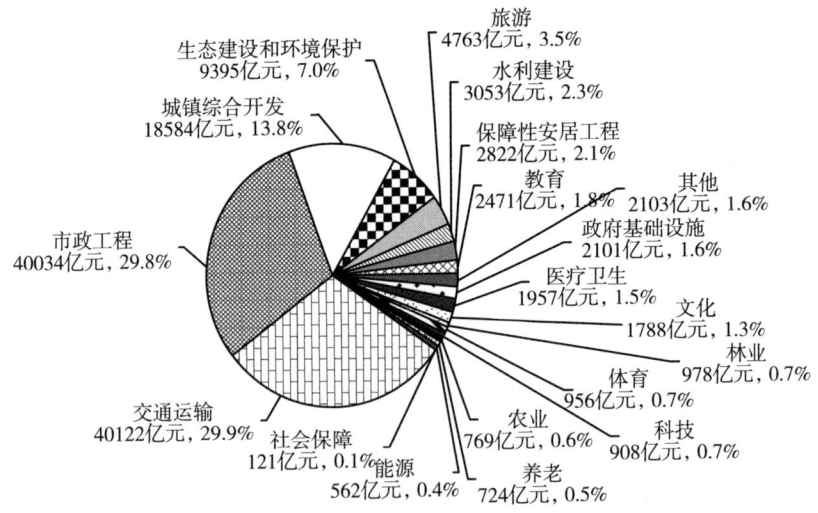

图 3-21 2019 年第一季度管理库项目投资额行业分布

(四) 签约落地项目情况

2019年第一季度管理库落地项目环比净增850个、投资额1.2万亿元，落地率环比上升8.5个百分点。管理库落地项目累计5541个、投资额8.4万亿元，落地率62.7%，覆盖除西藏自治区以外的30个省（自治区、直辖市）及新疆生产建设兵团和19个领域。管理库目前无移交阶段项目。2018年第四季度末、2019年第一季度末各阶段项目数如图3-22所示。

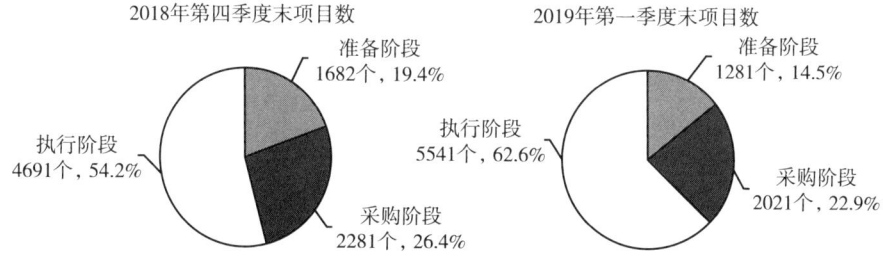

图3-22 2018年第四季度末与2019年第一季度末管理库准备、采购、执行阶段项目数分布

地域分布，2019年第一季度净增落地项目数前两位是河南省、浙江省，分别为125个、83个，贵州省、广东省以56个并列第三；第一季度净增落地项目投资额前三位的是浙江省、河南省、贵州省，分别为1973亿元、1694亿元、1092亿元，如图3-23和图3-24所示。

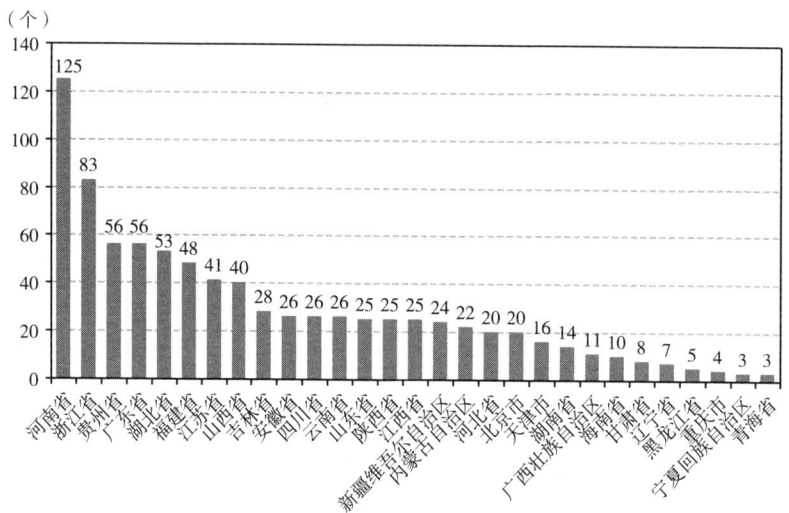

图3-23 2019年第一季度管理库净增落地项目数地区分布

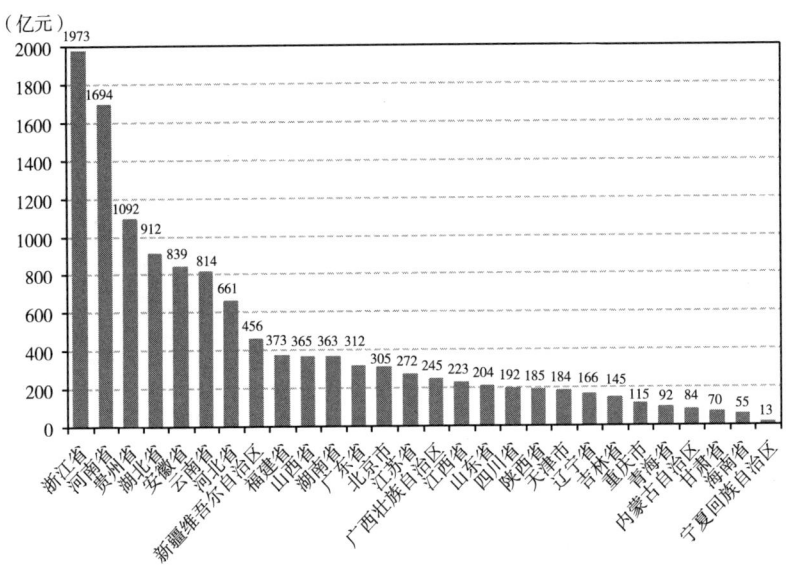

图 3-24　2019 年第一季度管理库净增落地投资额地区分布

管理库累计落地项目数排名中，山东省（含青岛）491 个，居各省之首；河南省 397 个、浙江省 359 个，分别居第二位、第三位；浙江省、云南省、贵州省位居累计落地项目投资额前三位，分别为 7097 亿元、6659 亿元、6516 亿元。各地方落地项目数、投资额情况如图 3-25、图 3-26 所示。

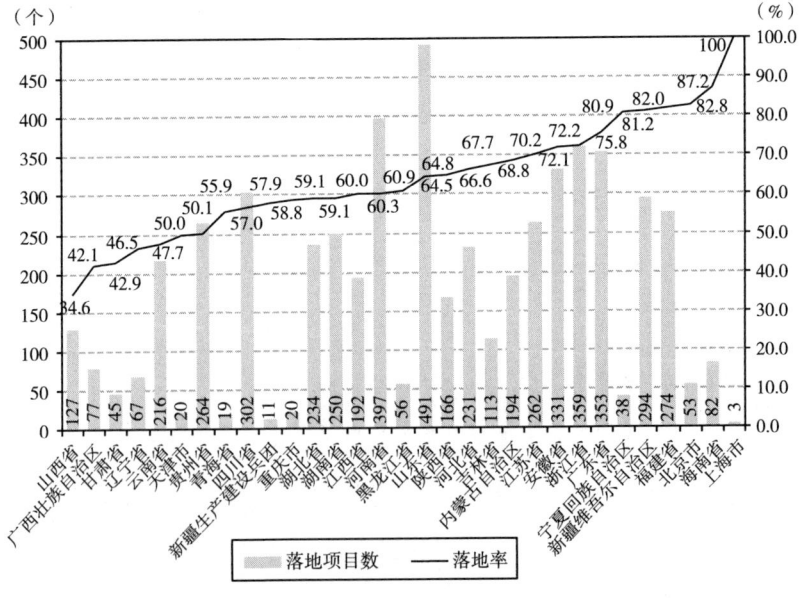

图 3-25　截至 2019 年第一季度末落地项目数、落地率地域分布情况

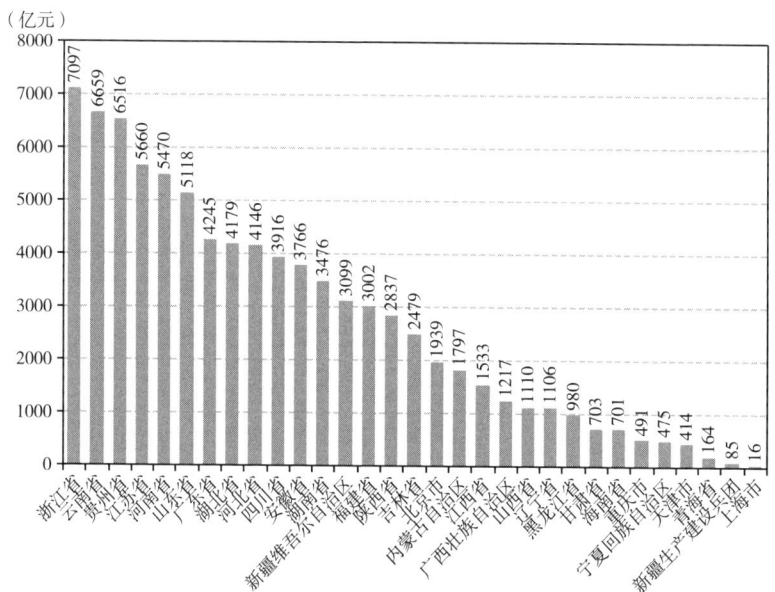

图 3-26 截至 2019 年第一季度末落地项目投资额地域分布情况

落地率，上海市 3 个项目全部落地，落地率 100.0%，居全国第一位；海南省 94 个项目中落地 82 个，落地率 87.2%，居第二位；北京市 64 个项目中落地 53 个，落地率 82.8%，居第三位。

行业分布，2019 年第一季度净增落地项目数前三位的是市政工程、交通运输、生态建设和环境保护，分别为 378 个、136 个、65 个。2019 年第一季度净增落地项目投资额前三位的是交通运输、市政工程、城镇综合开发，分别为 3774 亿元、3574 亿元、3086 亿元，如图 3-27 和图 3-28 所示。

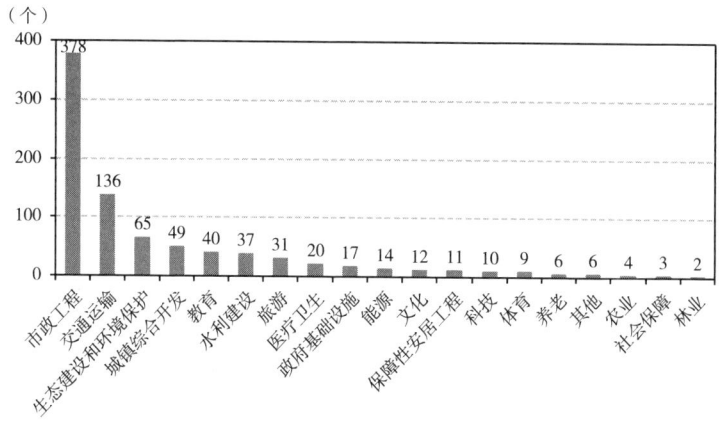

图 3-27 2019 年第一季度管理库净增落地项目数行业分布

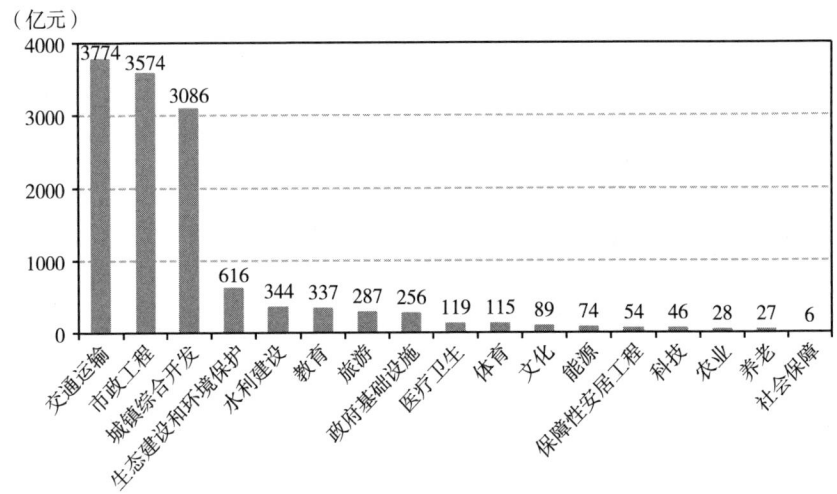

图3-28 2019年第一季度管理库净增落地项目投资额行业分布

管理库累计落地项目数位于前三位的是市政工程、交通运输、生态建设和环境保护，分别是2280个、785个和525个，合计占落地项目总数的64.8%。累计落地项目投资额前三位的是市政工程、交通运输、城镇综合开发，分别为2.8万亿元、2.2万亿元和1.3万亿元，合计占落地项目总投资额的74.9%，如图3-29和图3-30所示。

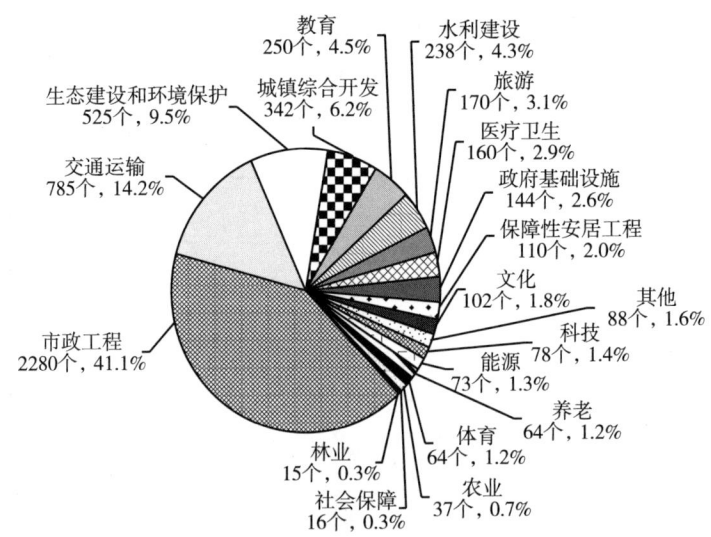

图3-29 截至2019年第一季度末落地项目数行业分布

第三章 供给端的观察——PPP 的规范与绩效管理

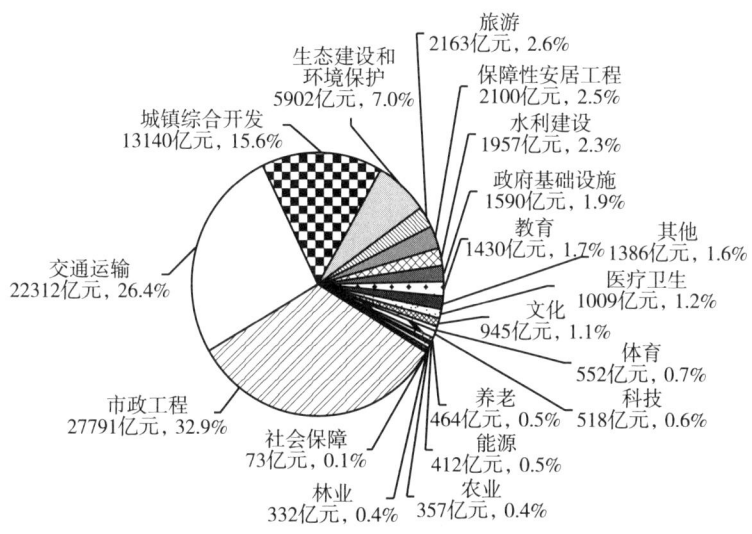

图 3-30 截至 2019 年第一季度末落地项目投资额行业分布

(五) 社会资本所有制结构

从社会资本合作方类型来看，5541 个落地项目中社会资本所有制信息完善的项目共 5452 个，涉及社会资本共 9565 家，包括民营 3341 家、港澳台 136 家、外商 69 家、国有 4916 家，另有类型不易辨别的其他 1103 家，民营企业占比 34.9%，如图 3-31 所示。

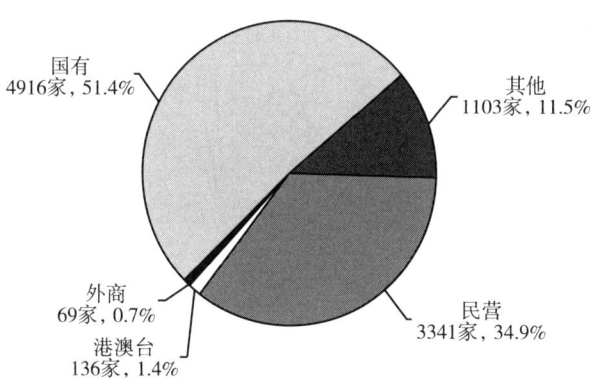

图 3-31 9565 家社会资本的分类及占比

从民营企业参与行业领域看，民营的非联合体和联合体两类（即民资背景）落地项目数合计 2366 个、投资额 2.8 万亿元，占社会资本所有制信息完善落地项目的43.4%和33.5%。民企参与的行业领域19个，如图3-32、图3-33所示。其中，民资背景落地项目数位于前三位的是市政工程、生态建设和环境保护、交通运输，分别为1009个、234个、185个；民资背景落地项目投资额前三位的是城镇综合开发、市政工程、交通运输，分别为7554亿元、6752亿元、5174亿元。

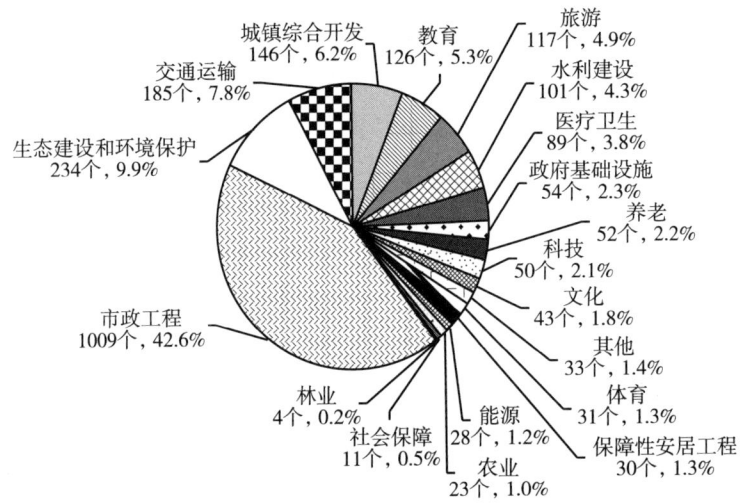

图3-32 民资背景落地项目行业分布

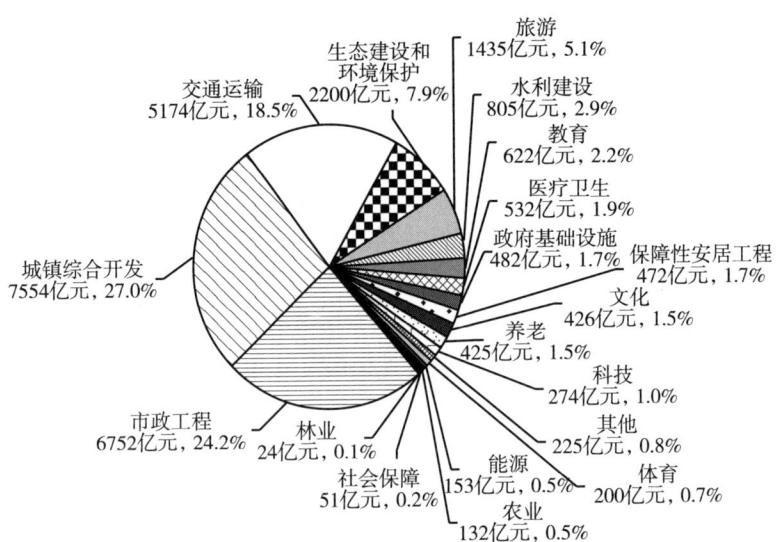

图3-33 民资背景落地项目投资额行业分布

(六) 回报机制分析

按照三种回报机制统计,管理库 2019 年第一季度使用者付费类项目环比净增项目 1 个、投资额 1818 亿元;可行性缺口补助(即政府市场混合付费)类项目环比净增 171 个、投资额 533 亿元;政府付费类项目环比净增项目 17 个、投资额 169 亿元,如图 3-34 和图 3-35 所示。

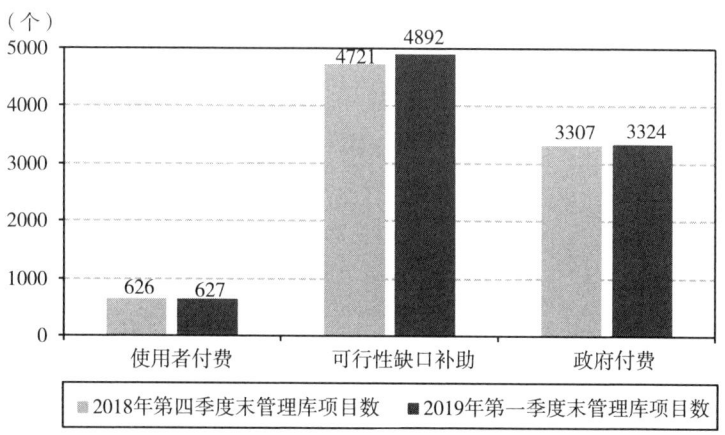

图 3-34　2018 年第四季度末与 2019 年第一季度末
管理库项目数按回报机制统计对比

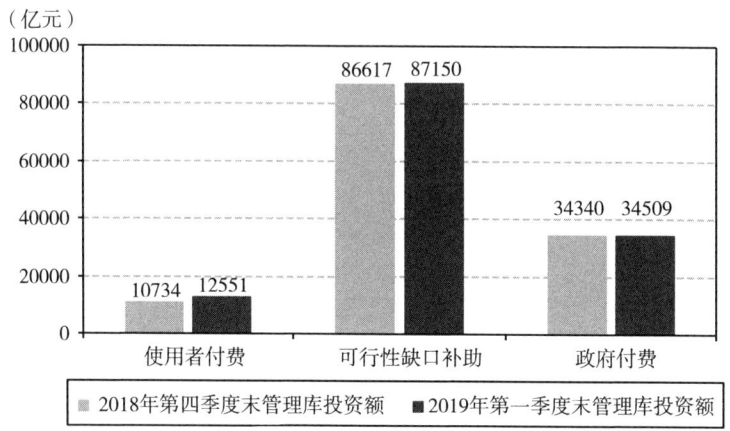

图 3-35　2018 年第四季度末与 2019 年第一季度末
管理库项目投资额按回报机制统计对比

管理库累计使用者付费类项目 627 个、投资额 1.3 万亿元，分别占管理库的 7.1% 和 9.4%；累计可行性缺口补助类项目 4892 个、投资额 8.7 万亿元，分别占管理库的 55.3% 和 64.9%；累计政府付费类项目 3324 个、投资额 3.5 万亿元，分别占管理库的 37.6% 和 25.7%，具体如图 3-36 和图 3-37 所示。

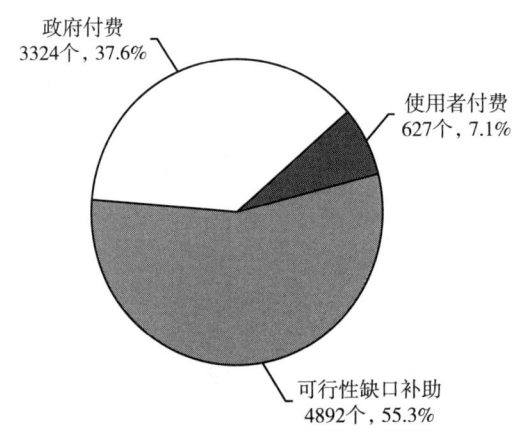

图 3-36 2019 年第一季度末管理库项目按回报机制分布

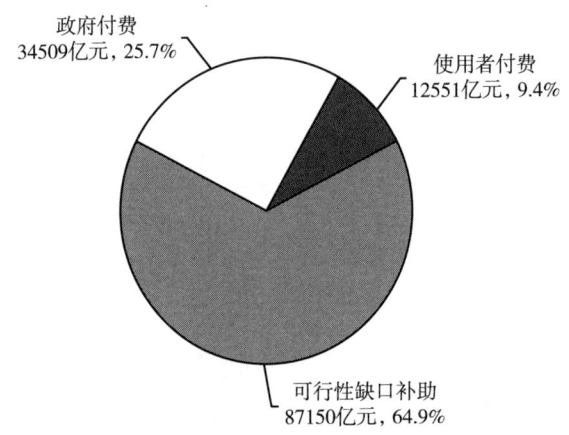

图 3-37 2019 年第一季度末管理库项目投资额按回报机制分布

对落地项目进行统计，2019 年第一季度使用者付费类、可行性缺口补助类、政府付费类落地项目分别净增项目 25 个、487 个、338 个，净增投资额 243 亿元、9324 亿元、2828 亿元。管理库累计使用者付费类落地项目 377 个，投资额 5076 亿元；累计可行性缺口补助类落地项目 2666 个，投资额 5.2 万亿元；累计政府付费类落地项目 2498 个，投资额 2.7 万亿元，具体如图 3-38、图 3-39 所示。

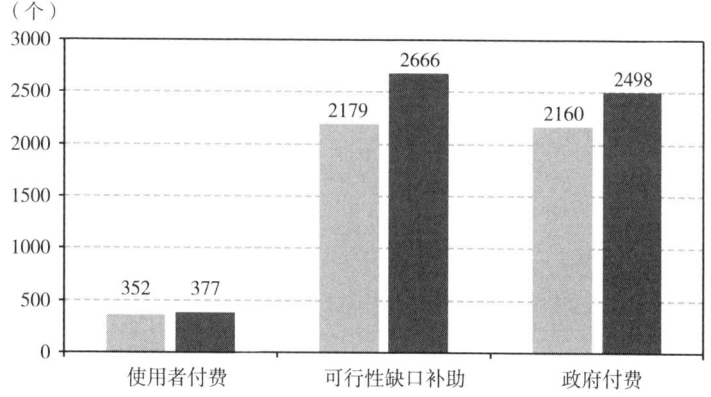

图 3-38　2018 年第四季度末与 2019 年第一季度末落地项目数按回报机制统计环比对比

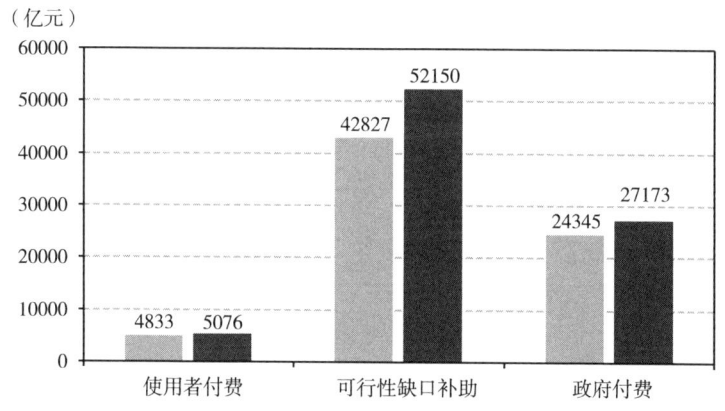

图 3-39　2018 年第四季度末与 2019 年第一季度末落地项目数按回报机制统计环比对比

三、示范项目执行情况分析

截至 2019 年第一季度末，四批示范项目共 987 个，投资额 2.2 万亿元，覆盖 31 个省（自治区、直辖市）及新疆生产建设兵团和 19 个行业。其中，2014 年第一批示范项目 20 个（最初为 30 个，陆续调出 10 个），投资额 566 亿元；2015 年第二批示范项目 158 个（最初为 206 个，陆续调出 48 个），投资额 4602 亿元；2016 年第三批示范项目 425 个（最初为 516

个，陆续调出 91 个），投资额 9236 亿元；第四批示范项目 384 个（最初为 396 个，陆续调出 12 个），投资额 7172 亿元。落地示范项目共 914 个，投资额 2.0 万亿元，覆盖 19 个行业。

（一）各阶段示范项目情况

自 2018 年 6 月以来，示范项目均已处于采购或执行阶段。2019 年第一季度末，采购、执行阶段示范项目数分别为 73 个、914 个，投资额分别为 1161 亿元、20415 亿元。2018 年第四季度末与 2019 年第一季度末管理库各阶段示范项目数和投资额情况如图 3-40 和图 3-41 所示。

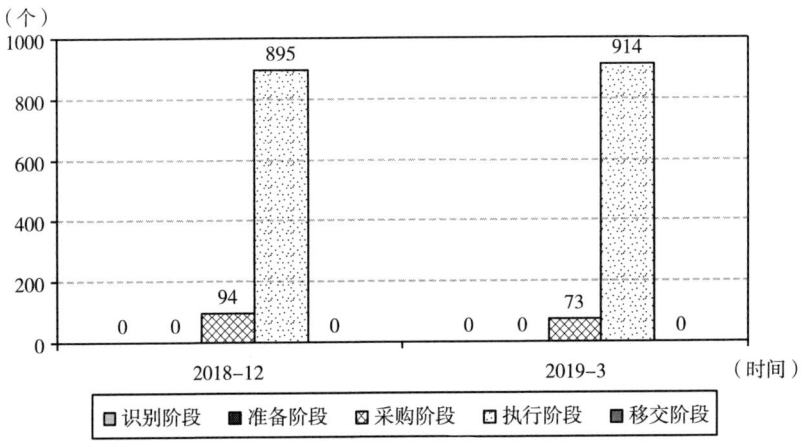

图 3-40　各阶段示范项目数情况

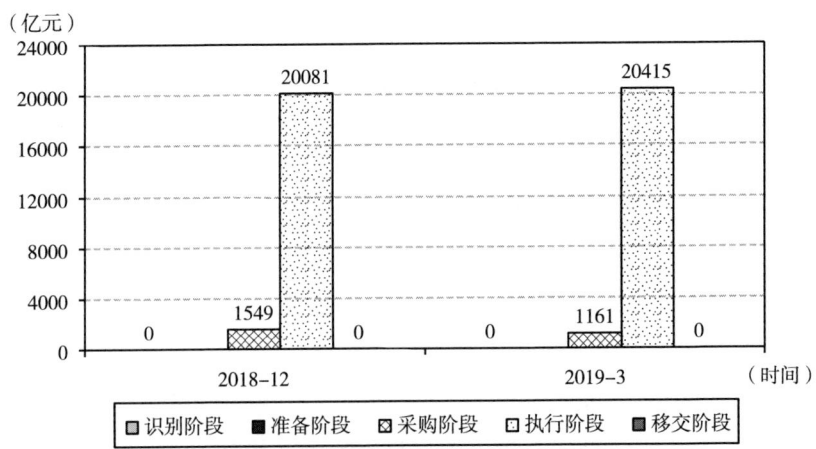

图 3-41　各阶段示范项目投资额情况

（二）逾九成示范项目已落地

2019年第一季度落地示范项目环比净增19个、投资额334亿元，落地率上升2.1个百分点；3月落地示范项目比上月净增9个、投资额240亿元，落地率上升0.9个百分点。截至2019年第一季度末，累计落地示范项目914个、投资额2.0万亿元，落地率92.6%。无移交阶段项目。示范项目总体落地率变化如图3-42所示。

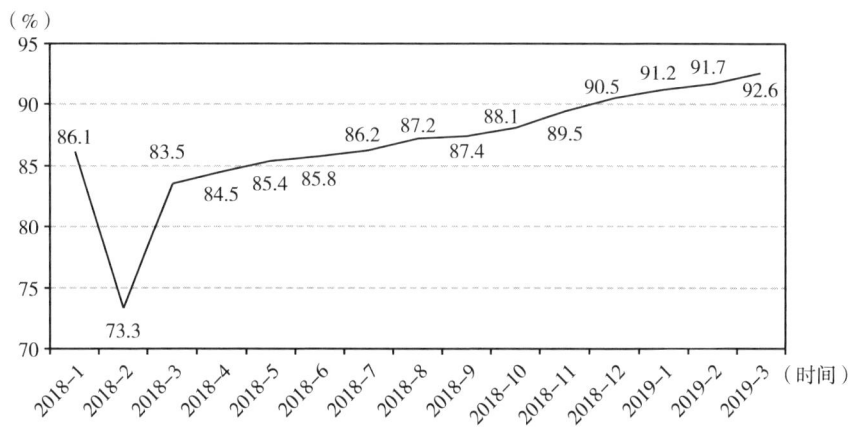

图3-42 示范项目总体落地率变化

第一批20个示范项目自2016年底以来、第二批158个示范项目自2017年3月以来、第三批425个示范项目自2018年3月以来均已100%落地。第四批示范项目中落地项目311个，落地率81.0%。四批示范项目各自落地率如图3-43所示。

（三）市政工程类落地项目依然占据首位

落地示范项目已涵盖全部19个一级行业。914个落地示范项目中，市政工程类402个，占44.0%；交通运输类95个，占10.4%；生态建设和环境保护类87个，占9.5%；其他各类共330个，占36.1%。2019年第一季度末落地示范项目行业分布如图3-44所示，各行业示范项目数与落地数对比如图3-45所示。

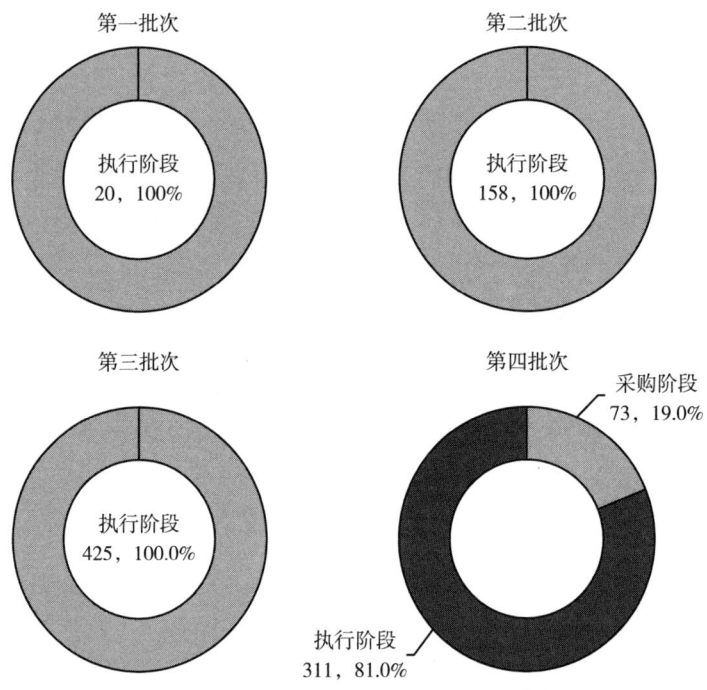

图 3-43 2019 年第一季度末第一、二、三、四批示范项目各自落地率

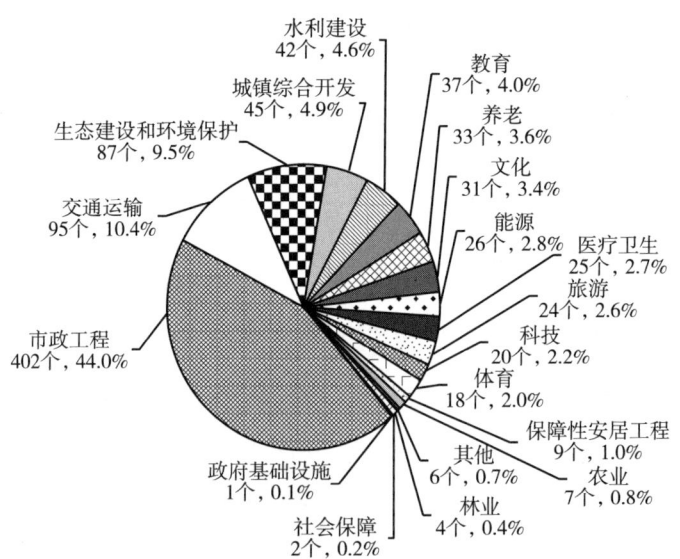

图 3-44 2019 年第一季度末落地示范项目行业分布

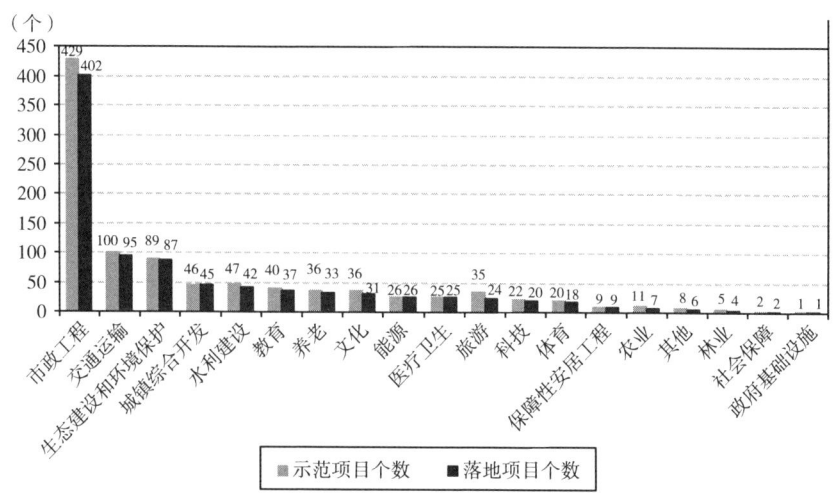

图 3-45　2019 年第一季度末各行业示范项目数与落地数对比

(四) 山东省、河南省、云南省落地项目数居前三位

按各地落地示范项目数统计，山东省（含青岛）已有 75 个示范项目签约进入执行阶段，居全国第一位；其后河南省 74 个、云南省 73 个、河北省 58 个、安徽省 55 个、湖北省 51 个。其余各省均不足 50 个。各地示范项目数与落地数对比如图 3-46 所示。

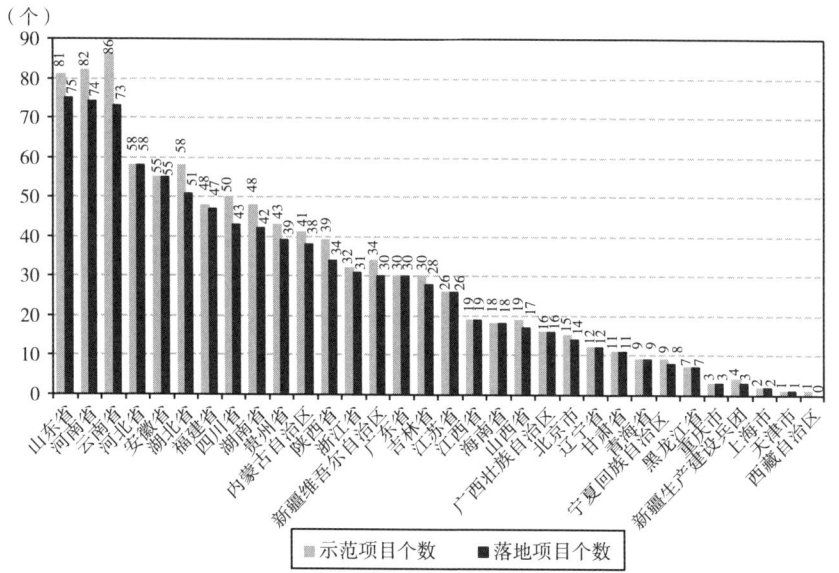

图 3-46　2019 年第一季度末各省份示范项目数与落地数对比

(五) 民营企业项目参与率近四成

从社会资本合作方类型看，914个落地示范项目中包括461个独家社会资本项目和453个联合体项目。签约社会资本共1519家，包括民营648家、港澳台45家、外商18家、国有880家，另有类型不易辨别的其他42家。如图3-47所示，民营企业占比39.7%，环比变动0.1个百分点。

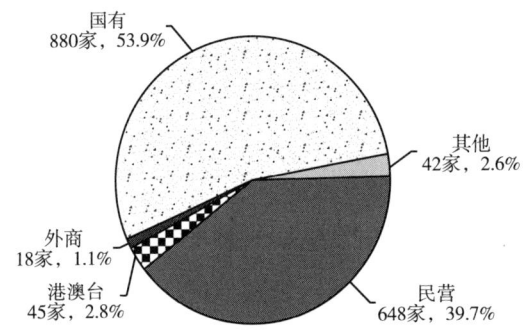

图3-47 1519家社会资本的分类及占比

从民营企业参与行业领域看，民资背景项目数474个、投资额7938亿元，分别占落地项目的51.9%和38.9%。民企参与的行业领域19个，如图3-48、图3-49所示。民资背景项目数前三位的是市政工程、生态建设和环境保护、养老，分别为188个、54个、28个；民资背景项目投资额前三位的是交通运输、城镇综合开发、市政工程，分别为2155亿元、1743亿元、1509亿元。

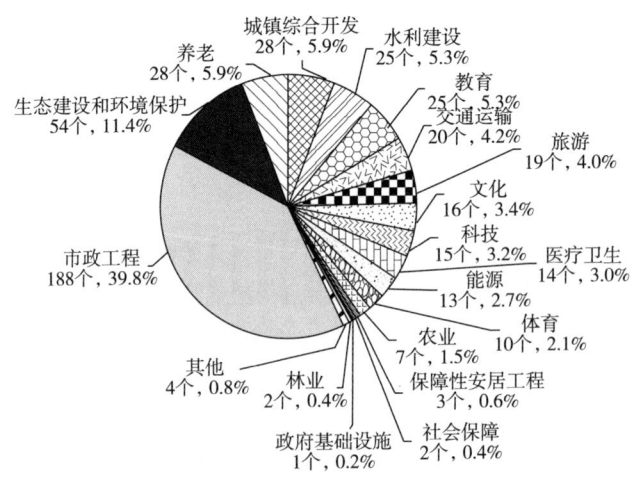

图3-48 民资背景落地示范项目数行业分布

第三章 供给端的观察——PPP 的规范与绩效管理

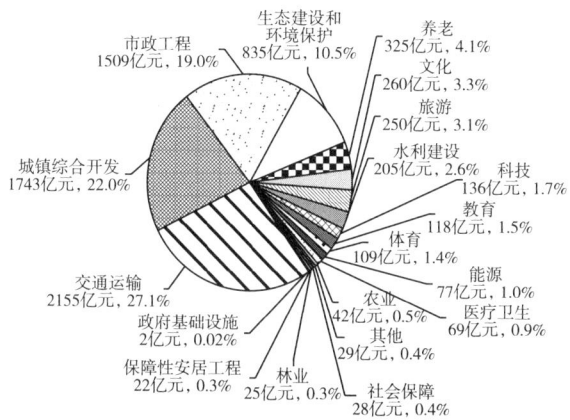

图 3-49 民资背景落地示范项目投资额行业分布

（六）山东领跑落地示范项目开工数

截至 2019 年第一季度末，累计已开工示范项目 658 个、投资额 1.4 万亿元，开工率 72.0%，环比上升 13.0 个百分点。累计已开工示范项目数前三位的是山东省（含青岛）、云南省、安徽省，分别为 65 个、54 个、52 个，占其各自落地示范项目数的比例分别为 86.7%、74.0%、94.5%；累计已开工示范项目投资额前三位的是云南省、北京市、山东省（含青岛），分别为 1935 亿元、1286 亿元、1026 亿元，如图 3-50、图 3-51 所示。

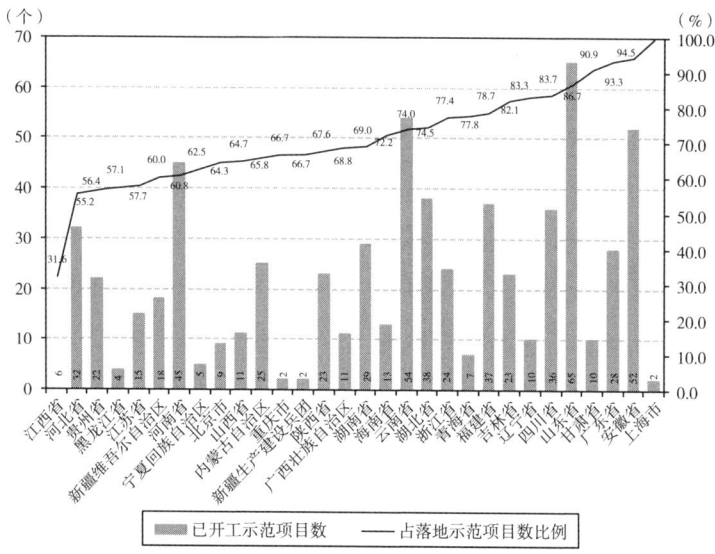

图 3-50 截至 2019 年第一季度末已开工示范项目数各省分布及占落地示范项目数比例

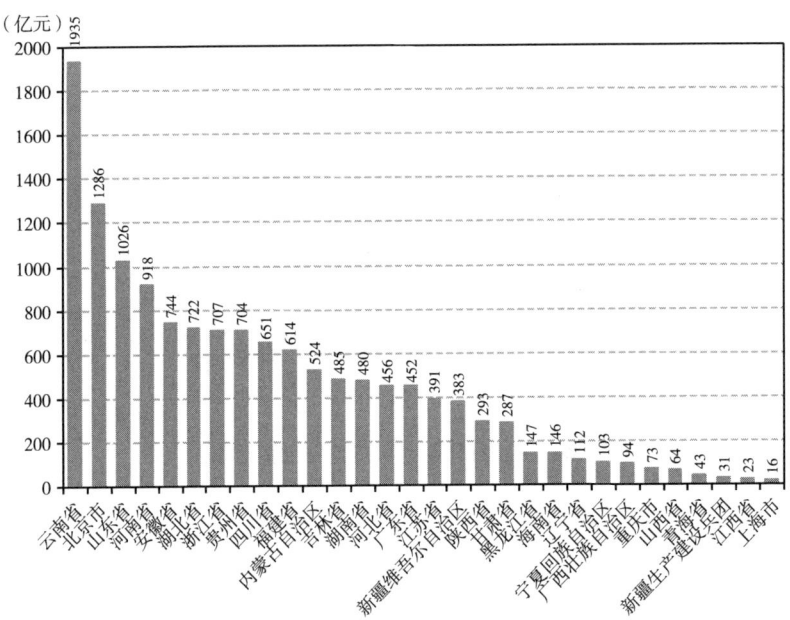

图 3-51 截至 2019 年第一季度末已开工示范项目投资额省份分布

四、PPP 项目财政承受能力分析

全国 PPP 综合信息平台已启用 PPP 项目财政支出责任监测预警系统，动态监测 PPP 项目财政支出责任和财政承受能力情况，着力防范财政风险。监测预警系统截至 2019 年 3 月数据显示，按财政本级（含省本级、地市本级、区县本级）统计，全国 2524 个有 PPP 项目入库的本级中，2519 个本级的各年度 PPP 最大一般公共预算支出责任占一般公共预算的比例（以下简称财承占比）均保持在 10% 以下，符合财政承受能力要求，其中 1800 个本级财承占比低于 7% 预警线，处于安全区间，含 1378 个本级低于 5%。有 5 个本级的财承占比在近期个别年份超 10%，按有关要求停止新项目入库。总体看，PPP 项目潜在财政风险得到有效监测和防控。此外，另有 1160 个本级尚无项目在库。

PPP 管理库全部项目未来 30 年（2019～2048 年）的财政支出责任共计 16.5 万亿元，包括一般公共预算支出责任 13 万亿元、政府性基金支出责任 3.5 万亿元。其中，已落地项目财政支出责任 10.7 万亿元，包括一般公共预算支出责任 8.1 万亿元、政府性基金支出责任 2.6 万亿元。从时间分布看，如图 3-52 所示，全部项目支出责任高峰在 2025 年，为 10018 亿元，包括一般公共预算支出责任 7715 亿元、政府性基金支出责任 2303 亿元。

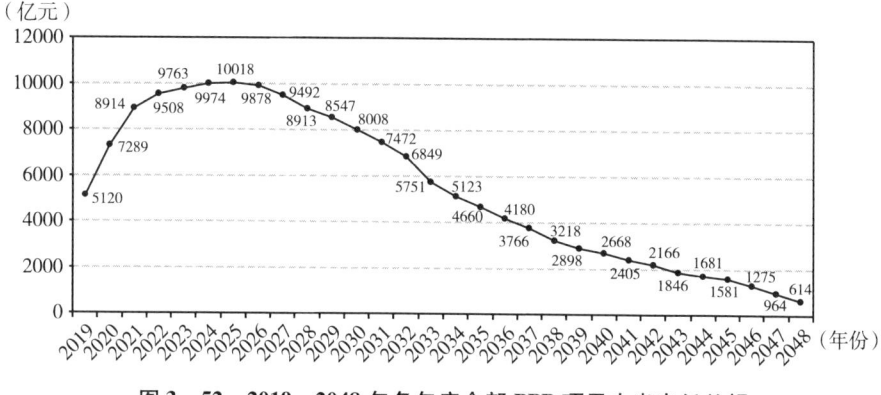

图 3-52　2019~2048 年各年度全部 PPP 项目支出责任总额

五、2018 年以来 PPP 清理退库分析

2017 年末以来，关于严格规范和监管 PPP 项目的规定相继出台，其中包括财政部《关于规范政府和社会资本合作（PPP）综合信息平台项目库管理的通知》《关于加强中央企业 PPP 业务风险管控的通知》《财政部发文规范金融企业对地方政府和国有企业投融资行为》，PPP 项目集中清理工作在全国展开。《关于规范政府和社会资本合作（PPP）综合信息平台项目库管理的通知》明确了 3 种项目不得入库：不属于公共服务领域，政府不负有提供义务等不适宜采用 PPP 模式实施的；新建、改扩建项目未按规定履行相关立项审批手续等前期准备工作不到位的；项目建设成本不参与绩效考核等未建立按效付费机制的。同时规定 5 种项目应予清理：一是未按规定开展"两个论证"（物有所值论证和财政承受能力论证）的；二是入库之日起一年内无任何实质性进展等不宜继续采用 PPP 模式实施的；三是未按规定转型的融资平台公司作为社会资本方等不符合规范运作要求的；四是政府向社会资本承诺固定收益回报等构成违法违规举债担保的；五是未及时充分披露项目实施方案等未按规定进行信息公开的。各省级财政部门应于 2018 年 3 月 31 日前完成本地区项目管理库集中清理工作，并将清理工作完成情况报财政部金融司备案。对于逾期未完成清理工作的地区，由财政部 PPP 中心指导并督促其

于 30 日内完成整改。逾期未完成整改或整改不到位的,将暂停该地区新项目入库直至整改完成。结合《关于进一步规范全国 PPP 综合信息平台项目信息管理工作的通知》精神,管理部门对照项目合规性负面清单进一步加强入库审核,并持续清理不合规项目。2018 年管理库共清退项目 2557 个、涉及投资额 3.0 万亿元;其中 3 月、4 月集中清理整顿,总体趋势是新项目入库趋于平稳,更加理性,由重数量和速度向重质量转变。由于管理库的存量项目结构调整导致投资额随之增减,因此新入库项目投资额减去退库项目投资额与净增(减)项目投资额不一致。

财政部 PPP 中心数据显示,在管理库退库与整改、储备清单退出的项目中,不宜采用 PPP 模式的 397 个;前期准备不到位的 506 个;未按规定开展"两个论证"的 217 个;不再继续采用 PPP 模式实施的 1120 个;不符合规范运作要求的 277 个;涉嫌违法违规举债担保的 14 个;未按规定进行信息公开的 488 个;由于其他原因被清退或整改的 1354 个。从行业来看,财政部 PPP 中心公布的数据表明,退库项目中,市政工程、交通运输、城镇综合开发项目数居前三位,合计占退库项目总数的 51%、占退库项目总投资额的 63.8%。交通运输的退库项目单位体量最大,单个项目平均投资额达 23 亿元;整改项目中,市政工程、交通运输、生态建设和环境保护项目数居前三位,合计占整改项目总数的 57.3%;交通运输、市政工程、城镇综合开发投资额位列前三位,合计占整改项目投资额的 70.6%;交通运输行业管理库整改项目单位体量最大,单个项目平均投资额达 36 亿元。

规范推进 PPP 项目是财政部、国家发展和改革委员会等管理部门贯彻落实党中央、国务院关于打赢三大攻坚战重要决策部署的一项具体举措。从此次前三批 PPP 示范项目整改情况来看,项目进一步规范透明,有效规避了引发隐性债务的风险。PPP 项目库清理常态化有利于 PPP 的规范发展,有效调整 2014 年以来爆发式增长带来的隐患,促进 PPP 进入高质量发展的新阶段,助力供给侧结构性改革深化。

第二节 PPP 领域制度供给创新

自 1994 年以后,随着分税制改革的推进,地方政府的部分财权上缴中央，PPP 模式成为地方政府进行基础设施建设的重要选择之一。进入 21 世纪，随着基础设施建设需求大量增多，政府鼓励公私合营及特许经营模式的开展，先后出台《市政公用事业特许经营管理办法》《关于鼓励支持和引导个体私营等非公有制经济发展的若干意见》等相关政策，但在党的十八届三中全会之前，我国政府和社会资本合作模式的项目操作程序的法律架构并不明晰。

自 2013 年以后，经济刺激导致的地方性债务膨胀和新型城镇化建设的大量需求，使 PPP 模式再次得到重视。党的十八届三中全会强调了要不断推进投融资体制改革，处理好政府和市场的关系，利用特许经营、投资补助、政府购买服务等方式吸引民间资本参与经营性项目建设与运营。PPP 模式新一轮改革就此展开，对 PPP 模式的相关规制则主要以行政法规、部门规章及政策文件为主，且出台时间主要集中在 2014 年 9 月之后。2014 年，国家发展和改革委员会与财政部曾就"特许经营法"的相关立法工作进行了多次讨论和征求意见，但立法工作始终推进缓慢，"特许经营法"也逐步降格为部门规章，即 2015 年 4 月 25 日，国家发展和改革委员会、财政部、住建部等部委联合发布了《基础设施和公用事业特许经营管理办法》，主要明确了特许经营的范围、主体、程序等内容。而由国务院法制办牵头的《基础设施和公共服务领域政府和社会资本合作条例（征求意见稿）》，经过多次的内外部讨论，千呼万唤仍未出台。直至 2019 年 5 月，国务院正式颁布《政府投资条例》（以下简称《条例》），《条例》作为国务院颁布的行政法规，效力层级仅次于法律，是国家进一步推动政府投资法治化与规范化的重要举措，《条例》规范使用预算安排资金进行的固定资产投资建设活动，聚焦基础设施与公共服务领域，发挥着引导和带动社会资本的作用，有利于完善 PPP 制度体系、充实我国政府投资制度体系。

一、PPP 制度框架分析

当前我国尚未有专门的 PPP 法律规范，与 PPP 有关的制度规范有《招投标法》《政府采购法》《担保法》《行政许可法》《政府投资条例》等法律规范以及地方层面出台的各种办法和文件。党的十八届三中全会以来，伴随着PPP模式迅速发展，国务院及其有关部委也相继发布了有关推动PPP发展的规范性文件（见图3-53）。

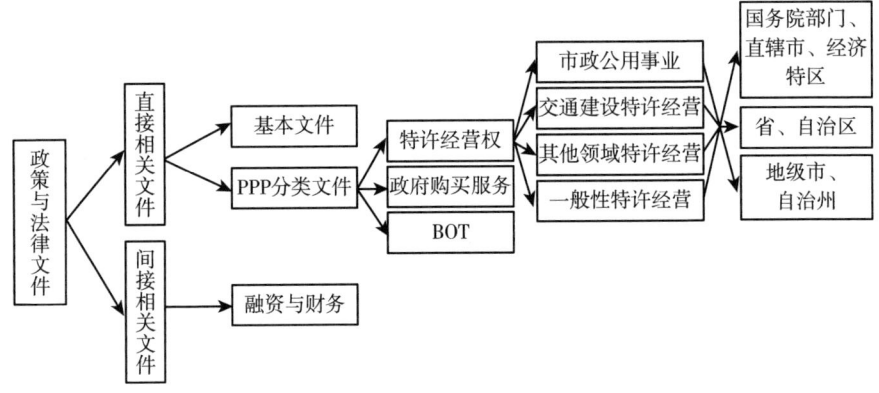

图3-53 PPP政策与法律文件体系

（一）顶层设计的目标与影响力

2014年以来PPP政策目标与影响力以及政策文件见表3-1。

表3-1　　　　　　　　　2014年以来PPP政策目标与影响力

政策制定主体		国务院	国家发展和改革委员会	财政部	行业部委（住建部、环保部、交通部、水利部）	金融管理机构（中国人民银行、银监会）	地方政府
政策目标	官方目标	转变政府职能，改革公共服务供给机制，创新融资渠道、深化投融资体制改革、化解地方债务风险	促进基础设施和公用事业领域的投融资体制改革，吸引社会资本	转变政府职能、实现公共服务供给提质增效、完善财政投入和管理方式	规范本行业内的PPP实践，引导社会资本积极参与	推进开发性金融支持PPP项目	吸引社会资本，增加公共产品和服务的供给，转变政府职能，促进经济增长
	隐性目标	应对经济下行压力，实现稳增长、促改革、调结构、惠民生、防风险等多重政策目标	上项目，促投资，稳增长	规范地方政府融资，控制地方债务，防范财政风险	本行业内PPP的监管主导权	对PPP项目予以优先安排贷款的信贷倾斜政策	在"缺钱"和"欠债"的双重压力下，作为替代性融资工具

续表

政策制定主体	国务院	国家发展和改革委员会	财政部	行业部委（住建部、环保部、交通部、水利部）	金融管理机构（中国人民银行、银监会）	地方政府
影响力	PPP顶层设计，直接影响立法	与财政部竞争PPP立法和决策主导权	与国家发展和改革委员会竞争PPP立法和决策主导权	配合国家发展和改革委员会与财政部政策而联合发文	为PPP提供金融监管和融资支持	落实中央政府文件精神，结合地方特点出台操作和引导政策
代表性政策文件	《关于加强地方政府性债务管理的意见》《关于创新重点领域投融资机制鼓励社会投资的指导意见》《关于在公共服务领域推广政府和社会资本合作模式指导意见的通知》	《关于开展政府和社会资本合作的指导意见》《政府和社会资本合作项目通用合同指南》	《关于推广运用政府和社会资本合作模式有关问题的通知》《关于印发政府和社会资本合作模式操作指南试行的通知》《关于实施政府和社会资本合作项目以奖代补政策的通知》	《关于在收费公路领域推广运用政府和社会资本合作模式的实施意见》	《关于推进开发性金融支持政府和社会资本合作有关工作的通知》	《关于推广运用政府和社会资本合作模式的指导意见》

归纳以上表现可见文件与政策的顶层设计的启动、模式、范围如下：

启动：2014年，国务院发布的《国务院关于加强地方政府性债务管理的意见》（以下简称《意见》）中明确提出鼓励社会资本通过特许经营等方式，参与城市基础设施等有一定收益的公益性事业的投资和运营中，并规定政府不允许在这种合作模式中担任投资者。《意见》的出台是PPP模式改革的正式开始。

模式：2014年9月，财政部下发《关于推广运用政府和社会资本合作模式有关问题的通知》，明确界定PPP内涵，指出PPP模式中政府和社会资本分别应负的责任，提出PPP项目设计、建设、运营及维护基础设施的大部分工作应由社会资本负责，政府则需保障配套基础设施。

范围：2014年11月，国家发展和改革委员会发布《关于创新重点领域投融资机制鼓励社会投资的指导意见》，提出PPP模式中的项目选择范围。鼓励社会资本投入生态环保、农林水利、市政基础建设、交通路网建设,以及社会事业等重点建设项目。2014年末,财政部发布的《政府和社会资本合作模式操作指南》与国家发展和改革委员会发布的《关于开展政府和社会资本合作的指导意见》都规范了PPP模式的范围以及操作模式,同时对PPP项目从储备到退出机制都进行了详细规定。至此,我国PPP模式顶层政策设计基本完成。

(二) 管理办法出台

顶层设计完成后,国家各部委共同推进PPP模式的改革。2015年4月,国家发展和改革委员会、财政部、住建部、交通运输部、水利部、中国人民银行联合发布《基础设施和公用事业特许经营管理办法》(以下简称《办法》),《办法》明确了PPP模式的操作流程及政府部门的责任,被认为是PPP推进的"基本法"。《办法》对项目实施方案、评估标准及融资方式提出较详细的规定。要求项目运营时间不超过30年,同时允许对特许经营项目进行预期收益质押贷款,同时鼓励以设立产业基金等形式入股提供项目资本金,支持项目公司成立私募基金,发行项目收益票据、资产支持票据、企业债、公司债等拓宽融资渠道。2016年12月21日,国家发展和改革委员会联合证监会下发《关于推进传统基础设施领域政府和社会资本合作(PPP)项目资产证券化相关工作的通知》,推进PPP项目资产证券化工作,上海证券交易所和深圳证券交易所纷纷响应通知内容,成立专门PPP项目组,鼓励PPP资产证券化项目的开展。基金业协会随后发布《PPP项目资产证券化产品实施专人专岗备案通知》,要求PPP项目资产证券化产品需通过基金业协会备案管理系统以电子化方式报备。2017年5月5日,保监会发布《中国保监会关于保险资金投资政府和社会资本合作项目有关事项的通知》,批准保险资金参与PPP项目。

(三) 中央和地方协同推进规范化管理

2015年12月,财政部印发《物有所值评价指引(试行)》,力求通过定性定量双重考虑论证PPP项目的可行性。

2016年以来,随着各类PPP项目的落地,项目实际操作中出现各种问题。对此,国家发展和改革委员会、财政部等部委相继出台《关于切实做好传统基础设施领域政府和社会资本合作有关工作的通知》等相关通知，对PPP项目的审核、可行性研究论证等相关内容进行了更明确的规定，PPP运作更加规范化。

2017年5月，财政部、国家发展和改革委员会、司法部、中国人民银行、银监会、证监会六部委联合发布了《关于进一步规范地方政府举债融资行为的通知》，对借PPP变相举债融资行为予以严令禁止，开启了PPP治理和规范之路。6月，财政部通过编制"负面清单"，进一步明确了政府购买服务的内容，并提出了防范"四化"、把握"四条线"，关闭了地方政府基建中的"明股实债"之门。11月，财政部印发的《关于规范政府和社会资本合作（PPP）综合信息平台项目库管理的通知》，开始集中清库退库工作，标志着中国PPP正式进入规范发展的新时期。

（四）立法进程提速

2017年7月21日国务院法制办联合国家发展和改革委员会、财政部起草《基础设施和公共服务领域政府和社会资本合作条例（征求意见稿）》（以下简称《条例》），我国PPP项目立法进程加速。《条例》规定，PPP合作项目协议中不得约定由政府回购社会资本方投资本金或者承担社会资本方投资本金的损失，同时不得约定社会资本方的最低收益以及由政府为合作项目融资提供担保。同时，《条例》对项目公司的经营范围进行了严格的约定，项目公司不得从事与合作项目实施无关的经营活动，合作项目的设施、设备以及土地使用权、项目收益权和融资款项不得用于实施合作项目以外的用途或为他人担保，社会资本方在合作项目建设期内不得转让其持有的项目公司股权，不得擅自中断公共服务的提供。

二、规范性制度文件分析

目前，我国中央层面发布的调整PPP法律关系的规范性文件主要是部门规章、国务院规范性文件、部门规范性文件。表3-2对近十年来PPP模式相关的主要规范性文件进行了梳理，在此基础上分别对重要的文件进行分析。

（一）部门规章

《市政公用特许管理办法》，由原住建部于 2014 年 3 月 19 日发布，同年 5 月 1 日正式实施。该管理办法调整对象仅限于"城市供水、供热、公共交通、污水处理、垃圾处理等"市政公用事业产品或者提供某项服务领域，由政府通过市场竞争机制选择市政公用事业投资者和经营者，授予其特许经营权，并明确其在一定期限和范围内的权责关系。该管理办法对各省、自治区、直辖市实施特许经营项目具有纲领性的指导意义，但因其内容较为原则，对指导具体 PPP 项目实施实用性不强。

《基础设施和社会公用事业特许经营管理办法》，由国家发展和改革委员会等六部委联合于 2015 年 4 月 25 日发布，同年 6 月 1 日正式实施。六部委特许经营管理办法调整对象为"能源、交通运输、水利、环境保护、市政工程等"基础设施和公用事业领域，由政府通过竞争方式选定境内外的法人和其他组织为项目特许经营者，通过协议方式授予其特许经营权、明晰双方权责及风险分配关系，达到保障特许经营者收回投资成本及获取合理收益、提供公共产品和服务产品数量或质量的双赢目的。

六部委特许经营管理办法相较于《市政公用特许管理办法》，在特许经营实施范围、实施方式、项目实施方案、特许经营者选定方式、特许经营协议内容、项目审批、项目融资及项目补贴等方面均做出了细致、可操作的规定。但是，六部委特许经营管理办法正式颁布前，与业界对"基础设施和公用事业特许经营法"的期盼相比较，因发文主题、法律位阶等方面存在差异，部门规章的层级显然无法满足 PPP 项目需要更高位阶法律进行调整的需求。

2016 年 2 月 2 日，财政部、国土资源部、中国人民银行、银监会联合下发《关于规范土地储备和资金管理等相关问题的通知》，要求各地区应当将现有土地储备机构中从事政府融资、土建、基础设施建设、土地二级开发业务部分，从现有土地储备机构中剥离出去或转为企业，上述业务对应的人员、资产和债务等也相应剥离或划转。规定自 2016 年 1 月 1 日起，各地不得再向银行业金融机构举借土地储备贷款。

2016 年 11 月 27 日，中共中央、国务院正式发布《关于完善产权保护制度依法保护产权的意见》（以下简称《意见》），意在解决各种所有制经济产权和合法权益平等保护等问题。《意见》称：地方各级政府及有关部门要严格兑现向社会及行政相对人依法做出的政策承诺，认真履行在招商引资、政府和社会资本合作等活动中与投资主体依法签订的各类合同，不得以政府换届、领导人员更替等理由违约毁约，因违约毁约侵犯合法权益的，要承担法律和经济责任。因国家利益、公共利益或者其他法定事由需要改变政府承诺和合同约定的，要严格依照法定权限和程序进行，并对企业和投资人因此而受到的财产损失依法予以补偿。

（二）国务院规范性文件

国务院于2005年2月19日发布的《关于鼓励支持和引导个体私营等非公有制经济发展的若干意见》、于2010年5月13日发布的《国务院关于鼓励和引导民间投资健康发展的若干意见》（分别简称"非公36条"和"新36条"）。为社会资本进入能源、交通、水利、环保等基础设施和公用服务领域提供了充分的政策支撑。

"非公36条"与"新36条"虽都致力于为民间社会资本投资公共产品及公共服务领域，但两文件出台的背景及目的存在差异："非公36条"是基于当时中国经济欣欣向荣，民间资本繁荣发展，但民间资本在发展过程中或多或少地受到产业政策及国有企业阻碍的背景下由国务院发布，期望达到优化经济结构、促进经济发展目的；而"新36条"则基于全球经济危机、经济发展放缓，多数民营企业特别是出口型民企受创的背景下出台，希冀拉动内需、促进经济快速发展。并且，"新36条"更注重可操作性，涉及领域更广泛，对民营企业投资开放的交通、电信、能源、基础设施等领域做出了更为细化的规定，对鼓励民间资本进入相关行业和领域的具体范围、途径方式等提供了政策保障。

国务院分别于2014年9月21日、26日发布了《国务院关于加强地方政府债务管理的意见》《国务院关于深化预算管理制度改革的决定》。《国务院关于加强地方政府债务管理的意见》中从明确举债主体与举债形式，明确债务规模控制、募债用途及债务的预算管理，明确偿还主题、债务风险预警以及应急措施，存量债务管理，在建项目后续融资五个方面，针对政府性债务的管理提出了有针对性且能够操作的具体措施。而《国务院关于深化预算管理制度改革的决定》则明确了预算管理制度改革的方向和措施，用制度架起规范政府收支行为的"高压线"。也就是说，通过预算管理制度要建立"管住政府如何收钱、如何花钱"的问题。改良国务院规范性文件，从中央和地方政府财政支出的源头进行制度化管理，为利用 PPP 模式解决目前我国基础设施及公用设施领域项目建设资金短缺、产品服务供给数量不足、运营效率低下的问题提供了政策路径。

国务院于 2014 年 11 月 16 日发布并实施的《国务院关于创新重点领域投资机制鼓励社会投资的指导意见》，旨在通过"发挥社会资本特别是民间资本的积极作用"，实现"推动经济结构战略性调整，加强薄弱环节建设，促进经济持续健康发展，迫切需要在公共服务、环境资源、生态建设、基础设施等重点领域进一步创新投融资机制"的目的，这个文件也是首次以国务院的名义对推行 PPP 模式进行系统的阐释。

国务院发布实施该指导意见极力倡导在国家的重点发展领域创新投融资体制，吸引和鼓励社会资本特别是民间资本参与到这些重点领域，鼓励社会投资特别是民间投资，盘活存量、用好增量、调结构、补短板，服务国家生产力布局，促进重点领域建设，增加公共产品有效供给。该文件发布后，引起了中央各部委新一轮 PPP 立法工作的开展，为 PPP 的推广及应用提供配套文件支持。

国务院办公厅于 2015 年 5 月 19 日颁布实施了国务院办公厅转发的《财政部、发改委、人民银行关于在公共服务领域推广政府和社会资本合作模式指导意见的通知》，对推广政府和社会资本合作模式的重大意义、基本原则、项目实施的多层次管理框架、财政管理体系、公共服务价格调整机制、PPP 项目适用范围以及拟订规范推进政府和社会资本合作项目实施的措施等方面做出规定，为推广 PPP 模式的规范文件中较为全面和具有指导性意义的文件。

2017 年 2 月 17 日，国务院办公厅印发了《关于创新农村基础设施投融资体制机制的指导意见》（国办发〔2017〕17 号），部署创新农村基础设施投融资体制机制，加快农村基础设施建设步伐。文件提出，建立政府和社会资本合作机制，支持各地通过政府和社会资本合作模式，引导社会资本投向农村基础设施领域。鼓励按照"公益性项目、市场化运作"理念,大力推进政府购买服务,创新农村基础设施建设和运营模式。

2017年3月7日,国务院办公厅印发了《关于进一步激发社会领域投资活力的意见》(国办发〔2017〕21号),提出,要坚持稳中求进工作总基调,以供给侧结构性改革为主线,突出问题导向,着眼于降低制度性交易成本、扩大有效供给、满足多层次多样化需求。要坚持社会效益和经济效益相统一,坚持营利和非营利分类管理,坚持"放管服"改革方向等原则。文件从放宽行业准入标准、扩大融资规模、落实土地税收政策、促进融合创新发展和加强监管优化服务5个方面提出了37条具体可操作的政策措施,提出引导社会资本以政府和社会资本合作(PPP)模式参与医疗机构、养老服务机构、教育机构、文化设施、体育设施建设运营,开展PPP项目示范。

(三) 部门规范性文件

《财政部关于推广运用政府和社会资本合作模式有关问题的通知》是财政部于2014年9月23日发布实施的。该文件从推广PPP的必要性、PPP示范项目的构建、政府管理职能的履行等方面进行规范。文件申明,PPP是在基础设施及公共服务领域建立的一种长期合作关系,并重点强调适宜采用PPP运作的项目范围、物有所值评价理念和方法,项目进行财政承受能力论证、开展项目绩效评价,基本确定了PPP模式的基本特征,为下一步财政部出台操作指南提供了纲领性的指导文件。该文件的纲领性、指导性定位决定了其不能就PPP项目的具体事项做出规定,因而欠缺可操作性。

2014年11月29日《财政部关于印发政府和社会资本合作模式操作指南(试行)的通知》(以下简称《通知》)发布。《通知》是财政部紧随《财政部关于推广运用政府和社会资本合作模式有关问题的通知》,为保证政府和社会资本合作项目实施质量,规范项目识别、准备、采购、执行、移交各环节操作流程,出台的又一份"重量级"指导性文件。《通知》将PPP项目分解为"五个阶段、十九个流程",为政府和社会资本就PPP项目开展合作提供了全生命周期操作指南。虽然《通知》对PPP项目全生命周期可提供具体操作流程,并对PPP模式的基本特征予以细化,但是,《通知》第36条明确"本操作指南自印发之日起实施,有效期3年"。故其推广政府和社会资本合作的参考性作用更强。

为防范PPP项目财政风险，国家层面从机构组织建设、专家库管理、咨询机构管理、程序管理、合同管理、项目库管理等多方面采取一系列措施。其中，《关于印发〈政府和社会资本合作项目财政承受能力论证指引〉的通知》成为国内判断PPP项目财政风险管理的关键性文件。该文件第5条指出：每一年度全部PPP项目需要从预算中安排的支出责任，占一般公共预算支出比例应当不超过10%。

财政部于2015年12月18日发布的《财政部关于规范政府和社会资本合作（PPP）综合信息平台运行的通知》，推出了PPP项目的综合信息平台，作为全国PPP项目信息的管理和发布平台。通过各级财政部门可依托互联网通过分级授权，在管理信息平台上实现项目信息的填报、审核、查询、统计和分析功能；在信息发布平台上发布PPP项目相关信息，分享PPP有关政策规定、动态信息和项目案例。从财政部管理部门管理的角度，对当前PPP项目的综合及规范化管理具有积极的引导作用。

除以上所列文件外，《关于规范政府和社会资本合作合同管理工作的通知》《财政部关于印发〈PPP物有所值评价指引（试行）的通知〉》等也是PPP领域的重要规范性文件，其对于PPP项目中双方签署PPP项目合同的内容、项目的PPP可行性分析具有重要的指导性意义。

国家发展和改革委员会于2014年12月发布了《国家发改委关于开展政府和社会资本合作的指导意见》，对政府和社会资本合作提出指导意见，充分阐述了政府和社会资本合作的重要意义，准确描述了政府和社会资本合作的主要原则，合理确定了政府和社会资本合作的项目范围及模式，并且建立健全了政府和社会资本合作的工作机制，加强了项目的规范管理，强化了政府和社会资本合作的政策保障，为能够扎实有序地开展政府和社会资本合作的项目奠定了坚实的基础，同时阐述了通用合同指南，但这一文件的指导性意义大于操作性意义。

2015年3月10日《国家发展改革委、国家开发银行关于推进开发性金融支持政府和社会资本合作有关工作的通知》发布，落实了国务院领导关于切实保障重点投入、运用投融资机制放大效应的批示精神。国家发展和改革委员会与国开行从总体上对PPP项目融资提供了指导意见，为PPP

项目融资提供了利好政策。通知鼓励了金融机构对 PPP 项目的引导作用，鼓励金融机构积极开发创新信贷工具，但其指导性、意见性文件的性质对操作的指导性意义大于操作意义。

2015 年 12 月 8 日，财政部下发《关于实施政府和社会资本合作项目以奖代补政策的通知》，支持和推动中央财政 PPP 示范项目加快实施进度，提高项目操作的规范性，保障项目实施质量。PPP 项目以奖代补政策自 2016 年起施行，执行期限暂定 3 年。通知明确，对中央财政 PPP 示范项目中的新建项目，财政部将在项目完成采购确定社会资本合作方后，按照项目投资规模给予一定奖励。其中，投资规模 3 亿元以下的项目奖励 300 万元，3 亿元（含 3 亿元）至 10 亿元的项目奖励 500 万元，10 亿元以上（含 10 亿元）的项目奖励 800 万元。奖励资金由财政部门统筹用于项目全生命周期过程中的各项财政支出，主要包括项目前期费用补助、运营补贴等。对符合条件、规范实施的转型为 PPP 项目的地方融资平台公司存量项目，财政部将在择优评选后，按照项目转型实际化解地方政府存量债务规模的 2% 给予奖励，奖励资金纳入相关融资平台公司收入统一核算。

2015 年 12 月 18 日，财政部印发《PPP 物有所值评价指引（试行）》，要求我国境内拟采用 PPP 模式实施的项目，应在项目识别或准备阶段开展物有所值评价。物有所值评价包括定性评价和定量评价。现阶段以定性评价为主，鼓励开展定量评价。定量评价可作为项目全生命周期内风险分配、成本测算和数据收集的重要手段，以及项目决策和绩效评价的参考依据。

对于物有所值定量评价，《PPP 物有所值评价指引（试行）》中也给出了计算的原则方法，将 PPP 项目全生命周期内的股权投资、运营补贴、风险承担和配套投入等各项财政支出责任的现值加总为 PPP 值（政府方净成本现值），将参照项目的建设和运营维护净成本、竞争性中立调整值和项目全部风险成本加总为 PSC 值（公共部门比较值）。前者小于后者的，即为通过定量评价。

2015 年 12 月 25 日，财政部发布《关于对地方政府债务实行限额管理的实施意见》（以下简称《意见》），对地方政府债务余额实行限额管理，年度地方政府债务限额等于上年地方政府债务限额加上当年新增债务限额（或减去当年调减债务限额）。地方政府债务总限额由国务院根据国家宏观经济形势等因素确定，并报全国人民代表大会批准。各省、自治区、直辖市政府债务限额，由财政部在全国人大或其常委会批准的总限额内，根据债务风险、财力状况等因素并统筹考虑国家宏观调控政策、各地区建设投资需求等提出方案，报国务院批准后下达各省级财政部门。《意见》特别提出，地方政府要将其所有政府债务纳入限额，并分类纳入预算管理。

2016年5月28日，国家发展和改革委员会、财政部联合下发《关于进一步共同做好政府和社会资本合作（PPP）有关工作的通知》，要求各地要进一步加强部门间的协调配合，形成政策合力，积极推动政府和社会资本合作顺利实施；同时要求完善合理的投资回报机制，着力提高PPP项目融资效率等七个方面的具体措施，进一步做好PPP相关工作。该文件还要求，各地要对PPP项目有关执行法律、行政法规、行业标准、产品或服务技术规范等进行有效的监督管理，并依法加强项目合同审核与管理，加强成本监督审查。要杜绝固定回报和变相融资安排，在保障社会资本获得合理收益的同时，实现激励相容。

2016年8月10日，国家发展和改革委员会印发了《关于切实做好传统基础设施领域政府和社会资本合作有关工作的通知》，要求各地发展改革部门会同有关行业主管部门，切实做好能源、交通运输、水利、环境保护、农业、林业以及重大市政工程等基础设施领域政府和社会资本合作（PPP）推进工作。《通知》印发，标志着国家发展和改革委员会与财政部两部门推进PPP工作职责分工得以明确，国家发展和改革委员会主要负责能源、交通运输、水利、环境保护、农业、林业以及重大市政工程等"6+1"个基础设施领域的PPP项目推进；财政部要发挥好在公共服务领域推进PPP工作的牵头作用，分领域牵头负责工作机制正式建立。

2016年10月11日，财政部下发《关于在公共服务领域深入推进政府和社会资本合作工作的通知》，要求各级财政部门切实践行供给侧结构性改革的最新要求，进一步推动公共服务从政府供给向合作供给、从单一投入向多元投入、从短期平衡向中长期平衡转变。在中央财政给予支持的公共服务领域，可根据行业特点和成熟度，探索开展两个"强制"试点。

具体来看，在垃圾处理、污水处理等公共服务领域，项目一般有现金流，市场化程度较高，PPP模式运用较为广泛，操作相对成熟，各地新建项目要"强制"应用PPP模式,中央财政将逐步减少并取消专项建设资金补助。在其他中央财政给予支持的公共服务领域,对于有现金流、具备运营条件的项目,要"强制"实施PPP模式识别论证,鼓励尝试运用PPP模式,注重项目运营,提高公共服务质量。

2016年9月24日,财政部印发《政府和社会资本合作项目财政管理暂行办法》,确定调整对象是"财政管理"及"财政部门履职行为"而形成的PPP项目财政管理法律关系。其目的在于明确财政部门在PPP项目全生命周期内的工作内容,厘清财政部门与相关主管部门在PPP项目中的职责分工,进而实现保护PPP项目合作各方权益的目的。

明确各级财政部门应当会同相关部门,统筹安排财政资金、国有资产等各类公共资产和资源与社会资本开展平等互惠的PPP项目合作,切实履行项目识别论证、政府采购、预算收支与绩效管理、资产负债管理、信息披露与监督检查等职责,保证项目全生命周期规范实施、高效运营。强调各级财政部门应当会同行业主管部门加强对PPP项目的监督管理,切实保障项目运行质量,严禁以PPP项目名义举借政府债务。

2016年10月24日,国家发展和改革委员会印发《传统基础设施领域实施政府和社会资本合作项目工作导则》,指出在交通运输、环境保护、重大市政工程等传统基础设施领域的PPP模式,主要包括特许经营和政府购买服务两类。各地区可根据实际情况,灵活运用多种方式,切实提高项目运作效率。

各级发展改革部门将会同有关行业主管部门,在投资项目在线审批监管平台(重大建设项目库)基础上,建立各地区各行业传统基础设施PPP项目库,并统一纳入国家发展和改革委员会传统基础设施PPP项目库,建立贯通各地区各部门的传统基础设施PPP项目信息平台。

列入各地区各行业传统基础设施PPP项目库的项目,实行动态管理、滚动实施、分批推进。对于需要当年推进实施的PPP项目,应纳入各地区各行业PPP项目年度实施计划。需要使用各类政府投资资金的传统基础设施PPP项目,应当纳入3年滚动政府投资计划。

在项目执行方面,《传统基础设施领域实施政府和社会资本合作项目工作导则》中明确,社会资本方可依法设立项目公司。项目公司负责按PPP项目合同承担设计、融资、建设、运营等责任,自主经营,自负盈亏。

PPP项目融资责任由项目公司或社会资本方承担，当地政府及相关部门不应为项目公司或社会资本方的融资提供担保。

2016年12月21日，国家发展和改革委员会、中国证监会联合印发《关于推进传统基础设施领域政府和社会资本合作（PPP）项目资产证券化相关工作的通知》，明确了资产证券化PPP项目的范围和标准。指出将积极推动严格履行审批、核准、备案手续和实施方案审查审批程序，签订规范有效的PPP项目合同，工程建设质量符合相关标准，已建成并正常运营2年以上，投资回报机制合理，现金流持续、稳定，原始权益人信用稳健，具有持续经营能力的传统基础设施领域PPP项目进行证券化融资。

《关于推进传统基础设施领域政府和社会资本合作（PPP）项目资产证券化相关工作的通知》规定了PPP项目资产证券化具体工作机制，提出了资产化相关配套工作，要求各省级国家发展和改革委员会于2017年2月17日前，推荐1~3个首批拟进行证券化融资的传统基础设施领域PPP项目，报送国家发展和改革委员会。这是国务院有关部门首次正式启动PPP项目资产证券化，对盘活PPP项目存量资产，提高PPP项目资产流动性，更好地吸引社会资本参与PPP项目建设，推动我国PPP模式持续健康发展具有重要意义。

2016年12月30日财政部印发《财政部政府和社会资本合作（PPP）专家库管理办法》，对PPP专家的遴选、入库及PPP专家库的组建、使用、管理活动等做出明确规定。PPP专家库实行开放申请制，专家申请具体条件如学历、工作年限等也予以明确，入库专家工作职责、义务也有了说明。

2017年2月17日，上海证券交易所、深圳证券交易所分别对各自的市场参与人发布了《关于推进传统基础设施领域政府和社会资本合作（PPP）项目资产证券化业务的通知》（以下简称《通知》），称交易所将成立PPP项目资产证券化工作小组，明确专人负责落实相应职责，对于符合条件的优质PPP项目资产证券化产品建立绿色通道，提升受理、评审和挂牌转让工作效率。同日，中国证券投资基金业协会也发布《关于PPP项目资产证券化产品实施专人专岗备案的通知》，确定专项计划管理人按照《资产支持专项计划备案管理办法》的要求，通过基金业协会备案管理系统以电子化方式报备PPP项目资产证券化产品。

第三章 供给端的观察——PPP 的规范与绩效管理

PPP 项目资产证券化首次在两大部委层面上获得政策支持。国家发展和改革委员会与中国证券会的分工为：国家发展和改革委员会要求各省级发展和改革委员会会同相关行业主管部门，重点推动符合条件的 PPP 项目在上交所、深交所开展资产证券化融资；证监系统则对国家发展和改革委员会优选的 PPP 项目提供绿色通道，专人专岗负责，以提高产品审核、挂牌和备案的工作效率。《通知》的落地，意味着证监会系统的绿色通道实施方案正式落地。

我国全面深化改革的重要时期，中国第一部规范政府投资行为的行政法规《政府投资条例》（以下简称《条例》）在 2019 年 5 月颁布，于 7 月 1 日起施行。《条例》对政府投资决策、年度计划、项目实施、监督管理和法律责任做出了明确规定。《条例》进一步明确政府投资边界，充分表明政府放权让利、"刀刃向内"的姿态，有利于促进民间投资和外商投资。近几年，随着地方政府债务风险的不断积累，地方债问题引起各方高度关注，《条例》也明确了诸多限制政府违规举债的条款。例如，规定"政府及其有关部门不得违法违规举借债务筹措政府投资资金""政府投资项目不得由施工单位垫资建设"，违法违规举借债务筹措政府投资资金要追究法律责任等。《条例》最大的亮点是规范政府投资范围，明确政府投资集中在社会公益服务、公共基础设施、农业农村、生态环境保护、重大科技进步、社会管理、国家安全等公共领域。

表 3-2　　　　近十年来 PPP 模式相关的主要的规范性文件

时间	文件名称及文号	重点内容
2009 年 7 月	《关于印发〈项目融资业务指引〉的通知》	从事项目融资业务，应当具备对所从事项目的风险识别和管理能力，配备业务开展所需要的专业人员，建立完善的操作流程和风险管理机制。贷款人可以根据需要，委托或者要求借款人委托具备相关资质的独立中介机构为项目提供法律、税务、保险、技术、环保和监理等方面的专业意见或服务
2009 年 7 月	《固定资产贷款管理暂行办法》	包括总则、受理与调查、风险评价与审批、合同签订、发放与支付、贷后管理、法律责任、附则等几个部分，该办法主要从贷款业务流程规范的角度提出监管要求，是对现行贷款类监管法规的系统性完善
2010 年 2 月	《流动资金贷款管理暂行办法》	要求合理测算借款人的运营资金需求，审慎确定借款人的流动资金贷款的授信总额及具体贷款额度，并据此发放流动资金贷款，不得超过借款人的实际需求超额放贷；强调对流动资金的支付和贷后管理，加强对回笼资金的管控

续表

时间	文件名称及文号	重点内容
2013年9月	《关于政府向社会力量购买服务的指导意见》	政府购买服务的内容主要是适合采取市场化方式提供、社会能够承担的公共性公益性服务事项。政府购买服务所需资金由各部门按现行的部门预算政府采购资金支付程序支付，也可以根据政府购买服务的不同形式，由财政部门进行合同审核后采取其他支付方式
2014年9月	《关于推广运用政府和社会资本合作模式有关问题的通知》	明确规定，PPP项目涉及预算管理、政府采购、政府性债务管理，对财政管理提出了更高要求，要求地方各级财政部门要从"补建设"向"补运营"逐步转变，探索建立动态补贴机制，将财政补贴等支出分类纳入同级政府预算，并在中长期财政规划中予以统筹考虑
2014年11月	《国务院关于创新重点领域投融资机制鼓励社会投资的指导意见》	创新投融资方式，提出了建立健全政府和社会资本合作（PPP）机制、充分发挥政府投资的引导带动作用、创新融资方式三大方面的措施，为社会资本指明了参与途径和方式
2014年11月	《财政部关于政府和社会资本合作示范项目实施有关问题的通知》	经各省（自治区、直辖市、计划单列市）财政部门推荐，财政部政府和社会资本合作工作领导小组办公室组织专家评审，确定天津新能源汽车公共充电设施网络等30个PPP示范项目。各级财政部门要鼓励和引导地方融资平台公司存量项目，以TOT（转让—运营—移交）等方式转型为PPP项目，积极引入社会资本参与存量项目的改造和运营，切实有效化解地方政府融资平台债务风险
2014年12月	《国家发展改革委关于开展政府和社会资本合作的指导意见》附件：《政府和社会资本合作项目通用合同指南（2014年版）》	要充分认识政府和社会资本合作的重要意义，合理确定政府和社会资本合作的项目范围及模式，建立健全政府和社会资本合作的工作机制，加强政府和社会资本合作项目的规范管理，强化政府和社会资本合作的政策保障，扎实有序开展政府和社会资本合作
2014年12月	《财政部关于规范政府和社会资本合作合同管理工作的通知》附件：PPP合同指南（试行）	发布PPP项目合同指南（试行），指导规范PPP合同管理工作
2014年10月24日	国务院常务会议	会议要求，要大力创新融资方式，积极推广政府和社会资本合作（PPP）模式，使社会投资和政府投资相辅相成。优化政府投资方向，通过投资补助、基金注资、担保补贴、贷款贴息等，优先支持引入社会资本的项目

续表

时间	文件名称及文号	重点内容
2014年11月	《政府和社会资本合作模式操作指南（试行）》	有效推进PPP合同管理工作，注意加强组织协调，保障合同效力；加强能力建设，防控项目风险；总结项目经验，规范合同条款
2014年12月	《政府和社会资本合作项目政府采购管理办法》	全面规范了政府和社会资本合作（PPP）项目政府采购行为，并在政府采购的整体法律框架下，对采购方式、采购程序等进行了创新。明确了适用范围、PPP项目的采购程序、争议处理和监督检查等内容
2014年8月	《中华人民共和国预算法》（2014年修正）	PPP项目涉及财政性资金支付的，还应依法经人大审批。在投资收益主要来源于项目收益的情形下，规范项目运作，提高项目管理效率，降低项目建设和运营成本，提高产品和服务的质量水平
2014年8月	《中华人民共和国政府采购法》（2014年修正）	采购主体除了国家机关、事业单位和团体组织以外，还应包括根据国家机关、事业单位和团体组织授权进行采购活动的企业法人（如PPP项目公司）。财政性资金还应包括被间接使用（通过政府付费或政府补贴形式）的财政性资金
2014年9月	《国务院关于加强地方政府性债务管理的意见》	政府不再被允许对PPP项目的投资收益承诺提供直接的偿付义务和担保责任，项目性质由"以投资为导向"转变为"以服务和经营为导向"
2014年9月	《国务院关于深化预算管理制度改革的决定》	完善政府预算体系，积极推进预算公开；改进预算管理和控制，建立跨年度平衡机制；加强财政收入管理，清理规范税收优惠政策；优化财政支出结构，加强结转结余资金管理；加强预算执行管理，提高财政支出绩效；规范地方政府债务管理，防范化解财政风险；规范理财行为，严肃财经纪律
2014年11月	《国务院关于创新重点领域投融资机制鼓励社会投资的指导意见》	强调创新投融资方式，提出了建立健全政府和社会资本合作机制，也就是PPP、充分发挥政府投资的引导带动作用、创新融资方式三大方面的措施，为社会资本指明了参与途径和方式
2014年10月	《地方政府存量债务纳入预算管理清理甄别办法》	提出甄别建议，对地方政府负有偿还责任的债务划分为三类：能通过PPP模式转化为企业债的不纳入政府债务，除此之外再划分为一般债务、专项债务。这说明即使负有偿还责任的债务，但有收益的、适宜转换为PPP模式的，也将不纳入政府债务
2014年12月	《政府采购竞争性磋商采购方式管理暂行办法》	明确符合下列情形的项目，可以采用竞争性磋商方式开展采购：政府购买服务项目；技术复杂或者性质特殊，不能确定详细规格或者具体要求的；因艺术品采购、专利、专有技术或者服务的时间、数量事先不能确定等原因不能事先计算出价格总额的；市场竞争不充分的科研项目，以及需要扶持的科技成果转化项目；按照招标投标法及其实施条例必须进行招标的工程建设项目以外的工程建设项目

续表

时间	文件名称及文号	重点内容
2014年12月	《政府和社会资本合作项目政府采购管理办法》	PPP项目采购实行强制资格预审。项目实施机构应当根据项目需要准备资格预审文件，发布资格预审公告，邀请社会资本和与其合作的金融机构参与资格预审，验证项目能否获得社会资本响应和实现充分竞争
2015年4月	《政府和社会资本合作项目财政承受能力论证指引》	通过论证的项目，各级财政部门应当在编制年度预算和中期财政规划时，将项目财政支出责任纳入预算统筹安排。每一年度全部PPP项目需要从预算中安排的支出责任，占一般公共预算支出比例应当不超过10%
2015年4月	《基础设施和公用事业特许经营管理办法》	目的是为鼓励和引导社会资本参与基础设施和公用事业建设运营，提高公共服务质量和效率，保护特许经营者合法权益，保障社会公共利益和公共安全。规范能源、交通运输、水利、环境保护、市政工程等基础设施和公用事业领域的特许经营活动。鼓励通过设立产业基金等形式入股提供特许经营项目资本金。鼓励特许经营项目公司进行结构化融资，发行项目收益票据和资产支持票据等。国家鼓励特许经营项目采用成立私募基金，引入战略投资者，发行企业债券、项目收益债券、公司债券、非金融企业债务融资工具等方式拓宽投融资渠道
2015年5月	《关于在公共服务领域推广政府和社会资本合作模式指导意见的通知》	保证社会资本和公众共同受益，通过资本市场和开放性、政策性金融等多元融资渠道，吸引社会资本参与公共产品和公共服务项目的投资、运营管理，提高公共产品和公共服务供给能力与效率
2015年12月	《PPP物有所值评价指引（试行）》	从物有所值评价准备、定性评价、定量评价等方面进行了明确，保障项目物有所值评价工作规范有序开展
2016年5月	《关于进一步共同做好政府和社会资本合作（PPP）有关工作的通知》	从稳妥有序推进PPP工作、进一步加强协调配合、扎实做好PPP项目前期工作、建立完善合理的投资回报机制、着力提高PPP项目的融资效率、强化监督管理和加强PPP项目信息公开七个方面对进一步做好PPP有关工作做出了指示
2016年10月	《关于在公共服务领域深入推进政府和社会资本合作工作的通知》	统筹推进公共服务领域深化PPP改革工作，在垃圾处理、污水处理等公共服务领域，各地新建项目要"强制"应用PPP模式
2016年10月	《政府和社会资本合作项目财政管理暂行办法》	加强PPP项目财政管理，规范财政部门履职行为，保障合作各方合法权益
2016年11月	《地方政府性债务风险应急处置预案》	依法明确使用范围，建立分级响应机制；实施分类应急处置，严格落实责任追究

第三章 供给端的观察——PPP的规范与绩效管理

续表

时间	文件名称及文号	重点内容
2016年12月	《关于推进传统基础设施领域政府和社会资本合作（PPP）项目资产证券化相关工作的通知》	积极推进符合条件的PPP项目通过资产证券化方式实现市场化融资，优先鼓励符合国家发展战略的PPP项目开展资产证券化。提高国家发展和改革委员会优选的PPP项目相关资产证券化产品的审核、挂牌和备案的工作效率
2017年2月	《关于进一步做好重大市政工程领域政府和社会资本合作（PPP）创新工作的通知》	为更好支持中西部地区推广PPP模式，统筹考虑PPP工作基础、项目储备及发展空间等多种因素，经严格遴选，部分省份选择了2个城市开展PPP创新工作。同时，在安徽省与湖南省开展城市黑臭水体治理，重庆市开展城市地下综合管廊和公共停车场领域的PPP创新工作
2017年3月	《关于进一步激发社会领域投资活力的意见》	在拓展融资渠道方面，创新融资模式、优化融资服务、推动抵（质）押融资。支持社会力量采取股份制、股份合作制、政府和PPP等模式，参与社会领域机构或设施建设与运营。优化整合现有资源，做大做强省市县融资担保公司，加快推进政府出资融资担保机构县域全覆盖
2017年4月	《国家发展改革委办公厅关于印发〈政府和社会资本合作（PPP）项目专项债券发行指引〉的通知》	PPP项目专项债券由PPP项目公司或社会资本方发行，募集资金主要用于以特许经营、购买服务等PPP形式开展项目建设、运营的企业债券。以特许经营、购买服务等PPP形式开展项目建设、运营的企业（PPP项目的收费模式为使用者付费、政府付费和可行性缺口补助）
2017年5月	《关于进一步规范地方政府举债融资行为的通知》（财政部、发展改革委、司法部、人民银行、银监会、证监会六部委联合发布）	对借PPP变相举债融资行为予以严令禁止
2017年5月	《财政部 国土资源部关于印发〈地方政府土地储备专项债券管理办法（试行）〉的通知》	建立了专项债券与土地储备资产及预期收入对应的债务保障机制和与之配套的债务周转机制，细化专项债券品种，遏制地方政府和融资平台利用储备土地变相违规融资
2017年5月	《关于深入推进农业领域政府和社会资本合作的实施意见》	将重点引导和鼓励社会资本参与农业绿色发展、高标准农田建设、现代农业产业园、田园综合体、农产品物流与交易平台、"互联网+"现代农业等6个领域的农业公共产品和服务供给

续表

时间	文件名称及文号	重点内容
2017年6月	《关于坚决制止地方以政府购买服务名义违法违规融资的通知》	坚持政府购买服务改革正确方向，严格按照规定范围实施政府购买服务，严格规范政府购买服务预算管理，严禁利用或虚构政府购买服务合同违法违规融资，切实做好政府购买服务信息公开
2017年6月	《关于试点发展项目收益与融资自求平衡的地方政府专项债券品种的通知》	严格执行法定限额管理，地方政府专项债务余额不得突破专项债务限额。各地试点发行专项债券规模，应当在国务院批准的本地区专项债务限额内统筹安排，包括当年新增专项债务限额、上年末专项债务余额低于限额的部分
2017年6月	《关于规范开展政府和社会资本合作项目资产证券化有关事宜的通知》	分类稳妥地推动PPP项目资产证券化，鼓励项目公司开展资产证券化优化融资安排，探索项目公司股东开展资产证券化盘活存量资产，支持项目公司其他相关主体开展资产证券化；严格筛选开展资产证券化的PPP项目，开展资产证券化的PPP项目应当运作规范、权属清晰；完善PPP项目资产证券化工作程序，择优筛选PPP项目开展资产证券化，优先支持水务、环境保护、交通运输等市场化程度较高、公共服务需求稳定、现金流可预测性较强的行业开展资产证券化
2017年6月	《关于印发〈地方政府收费公路专项债券管理办法（试行）〉的通知》	提出可通过发行地方政府收费公路专项债券来进行政府收费公路建设融资，并对发债项目界定、额度管理、发行机制、监督管理等方面进行了具体规定
2017年7月	《关于政府参与的污水、垃圾处理项目全面实施PPP模式的通知》	符合全面实施PPP模式条件的各类污水、垃圾处理项目，政府参与的途径限于PPP模式。政府和社会资本间应签署PPP协议，明确权益分配和风险分担机制，并通过成立具有独立法人资格的PPP项目公司实现项目商业风险隔离
2017年11月	《关于规范政府和社会资本合作（PPP）综合信息平台项目库管理的通知》	进行分类管理的基础上，设定入库和清退出库的标准，进一步明确规范的PPP的边界红线，以进一步规范PPP的发展，确保PPP可持续发展
2017年11月	《关于加强中央企业PPP业务风险管控的通知》	进一步加强了对中央企业参与PPP的规范管理，严禁中央企业为社会资本兜底和隐性担保，明确中央企业参与PPP的上限和财务核算方式
2018年1月	《财政部关于完善政府和社会资本合作模式的调研报告》	为大力推动政府和社会资本合作项目规范实施、加快落地，确保PPP改革取得更大成效，2016年底财政部对河北、江苏、山东、安徽、河南、湖南、贵州、云南、内蒙古、甘肃10个省（区）PPP工作情况进行了调研。提出下一步工作考虑：一是把握好速度与质量的关系。二是把握好整体与局部的关系。三是把握好国有与民营的关系

第三章 供给端的观察——PPP的规范与绩效管理

续表

时间	文件名称及文号	重点内容
2018年3月	《关于规范金融企业对地方政府和国有企业投融资行为有关问题的通知》	国有金融企业应严格落实《预算法》和《国务院关于加强地方政府性债务管理的意见》等要求，除购买地方政府债券外，不得直接或通过地方国有企事业单位等间接渠道向地方政府及其部门提供任何形式的融资，不得违规新增地方政府融资平台公司贷款。不得要求地方政府违法违规提供担保或承担偿债责任。不得提供债务性资金作为地方建设项目、政府投资基金或政府和社会资本合作（PPP）项目资本金
2018年4月	《关于规范金融机构资产管理业务的指导意见》	即大资管新规。核心是"破刚兑"和"去杠杆"，在净值型管理、打破刚性兑付、消除多层嵌套和通道、第三方独立托管等方面制定了非常严格的规定，强调穿透式监管。PPP的资本金只能来自政府和社会资本的自有资本，违反相关规定，未按时足额缴纳项目资本金、以债务性资金充当资本金或由第三方代持社会资本方股份的均被财政部列入PPP项目清退范围
2018年4月	《关于进一步加强政府和社会资本合作（PPP）示范项目规范管理的通知》	地方各级财政部门要会同有关部门妥善做好退库项目后续处置工作。各地要加强项目规范管理，包括夯实项目前期工作、切实履行采购程序、严格审查签约主体、杜绝违法违规现象、强化项目履约监管。坚持政企分开原则，加强PPP项目合同签约主体合规性审查，国有企业或地方政府融资平台公司不得代表政府方签署PPP项目合同，地方政府融资平台公司不得作为社会资本方
2018年9月	《中共中央 国务院关于全面实施预算绩效管理的意见》	以全面实施预算绩效管理为关键点和突破口，推动财政资金聚力增效，提高公共服务供给质量，增强政府公信力和执行力。力争用3~5年时间基本建成全方位、全过程、全覆盖的预算绩效管理体系。要求建立全过程预算绩效管理链条，建立绩效评估机制，强化绩效目标管理，做好绩效运行监控，并开展绩效评价和结果应用，还要完善全覆盖预算绩效管理体系，各级政府将一般公共预算、政府性基金预算、国有资本经营预算、社会保险基金预算全部纳入绩效管理
2019年3月	《关于推进政府和社会资本合作规范发展的实施意见》	在"四个不得"以及前期一系列规范要求的基础上，采取正负面清单相结合的方式，细化了规范的PPP项目应具备的条件以及不规范的PPP项目的具体表现形式。明确指出，规范的PPP项目形成的财政支出责任，是以公众享受符合约定条件的公共服务为支付依据，是政府为公众享受公共服务提供运营补贴形成的经常性支出，应当依法依规纳入预算管理。为防止地方政府假借PPP名义举债融资，避免增加地方政府隐性债务，对于不规范的PPP项目，明确应当依法依规予以整改，构成违法违规举债融资的应当依法依规予以问责

续表

时间	文件名称及文号	重点内容
2019年5月	《政府投资条例》	对政府投资目的、原则、投资决策、年度计划、项目实施、法律责任等方方面面作了规定。明确政府投资应以"非经营性项目"为主，如社会公益服务、公共基础设施等，同时对投资范围定期评估调整，不断优化政府投资方向和结构。明确政府投资应当遵循科学决策、规范管理、注重绩效、公开透明的原则，应当与经济社会发展水平和财政收支状况相适应。政府及有关部门不得违法违规举借债务筹措政府投资资金。政府投资资金要按项目安排，以直接投资方式为主，平等对待各类投资主体，不得设置歧视性条件。在投资决策中，对于重大项目，投资主管部门或者其他有关部门应当在中介服务机构评估、公众参与、专家评议、风险评估的基础上作出是否批准的决定。在制订年度计划时，政府计划应当与本级预算相衔接。强化了投资概算约束力，政府投资项目建设投资原则上不得超过经核定的投资概算。政府投资项目不得由施工单位垫资建设

第三节 PPP 绩效管理

PPP 模式是公共产品和公共服务供给方式的创新，带来了公共治理模式的深刻变革，同时也促进了政府和市场关系的再思考，为重构政府与市场的新型关系奠定实践基础。PPP 模式的全生命周期的绩效管理是不断深入开展 PPP 工作的重心所在，是 PPP 项目规范、可持续运行的必要保障。从国际经验来看，PPP 财政管理和绩效管理工作在 PPP 整个治理架构中占据非常重要的位置，某种程度上决定了 PPP 项目的成败，因此，本节将着重分析我国 PPP 绩效管理，以期更好地推进 PPP 高质量发展和可持续发展。

一、进入"全面实施预算绩效管理"新时代

绩效管理是对公共服务或计划目标进行设定与实现，并对实现结果进行系统评估的过程。从管理学的角度讲，目标确立之后的过程控制是关键，绩效管理就是过程控制与事后评价，其目的就是为了更好地完成目标。绩效管理在我国的发展最早可追溯到 2003 年，党的十六届三中全会提

出建立预算绩效评价体系，从中央到地方积极探索绩效管理的实施路径。2013年党的十八届三中全会关于全面深化改革的系统部署中明确，绩效管理作为提高预算科学化水平的政府治理工具，是实现国家治理现代化的必要手段。2014年修订发布，2015年1月1日执行的新《预算法》中明确将绩效作为预算法基本的管理原则，建立了"花钱必问效，无效必问责"的预算绩效管理理念，要求政府加强预算绩效管理，将绩效管理范围逐步覆盖五级政府、各级预算单位和所有财政性资金。2017年党的十九大对加快建立现代财政制度作出重要部署，明确提出要建立全面规范透明、标准科学、约束有力的预算制度，全面实施绩效管理。2018年9月1日发布的《中共中央 国务院关于全面实施预算绩效管理的意见》（以下简称《意见》）进一步明确提出了积极开展PPP绩效管理的要求。《意见》提出要构建全方位预算绩效管理格局，实施政府预算绩效管理，将各级政府收支预算全面纳入绩效管理，提高保障和改善民生水平，确保财政资源高效配置，增强财政可持续性；实施部门和单位预算绩效管理，将部门和单位预算收支全面纳入绩效管理，推动提高部门和单位整体绩效水平；实施政策和项目预算绩效管理，将政策和项目全面纳入绩效管理，综合衡量政策和项目预算资金使用效果，并对实施期超过一年的重大政策和项目实行全周期跟踪问效，建立动态评价调整机制。

具体而言，我国预算绩效管理框架改革的目标：一是预算绩效管理是建立在多部门、大政府基础上；二是改革必然会走向把政府预算、部门和单位预算、支出政策和项目预算绩效管理全部纳入预算绩效管理；三是有必要构建事前、事中、事后绩效管理闭环，将绩效理念和方法深度融入预算编制、执行监督全过程预算绩效管理链条中；四是各级政府逐步探索把一般公共预算、政府性基金预算、国有资本经营预算、社会保险基金预算四本预算全部纳入绩效管理，实现全覆盖的预算绩效管理体系。这为PPP项目绩效管理建设铺垫了框架基础。

2019年4月29日，财政部办公厅发布关于征求对《政府和社会资本合作（PPP）项目绩效管理操作指引（征求意见稿）》意见的函，PPP项目绩效管理框架建设提上日程，亟待规范10多万亿元投资的PPP项目绩效管理。

二、提升 PPP 项目全生命周期绩效管理的迫切性

PPP 项目是基础设施和公共服务领域为实现特定目标而引入社会资本方合作开展项目建设、运营活动。根据财政部政府和社会资本合作中心提供数据显示，截至 2018 年 6 月末，入库项目中，可行性缺口补助和政府付费项目累计占管理库项目总数和累计投资额的 90.8% 和 91.2%，财政资金在支持 PPP 项目运行中已占有较大的比重，因此开展 PPP 项目绩效管理已经成为政府绩效管理的重要组成部分，这与 PPP 模式"激励相容、物有所值"的精髓高度契合。

PPP 项目绩效管理是以提高资金使用效益为目标，通过设定项目绩效目标，开展绩效跟踪，运用科学、合理的绩效评价指标和评价方法，对 PPP 项目的产出和服务的数量、质量以及资金使用效率等方面进行客观公正评价，并运用绩效评价结果推动 PPP 项目可持续发展。目前，在规范推进 PPP 的实践中，对社会资本方以绩效付费为目的绩效评价、绩效考核已经为政府和社会资本方广泛接受。财政部针对 PPP 项目特点推出了两个层面的绩效评价工作：一个是专项资金方面；另一个是在 PPP 项目实施层面开展绩效评价。为更好地完成 PPP 项目，政府就项目资金的使用情况以及资金的利用率方面进行跟踪调查。在项目建设期内，政府部门按照 PPP 合同中的权利及义务对施工现场进行实施层面的绩效评价，并对公共基础设施的质量进行定期或不定期的质量抽检。在项目运营期内对项目公司的日常运营管理、财务方的资金使用状况以及使用者对满意度进行询问调查，其中包括项目日常运行过程中的绩效监控、项目完成后产生的社会综合效益、项目阶段性的绩效评价、项目建成后是否得到社会公众的认可或使预期服务对象受益，其满意程度如何以及项目竣工后开展项目整个实施周期绩效评价等。

在信息共享方面，财政部设立了 PPP 项目信息平台，PPP 项目绩效管理信息随着各预算部门、单位上报预算管理信息系统，通过数据交换和整合，已经逐步实现了 PPP 项目绩效信息资源的共享，为加强 PPP 项目绩效管理，提升绩效管理质量提供技术支撑。

当前，2014~2016年落地实施的PPP项目已陆续进入运营阶段，各级政府将逐步进入PPP项目财政补贴支出期，未来十年，将是PPP项目政府支出责任落实的高峰期，加强PPP项目绩效管理愈加凸显。结合党的十九大报告提出的全面实施绩效管理要求，亟待构建PPP项目全方位、多层次、全过程、全覆盖的绩效管理体系，将政府绩效管理层次和对项目公司、社会资本方绩效考核两个层次的绩效管理活动有机衔接，以同一个PPP项目作为载体，针对PPP项目涉及的相关方，从不同的角度对其在PPP项目中的职责和义务，从项目前期立项、PPP模式的引入和审批、社会资本方采购、项目执行中的资金投入、执行进度、提交产品或服务质量和效率、项目移交等方面实施全过程、全方位、全覆盖的绩效监督和管理，最终通过对绩效管理结果实施问责、奖惩、公式公告等措施，共同推动PPP项目的规范运行和绩效管理成果应用的深度和广度，确保PPP模式规范运行和可持续发展。

三、PPP项目全生命周期绩效管理

PPP项目全生命周期包括项目识别、项目准备、项目采购、项目执行和项目移交五个环节，PPP项目绩效管理是指在PPP项目中融入"全面实施绩效管理"理念和要求，各级政府、财政部门、行业主管部门、项目实施机构将绩效目标管理、绩效运行监控、绩效评价管理、评价结果应用纳入PPP项目全过程中开展各项管理活动。在这个系统的设计中应体现激励相容的契约机制，即PPP项目应建立"激励相容、提质增效"的绩效目标，明确细化项目绩效指标考核体系，开展覆盖PPP项目全生命周期的监管和评价活动，并将结果反馈和应用于政府支出预算资金安排和运行监管中，以保障社会资本利益，使社会资本方在追求自身利益最大化的行为选择符合政府方设定的政策目标和利益取向。

（一）PPP项目绩效目标管理

PPP项目绩效目标是指PPP项目全生命周期内各阶段应达到的成本、产出和效果指标，包括项目总体目标和在一定时期内应当实现的具体目标，是 PPP 整个绩效管理系统的前提。

1. PPP 项目识别、准备阶段绩效目标管理

项目实施机构确立 PPP 项目绩效目标后，财政部门依据国家相关政策、财政支出方向和重点、部门职能及事业发展规划等，对项目实施机构产出说明和实施方案中的绩效总体目标进行审核，确保设立的绩效目标科学、具体和可实现。经财政部门审核，同级人民政府批复，项目绩效目标在 PPP 项目合同中列示，在合同谈判中，针对 PPP 项目绩效目标所包括的绩效内容、绩效指标、绩效标准、绩效结果与付费挂钩办法，合作双方共同确认，签署予以确立。为达到绩效目标拟采取的合作程序、方法、资金需求、信息资源等也需要在 PPP 合同中明确，这是 PPP 项目绩效管理与其他公共投资项目绩效管理不同之处。

2. PPP 项目执行阶段绩效目标管理

PPP 项目进入运营期后，项目实施机构在编制年度项目支出预算时，要结合 PPP 项目实施方案、PPP 合同确立的绩效总体目标，进一步细化年度绩效目标，包括产出目标（数量目标、质量目标、时效目标、成本目标）和效果目标（经济效益目标、社会效益目标、生态效益目标、可持续影响目标、公众满意度目标），随同编制的绩效计划，报送财政部门审核。财政部门审核为绩效目标实现所采取措施的可行性、绩效指标设置的科学性、实现绩效目标所需资金的合理性等。

3. PPP 项目移交阶段绩效目标管理

PPP 项目移交阶段既涉及最后一个运营年度，项目实施机构继续实施绩效目标的细化、上报和财政部门的审核和确认，又涉及项目移交完成后由财政部门组织对项目整个实施周期的绩效评价，对绩效目标的实现情况、项目产出、成本效益、监管成效、可持续性、政府和社会资本合作模式应用等进行总结、评价，为今后 PPP 项目决策和管理积累经验。

（二）PPP 项目绩效运行管理

PPP 项目绩效运行管理是绩效管理的重要环节，主要采取项目实施机构自行跟踪管理和财政部门重点监督管理的方式，采集 PPP 项目执行阶段各类信息并汇总分析，对绩效目标运行情况和预算执行情况跟踪管理和督促检查,对绩效运行目标偏离及时采取措施予以纠正,情况严重时,暂缓或停止PPP项目的执行。PPP项目绩效运行管理有利于强化各方绩效观念,落实支出责任,促进PPP项目绩效目标的实现。

PPP项目绩效运行管理主要内容包括:PPP项目是否按计划进度完成年度工作(包括分析进度滞后的主要原因);PPP项目需求(融资需求、建设需求、运营需求等)与实施方案、PPP合同对比(包括分析合同重大变化的主要原因);PPP项目设计、施工、运营等规模、内容是否发生调整,针对变化调整,是否按绩效目标管理要求及时修改完善绩效目标和绩效指标;PPP项目年度绩效目标是否按预期完成,如有绩效目标偏离,是否及时采取措施予以纠正;PPP项目管理和资金管理制度是否健全,是否落实到位;项目实施机构是否采取监控成本支出的具体措施以及措施效果是否明显等。

(三) PPP项目绩效评价管理

PPP项目绩效评价是绩效管理的核心,是指在PPP项目执行阶段和移交阶段结束后,对PPP项目绩效目标的实现程度和预算执行结果的综合性评价,重点评价产出和结果的经济性、效率性和效益性。

1. PPP项目绩效评价的层次

(1) PPP项目日常运行评价。日常绩效评价一般以月度、季度或年度为单位实施综合考核。重点对项目年度绩效目标实现程度,绩效指标完成情况进行评价,以绩效评价结果作为政府方履行PPP项目支出责任的依据。

(2) PPP项目中期评估。在项目日常运行绩效评价基础上,每隔3~5年开展中期绩效评估,对阶段性绩效目标实现程度、公共产品和服务的数量和质量、资金使用效率、运营管理、可持续性、公众满意度等方面进行综合评价,对评估结果中发现的运行偏差和风险,及时采取措施予以调整。

(3) 整个实施周期绩效评价。对项目的总体绩效目标实现程度、成本效益、可持续性、公众满意度等进行评价,评价结果作为完善PPP政策措施、提高项目决策和管理水平的参考依据。

2. PPP项目绩效评价流程

PPP项目绩效评价的流程一般包括制订绩效评价方案、拟订评价计划、选择评价工具、确定评价方法、设计评价指标、实施评价、提出评价结果（意见和建议）等环节。

3. 绩效评价结果反馈和应用管理

根据PPP项目前三项绩效管理工作实施结果，项目实施机构、财政部门总结经验、完善管理制度，提高PPP项目决策和管理水平，降低支出成本，增强支出责任，将绩效管理工作结果作为以后年度PPP项目安排预算的重要依据，并向社会公开结果，接受社会监督。

具体包括：（1）将绩效评价结果运用到政府支出预算资金安排中。对绩效评价结果达到付费标准的，预算安排时予以支持和激励；对绩效评价发现问题、达不到绩效目标或评价结果较差的，根据付费挂钩办法进行相应扣减，直至不支付本期政府付费，待整改验收后列入下一期支付。（2）将绩效评价结果运用到日常预算管理中，建立绩效评价结果反馈机制，对绩效评价过程中发现的问题和漏洞，及时反馈给项目公司和社会资本方，作为其改进运营管理、提高公共产品质量和公共服务水平的重要依据。（3）将绩效评价结果运用到行政问责和社会监督中，建立绩效问责机制，将绩效评价结果纳入项目实施机构及行业主管部门工作目标考核范畴。同时，建立PPP项目绩效评价结果信息公开机制，加强社会监督。

第四章

影响我国 PPP 高质量发展的若干重要问题

PPP 项目具有高度复杂性的特点，涉及政府采购、项目设计、工程管理、运营管理、金融、法律、风险管理、合同管理、产品定价等相关专业领域的知识体系。自 2017 年 PPP 模式进入规范发展、高质量发展阶段以来，出现一些影响其可持续发展的现实问题，主要有：PPP 项目运行问题、PPP 立法及其制度建设、PPP 监管机制建设、PPP 政府债务风险等，引起各方高度重视，亟待系统化的解决方案。

第一节 PPP 项目运行层面的问题

一、政府各部门职能分工缺乏顶层设计、不够明晰

PPP 机制创新是实现国家治理现代化的重要载体，有力地推进了转变政府职能建设现代政府，通过简政放权、放管结合，大力激发市场活力，更多释放改革红利。自 2014 年以来，国务院以及各部委陆续发布的关于规范 PPP 的相关政策性文件，逐步完善了政府部门在 PPP 项目中的职责分工与具体操作指引。然而，在实践中，我国政府各级部门职责分工模糊、部分职责交叉重叠、部门协调不畅等问题已然成为实际工作推进中的阻碍。

目前，我国政府和社会资本合作的管理机构是由财政部组建 PPP 中心

进行负责，与此同时国家发展和改革委员会从项目审核角度对 PPP 项目进行监督管理。在实际操作过程中，地方政府发展和改革委员会与财政局 PPP 中心之间分工不清，存在不同程度的利益冲突与权责重叠等情况。2016 年 7 月国务院常务会议厘清了两部委在 PPP 领域分工职责，财政部门与国家发展和改革委员会分别统筹负责公共服务和基础设施领域的 PPP 改革工作，同年 8 月国家发展和改革委员会发布《关于切实做好传统基础设施领域政府和社会资本合作有关工作的通知》，同年 10 月财政部发布《关于在公共服务领域深入推进政府和社会资本合作工作的通知》，分别阐明各自在 PPP 领域的具体分工。但从上述两份文件对于公共服务和基础设施领域的具体界定来看，两部委所负责的范畴仍然存在一定程度的重合，同时涵盖了能源、交通运输、水利、环保、农业、林业以及市政工程这七大领域。此外，很多 PPP 项目既包含公共服务性质的内容，又存在基础设施的属性，很难清晰地界定其究竟是属于公共服务还是基础设施，如片区开发、海绵城市、智慧城市等项目。政府部门的职责分工不清晰，在某种程度上已经成为 PPP 项目实际操作中的掣肘。

政府部门职责分工问题还体现在部门之间协调沟通机制不畅。在应对政府部门职责交叉重叠方面，地方政府可以通过撤销合并职责重叠部门，制定新型管理模式与领导层级来对 PPP 事业进行监督与管理。在相关文件的积极倡导下，目前多数地方政府均设立了 PPP 专门机构，具体负责履行政府和社会资本合作政策制定、项目储备、业务指导、项目评估、信息管理、宣传培训等职责。但由于 PPP 项目涉及部门众多，在行政部门下设的 PPP 专门机构难以协调平级甚至上级部门，有些地方通过成立由党委和政府主要领导为主要成员的 PPP 工作领导小组完善部门间的协同工作，这种方式能够有效推动各部门之间的思想统一，但对于项目具体工作的协调和统筹仍显得力不从心。

在 PPP 项目具体实践中，政府部门在 PPP 项目中具有投资者与经营者的双重身份，即承担投资风险又担任监管者和调控者的职责，政府部门的行政职责和履约边界涉及方方面面的细节，同时牵涉政府多部门、市场各方参与主体的利益。在组织结构调整与政治考量等多方面，政府应当秉承权利阳光化、透明化的基本原则，通过考核机制来约束权力执行，通过公开办事流程来规范 PPP 工作运行，避免因职责边界不清导致办事效率低下、取得成绩时争名夺利、出现问题后推卸责任等问题。

综上所述，PPP 模式高质量发展要重视全方位整合与优化资源配置。在政府层面实际操作过程中，要充分考虑复杂 PPP 项目中的管理构架的组建，并考虑各部门之间的配合、权利划分以及进一步深化政治管理的改革与创新；对于合作期限较长的项目要认真做好项目前期筛选工作，要多方面进行考量，选择信用状况良好且融资实力较强的优质企业与政府进行合作，更要做好政企分离，细化各部门间分工，保证社会资本方对项目高效的运营与管理以及后期移交等工作顺利进行。

二、PPP 项目融资市场不成熟

（一）PPP 项目资产流动性成为企业投资的障碍

政府和社会资本合作模式目的并非是单纯的融资，更在于希望通过引入社会资本参与地方基础设施建设和公共服务供给领域，以期提高公共服务供给的质量和效率。但是，私人企业参与的积极性并不高，原因在于：一是 PPP 项目的投资额度大；二是公用事业一般回收周期长。进入 PPP 后如何有序的退出以及投资后流动性匮乏问题，是各路社会资本始终处于观望状态的重要原因。

（二）商业银行信贷政策淘汰民企，导致 PPP 项目融资成本高企

国际上普遍采用有限追索项目融资，有限追索项目融资是指在项目公司的资产上设定担保物权之外，还要求由项目公司以外的其他与项目有利害关系的第三方当事人提供各种担保或者承诺，贷款人依靠项目收益作为偿债来源的一种形式。简而言之，项目公司是独立于其投资人之外的一个法律实体，对偿还债务负有直接责任，项目投资人只提供有限的保证或担保，但是这种融资方式在我国的 PPP 项目中大多不能为金融机构所接受。国内的金融机构普遍按照传统企业融资提供债务资金，项目投资人往往被

要求向金融机构承担还本付息的连带责任,由此加大了项目投资人的 PPP 项目融资风险。

另外,目前的 PPP 项目收益权质押登记机关没有统一规定,客观上导致收益权质押担保不能为金融机构广泛接受。根据现有规定,仅高速公路收费权、农村电网收费权以及学校公寓收费权规定可质押登记机关,其他如污水处理费、地铁票务收入、公园门票收入等均没有统一规定的质押登记机关。鉴于此,除了明文规定有登记机关的 PPP 项目的收益权外,绝大多数 PPP 项目收益权都面临质押登记的尴尬,由此也加大了 PPP 项目的融资风险。

PPP 项目的低收益可能将无法完全覆盖较高的融资成本。除了民间借贷之外,目前最常见就是通过基金和信托融资。这两类融资渠道的实际融资成本通常会高于银行贷款,这就导致了 PPP 项目融资成本高企。可见,PPP 项目的低收益与较高的融资成本之间差距较大,若是将这类风险全部推给社会资本的话,无疑会对 PPP 项目的推进和实施形成巨大的风险和挑战。

(三) PPP 项目融资期限错配

目前,参与 PPP 项目的金融工具主要包括银行贷款、银行理财、债券、ABS、融资租赁等,这些金融工具的活跃期通常为 5~8 年,最长的有 10~15 年。保险资金可以相对较长,但最长也仅为 20 年,且使用保险资金条件甚高,一般项目无法满足保险公司的要求。金融工具的期限与 PPP 项目长达 10~30 年的合作周期相比,显然相差甚远。融资期限的不匹配导致再融资风险和压力加大。如果项目运作正常,资金周转顺畅,再融资易;反之,则会加大再融资的不确定性风险。对于经营类项目,还可以考虑在中后期发行 ABS 解决前期融资到期问题,但对于非经营类项目,如何解决期限错配,是加快 PPP 项目融资的一大难题。

目前,多数 PPP 项目的建设资金主要来源于债务融资,项目是否能够顺利获得债务融资已经成为项目成败的决定性因素之一。金融机构作为项目债务融资的资金提供方,对于项目落地的重要性不言而喻,而当前我国金融体系所提供的信贷产品无法满足 PPP 项目的融资需求,PPP 机制创新对金融机构的风险评估、资金期限、增信条件等方面提出更高的要求。传统投资模式下，政府作为项目的融资主体，直接承担了项目的债务融资责任，金融机构通过考察政府信用来作为放款依据。然而，随着2015年新《预算法》《国务院关于加强地方政府性债务管理的意见》及政府债务限额管理等一系列法律法规出台，地方政府债务规模受到严格监控，同时剥离融资平台公司的政府融资职能，金融机构不得再向地方政府提供融资、不得要求地方政府违规提供担保。上述政策规定与PPP模式的融资需求天然对接，但却与金融机构现存的信用考核和风控标准严重背离。为了避免PPP项目沦为政府变相融资的渠道，《关于在公共服务领域推广政府和社会资本合作模式指导意见的通知》明确提出，禁止政府对PPP项目通过固定回报承诺、回购安排和名股实债方式变相融资，要求政府信用与项目商业信用彻底隔离。PPP模式下，金融机构无法再以政府信用为依据，只能全面评估社会资本的商业信用和项目未来收益状况，依据项目资产质量、收益水平和项目投资方的增信能力相应调整业务模式。这要求金融机构要突破传统经营模式，转变业务思路，寻求一条适应PPP机制新需求、满足金融创新发展的路径。

三、缺乏动态的PPP项目激励机制

如何为PPP项目设计有效的激励机制不仅是政府和社会资本合作研究学界一直在探讨的理论问题，更是公共基础设施项目建设实践中需要摸索的重要内容。缺乏有效激励机制，将会大大影响技术创新和运营变革的动力。

在实践过程中，由于传统公共管理理论难以直接用于分析政府治理问题，因此要构建"政府式委托代理模型"来配合政府治理和改革机制。目前，在公共部门外包服务中高强度的激励监督忽略了内在激励的动机。应设立政府和企业在信息不对称情况下的激励与监督模型，分析了解政府和社会资本方如何完善合同以及政府如何选择有效的监督力度。

PPP项目由于其目标关系的社会性、效益的多样性和外部性等特征，使得PPP项目建设不同于企业与企业之间的经济项目合作。PPP项目产生的社会效益和经济效益通过激励机制的设计将社会和经济效益可以有效结合。此外，吸引企业参与 PPP 项目建设还需要考虑到企业长期发展以及与政府长期合作缔结关系契约等重要因素，而目前的研究还欠缺对政府和社会资本合作动态发展的关注，所以更要从动态角度设计 PPP 项目建设的激励机制，以利于政府和社会资本方的长期合作，实现 PPP 可持续、稳定发展。

政府和社会资本方在信息不对称下的 PPP 模式激励机制是十分重要的，建立有效的激励和治理机制是政府提高 PPP 绩效的重要因素，而提高监督能力和加强监督协调是政府提高对 PPP 监督能力的主要方面。所以通过加强政府和社会资本双方的信息沟通和激励机制，可以促进公私部门的互动和协调作用的形成，更好地利用资源实现 PPP 项目的可持续。

四、缺乏完善采购监督机制和监督体系

对于政府采购工作的监督不仅是指在具体采购过程中的监督，而且要对所有采购参加人的市场行为进行监督。《政府采购法》不仅借鉴了国内外众多政府采购立法方面的优秀经验，同时也填补了我国政府在采购立法阶段的空缺，最终形成了统一的、规范的政府采购体系。但由于政府采购制度在我国建立的时间不久，依然还存在一些问题和不足，各类配套的法规、法律、制度和防范措施还很不完善，致使我国政府采购监督机制方面仍有很大的缺陷。以下几点为目前在采购过程中由于没有建立完善的监督机制而导致的可能出现的采购问题。

首先，采购行为缺乏规范性，在目前已有的操作先例中，不难发现依然存在着许多不规范的行为。例如，以政府会议纪要形式先行确定合作企业，再决定采用单一来源采购方式进行招标采购，给项目后期的操作留下了巨大的隐患，作为采购人应该科学使用政府的公共类采购平台，发布有关的 PPP 项目采购信息，公开面向社会企业，给予合理的竞争空间与公平竞争的机会，切勿急于求成为政府方增添各类风险。同时，招标代理方应该将采购需求、资格预审、采购文件、结果、合同、履约验收等内容依法公开，保证投标环节的公平性与竞争性，使社会监督的职能发挥到最大。

其次，政府采购计划具有不确定性，随意操作的情况颇多，在实际操

作中，并没有完全按照政府采购目录和政府采购计划来进行，整体的制约作用差。并且整个方案的制订、审核、操作都有很大的不确定性，方案制订的缺漏、采购标的的确定缺少合理的论证过程、政府采购方案经常变动的情况随处可见，往往造成无效率的重复和浪费情况的发生。实施政府采购制度不只是单单改变采购形式，同时一定要改变效率不高、严重浪费的不合理局面。更要注意的是，政府方采购过程中还不时出现没有按照合法合规操作现象的发生。没有形成公允的市场竞争机制，无法使更多的潜在合作伙伴参与竞标，完成采购，造成公共支出和税款的无效损失。

最后，往往会出现对整个政府采购制度的认识与理解还不够深刻的现象，最常见的错误观念即为将政府采购行为看作是单纯的货物与货款之间的关系，当货物与货款交换完成后即视为采购行为结束了，所以往往只对交换环节进行监督，之后再无监督责任。在PPP模式中，政府方对于项目的监督职能最为重要，应当保护国有资产的安全和稳定，积极履行对提供商的履约行为及采购方对采供标的的实际使用状况的监督，以提高政府方采购效率和质量。

五、PPP退出机制不健全

现有PPP相关政策文件对退出机制已有规定，国务院及各部委发布的政策指引文件中社会资本方退出机制提出了明确的框架性规范，提出要"依托各类产权、股权交易市场，为社会资本提供多元化、规范化、市场化的退出渠道"，并指出"项目合同应约定合同权利义务是否允许转让；如允许转让，应约定需满足的条件和程序"，但将具体操作细节留给政府方和社会资本方协商确定，退出机制的安排总体上在"切实遵循PPP合同管理的核心原则"的基础上要"兼顾灵活"。但PPP项目实际操作中，对于社会资本退出机制的重视程度不足，政府部门偏重于非正常情形下的临时接管，对遵循市场规律下的社会资本方退出渠道单一，且存在难以预计的风险隐患。PPP退出机制不健全成为制约社会资本参与PPP项目的重要因素，PPP退出机制亟待多元化。

当前PPP项目中常见的社会资本退出方式以到期移交和股权回购为

主、售后回租、股权转让、IPO 上市、资产证券化等方式仍处于初步探索阶段。例如，对财政部 PPP 综合信息平台项目库 11 个行业数十个已经进入执行阶段的项目进行梳理，采用 BOT 方式运作的特许经营类项目超过半数，均约定到期按照项目合同中约定的移交方式、内容和标准进行移交。股权回购方式包括约定回购和非正常情况下的政府回购。2016 年 9 月 24 日，财政部发布《政府和社会资本合作项目财政管理暂行办法》明确指出，PPP 项目合同体系中"不得约定由政府股东或政府指定的其他机构对社会资本方股东的股权进行回购安排"，否定了约定回购方式的合理性。非正常情况下的政府回购主要指政府和社会资本的合作过程中出现摩擦与矛盾致使合作难以为继，或发生约定提前终止的事项，在非正常方式退出情形下特定主体回购、临时接管等，这种方式作为项目提前终止的一种安排继续存在。

退出机制作为 PPP 模式的重要一环，长期得不到各方参与主体的重视，导致社会资本缺乏正常退出渠道，不得不以项目搁置、仲裁诉讼等非正常方式退出。社会资本以股权转让实现退出存在诸多限制。PPP 合同中通常会约定股权变更限制条款，常见的安排是设置股权变更锁定期，但在股权变更限制条款的适用权限上存在不对等，一方面，政府方股权转让不受该条款限制，具有自身豁免权；另一方面，社会资本股权转让必须经政府方批准，政府具有一票否决式的单方审核权。

第二节　PPP 立法的问题

我国目前采用的是部委发"通知"、制定"政策"的方式来规范 PPP，其法律效力较低，而 PPP 的特殊性决定了要对项目公司、招投标和税收优惠等问题做出特别的法律规定，这就意味着 PPP 立法与一般法规必然存在一些冲突。国务院各主管部门在各自管理范围内做出的规定，只能适用于一部分行业，且都是从自身管理角度出发，法规文件各自为政，很多时候不能相互衔接，缺乏全局性和系统性。我们则需要通过立法方式来平衡 PPP 项目中的各方利益，使其不受损害，特别是公众利益。同时通过立法，明确 PPP 应用的领域与方式。PPP 项目的法律关系较为复杂，涉及许多领域的法律问题，有些问题在针对特许经营的法规中有统一规定，但更多的方面仍由该领域内我国现有的其他法规或行政法规来管制。

加快完善 PPP 立法，提高政府工作的法律意识，以法律、法规、规范性文件来规范 PPP 项目合作过程中的政企行为，形成实现 PPP 模式长期健康发展的制度保障。我国自 20 世纪 80 年代初步探索 PPP 模式，就开启了 PPP 立法历程，但并未形成系统的法律体系，国家层面的 PPP 法至今尚未出台。目前 PPP 立法的表现形式仍是国务院及其部委出台的法规政策、地方规范性文件。

一、立法层级低

目前，我国 PPP 立法仍然很不完善，顶端规制措施缺位，主要为国务院及其部委出台的法规政策、地方规范性文件，法律位阶都比较低，权威性也不够，PPP 项目涉及的领域广、流程环节多、项目周期长、法律关系复杂，各个部门和参与方的利益交叉，规范性文件因缺乏权威性和确定性，故难以平衡各参与方之间的利益分配。依靠下级甚至基层出台的各类规范性文件对 PPP 进行综合掌控是难以实现的，从国家层面对 PPP 的实施进行有效的法律规制恐怕更是无从谈起。例如，在招标采购方面，财政部虽然出台了竞争性磋商等采购政策加快推进 PPP 项目，但由于 PPP 项目多为固定资产投资项目，地方政府多数项目采用了招投标法，因而中标的社会资本不一定有建设资质和能力，存在二次招标的问题。目前的立法规制体系主要由部委规章和地方性的条例组成，没有国家级法规作为引领。从国际经验来看，PPP 项目政策文件更多的应该是具体的操作指南，如英国财政部颁布的《资金价值评估指南》《定量评价用户指南》《标准化 PFI 合同指南》等。

实践过程中，某些 PPP 项目的建设，甚至只依据地方政府的"红头文件"，其法律效力很低。在此基础上，社会资本由于并没有得到有效并完备的保障，在与政府合作的过程中很难实现其真正的自由意志，往往作出的合作决定都是在公权力的强意志下所作出的，这种不成熟的法律框架下作出的合作或契约，大多都是"走一步说一步"的模式。社会资本在这场博弈中将始终是弱势的一方。

二、与现行法存在冲突

PPP 的现有政策文件与现行法规存在冲突，可能存在违反上位法而不能得到有效落实的情形。《行政诉讼法》及其司法解释认定特许经营协议为行政合同，但由于并没有 PPP 法律将 PPP 的性质加以界定，导致 PPP 的行政属性被大幅度的因其命名而被理解为仅指平等主体之间的合同，这与《行政诉讼法》及其司法解释存在着本质的矛盾。

特许经营权的授予方式与现行土地使用权的出让制度存在矛盾。根据中国现行法律，经营性土地使用权必须通过招标、拍卖、挂牌等方式获取，特许经营权的获得，并不能保障项目公司获得土地使用权。此外，国务院 1990 年 5 月 19 日发布的《中华人民共和国城镇国有土地使用权出让和转让暂行条例》如何适用于 PPP 项目？国土资源部 2001 年 10 月 22 日发布的《划拨用地目录》是否可以适用于 PPP 项目？在当前实践中，很多项目公司基本没有获得项目所占有土地的使用权，严重降低项目公司的融资能力，挫伤投资人的积极性。

资产、经营权转让价格的确定与国有产权转让制度有冲突。根据企业国有产权转让的相关适用法律，无论是资产还是经营权，都需要对国有资产进行评估并在产权交易所采用招拍挂的方式进行转让。然后，一些移交—经营—移交（transfer – operate – transfer，TOT）项目长期提供公共产品，为能够最终锁定适当的初始服务单价以降低公共产品价格，项目实施机构往往希望以评估价格为基础确定经营权转让价格，进而以竞争初始服务单价的方式进行公开招标。虽然该种竞价模式得到相关部门的认可，也对经营权的评估价格和转让价格履行了必要的备案程序，但此种方式仍然与现有国有产权转让的适用法律存在明显冲突。

PPP 项目社会资本方的参与方式和现行法也存在分歧。PPP 提倡社会资本方应从项目立项起时就参与进来，但现行《招标投资法》和《政府采购法》中，在项目前期准备工作都完成后才开始进行对社会资本的选择。

三、PPP 纠纷的法律救济机制尚未确立

PPP 的行为当前在我国并没有被准确界定，致使 PPP 这种公私合作行为在行政法领域并没有刻意站住脚、稳住身的基本地位。再者，在 PPP 中，会包括一些非正式的行政行为，虽然在 PPP 纠纷中可以采取协商、调解等程序，但 PPP 行为一旦发生法律纠纷，其行为难以被正确界定，PPP 对应的法律救济路径缺失，这样不会给各方一个稳定的预期，不利于 PPP 法律关系中公共利益和合法权利的法律保护。

四、相关法律法规不衔接

随着 PPP 模式在我国不断的推广和深入，涉及社会发展更深层次的领域。而 PPP 作为一种新的实践，现有的法律法规在处理 PPP 实践中所面临的问题时，常常出现有的重复、有的冲突的情况，现行法律和管理体制之间存在矛盾和摩擦不断。

第一，从对于 PPP 发展的认识上，不同的法律法规所表现出来的是不同的，这反映出背后的制定部门自身的局限性以及对于部门利益的考量。而这种认识的突出的分歧则反映在国家发展和改革委员会与财政部、中央政府和地方政府上。国家发展和改革委员会牵头的《基础设施和公用事业特许经营管理办法》中更多地认为 PPP 与特许经营有很大的相似之处，强调行政授权，通过政府的管控来促进经济发展。而财政部牵头的《社会和资本合作法》认为，PPP 是公共部门和社会资本之间的合作共担风险、共同收益，共同提供公共产品和公共服务，在很大程度上属于民事的范畴。同时，中央政府和地方政府在应用 PPP 时的宗旨和目的都各有不同，中央政府认为 PPP 可以转变经济发展方式，由过去政府在基础设施和公用事业建设中占主导转变为市场为主导，从而转变政府治理行为和模式；而在预算法修改和国务院颁发《国务院关于加强地方政府性债务管理的意见》之后，地方政府的投融资模式发生转型，很多地方政府借 PPP 进行投融资，把 PPP 模式看作成投资融资的政策工具。因此，对于 PPP 内涵和作用的不同理

解，导致各个部门在出台和 PPP 相关的法规政策时会出现很大的不同。

第二，在实际应用中，PPP 项目出现的问题可能在不同的法律法规政策中找到不同的依据。特许经营立法和 PPP 立法之间的不协调，实则是它们所代表的部门之间的利益存在冲突。财政部与国家发展和改革委员会曾经分别牵头制定过《政府采购法》和《招投标法》，《政府采购法》适用国家各级机关、事业单位和团体组织，使用财政性资金来依法采购目录中的商品和服务，那么其使用的资金就是财政性资金，而《招投标法》适用于工程建设项目，包括大型的基础设施、公用事业和公共安全等项目。根据上述规定，我们可以看到，适用《政府采购法》一个重要条件就是使用财政性资金，而《招投标法》将工程建设类项目纳入其适用范围中。那么不衔接的地方就在于，如果一个 PPP 项目既使用财政性资金，本身又为工程类项目，那么该适用哪部法律？如果一个项目既不使用财政性资金也不属于工程类，又该适用哪部法律？此外，在投资者选择方式的问题上，《政府采购法》规定的政府采购方式较为多样，包括公开招标、邀请招标、竞争性谈判、单一来源采购、询价和国务院政府采购监督管理部门认定的其他采购方式六种。而《招标投标法》中的招标仅分为公开招标和邀请招标两种，形式较为单一。那么当一个 PPP 项目要进行投资者选择的时候，该适用哪部法律？由于上述两部法律规定不一，故在 PPP 实践中难免会造成冲突不断。

第三，不同的部门在应用 PPP 模式时会有着不同的指导思想，由于缺乏统筹协调，导致在实践中出现不同操作指引，到底适用哪个部门的工作流程及规范，让 PPP 项目的各参与方陷入困境之中。国家发展和改革委员会、财政部、国土资源部、环境保护部、中国人民银行、住房和城乡建设部等均涉及对 PPP 的应用，在应用中会出现不同的管理方法和部门利益，因此，各部门之间的调和也是非常重要的环节。

五、PPP 协议法律性质存在争议

关于 PPP 协议的法律性质，无论在理论界和实务界都有很大的争议，争议的焦点就在于将这种公私合作提供产品和服务的协议归纳为行政协议还是民事协议。

将 PPP 协议归纳为行政协议的观点认为：第一，PPP 从本质上是在政府特许经营范畴之内，政府特许经营协议的适用规则超越了私法范畴。政府特许经营协议是执行公务的契约，政府特许经营协议的适用规则也要与它执行公务的基本属性相适应，那些旨在实现当事人私人利益的私法契约所适用的规则，不完全符合政府特许经营协议的本质属性，不能为特许经营协议所适用。第二，就协议本身而言，其是一种 PPP 合同，合同就涉及双方当事人的选择，一般的民事合同基于双方当事人个人利益最大化的考量来订立合同，但是行政主体一方签订、履行行政合同的权利并非私人利益驱使，不能享受私法利益上的完全自治。行政主体签订 PPP 合同是出于公共利益的考虑而行使行政权力，并且为保障社会效益，在协议订立之前进行一系列的行政审批。因此，从这个方面来看，PPP 协议必须受到公法的规制。第三，PPP 协议内容涉及大量的社会项目，从交通、电力、污水处理，到城市基建等公共产品和公共服务，政府通过行政权力使得参与 PPP 项目的社会资本以优势的地位获得公共资源，通过给予社会资本税收、竞争、价格等优势使其获得私人利益的最大化，应在行政法中确立政府为公共服务的主体，进而明确公私合作作为政府公共服务的手段，从而通过这种方式行使对于社会的行政管理职权。因此，PPP 协议是一种行政协议。

将 PPP 协议归纳为民事协议的观点认为：第一，公用事业公私合作合同作为政府规范公用事业公私合作活动的形式，是契约精神在公法领域渗透的结果，体现了公法在发展中注重私法手段的使用。因此是在平等契约的基础之上来达成 PPP 协议，更多地强调参与方是平等的伙伴关系，实现公共部门、社会资本和参与的第三方的共治。虽然 PPP 中有政府的参与，并且很多的项目需要由政府进行前置性的审批，但是这种审批仅仅是个门槛，并不太过多涉及 PPP 的实质运营。第二，PPP 特许权协议的订立履行依赖于行政行为的实施，但究其实质又独立于行政管理范畴。PPP 特许权协议确实涉及诸多行政行为，但是行政行为是在于保障合同目的的实现。不能够因为其具有行政行为的表象而忽略其只是实现合同目的的手段。第三，特许经营权作为一种现实中确实存在的无形财产权，必须由民法予以确认。特许经营权的无形财产权本质决定了它是私权，是民事权利体系的有机组成部分，这也正是民事权体系不断扩张的结果。

可见，我国推广应用政府和社会资本合作（PPP）模式，适应"推动城镇化健康发展""发挥市场起决定作用""加快转变政府职能""建立现代财政制度"的变革，缓解"融资平台债务高""公共供给效率低""私营资本进入难"等问题，同时也是推行政府向社会力量购买服务、发展混合所有制等一系列重要改革政策的背景下，国务院、财政部、国家发展和改革委员会等多个部委相继出台了各类指导配套文件。但是，没有统一的、国家层面的立法文件出台。现有各部委颁发的 PPP 规范性文件在具体 PPP 项目的适用过程中，存在与现行法律规范、各部委颁发的 PPP 规范性文件间如何衔接、协调的问题，而这些问题在现有的 PPP 规范文件中并未提供明确的解决途径，造成 PPP 项目实施过程中对法律适用的不确定、择机而适的乱象。

PPP 项目没有一部上位法来保障这些细则得以实施，并且目前地方政府在履约能力、信誉等方面令社会投资者十分担心，仅依靠法律法规的通知、意见等规范文件，不足以建立一个能够保障民间资本收回投资成本及获取合理利润的法制环境，无法满足社会资本对投资及收益保障的合理预期。亟待出台统一的上位法律指导项目全生命周期操作的合规性。

第三节　PPP 监管存在的问题

18 世纪 90 年代，英国、美国、法国等国家政府全面介入自然垄断、公用事业等存在市场失灵的领域，对企业的进入、退出、价格、投资等问题进行直接干预，以维护公共利益。经济学语境下的监管（或称规制、管制）有三重含义：一是政府基于公共利益考量的制度安排；二是利益集团为自身利益对政府权力的俘获；三是泛指对经济的控制。从更广泛的意义上讲，第三重含义更能体现政府监管的全面性，即泛指政府行政机构直接干预市场配置机制或间接改变企业和消费者的供需决策的一切规则制定及执行行为。[1] 政府监管作为一种约束性制度安排，表现出非实物形态、成本与收益非对称

---

[1] 刘佳丽，谢地. 西方公共产品理论回顾、反思与前瞻——兼论我国公共产品民营化与政府监管改革 [J]. 河北经贸大学学报，2015（5）：15.

性、效用的多元性、消费的强制性以及一定程度的"地域性"等特点。

近年来，PPP合作模式在我国快速推进，成效明显；但在各级政府大力倡导PPP模式的同时，与之相关的监管政策法规却仅停留在相关主管部门出台的一系列规章制度及地方行政法规层面，PPP模式监管体系的不健全加大了PPP项目的运营风险，是PPP全生命周期的有效运行的隐患。

一、监管方式单一

现阶段，我国的PPP监管方式主要包括行政监管（指政府部门运用自身部门的监管权力对项目进行的一系列监管，包括督查监察、激励引导、责任追究、履职问责、绩效考核和及时复命）和合同监管（指政府与私人部门签订合同，在合同中约定政府部门的监管权限和私人部门的违约责任，政府部门作为合同的相对方，只需要严格按照合同约定履行其权利义务，不带有行政强制性）。政府部门为了在短期内追求项目的监管效果，会大量使用且单一依赖行政监管这种监管方式对项目中各项目参与主体进行规制管理。在该监管方式下，政府缺少自我约束和监督，容易大包大揽项目的所有事项，造成对私人部门的过度监管。企业在项目运行过程中由于受制于政府的行政命令，难以用平等合作的姿态与政府进行磋商谈判，利益难以得到有效的保障，积极性可能受到损伤。

另外，目前我国还没有落实好引进社会公众或第三方协助监管的相关规定。虽然财政部在《政府和社会资本合作（PPP）综合信息平台信息公开管理暂行办法》中规定，政府有让公众知晓信息和听取公众意见的义务，但是在实践中，政府总体上还是会主宰PPP项目决策和执行、独自决断。我国还没有建立专门的PPP项目的公众监督机制，公众也没有通畅的途径参与监管，仅依靠政府部门的监管，很难达到理想效果。

二、监管主体设置不合理

一般来说，在中央层面，国家发展和改革委员会负责制定PPP项目操作规程，建设和管理PPP项目库，组织对PPP项目实施方案联审，完善价格调整机制，按规定权限审批、核准、备案项目，调度考核项目等工作。财政部的职责涉及评价 PPP 项目物有所值、论证项目财政承受能力，安排财政资金预算，控制防范政府债务风险，开展项目绩效评价等。法制部门负责 PPP 项目合同、协议的审查、备案等工作。监察、审计部门负责 PPP 项目全生命周期监督工作，确保项目运作及政府部门、项目实施机构行为的依法合规。此外，对于有些专业技术要求高的事项，由相关专业技术部门进行监管，如质监单位对项目质量进行监管，税务部门对项目涉税部分进行监管，其他参与的还有国土部门、水利部门、交通运输部门等。地方政府相关部门负责对具体项目进行监管。

多部门监管导致我国 PPP 项目监管权分散，没有一个完全独立的监管机构，各监管机构之间职能交叉，在交叉部分存在监管混乱，影响项目正常建设运营。各个职能部门在对 PPP 项目监管过程中没有形成部门联动，各自负责，以自我职责为主，没有考虑到与其他部门的合作，缺乏统一有效的监管体系。加之，PPP 项目涉及的公共产品与服务，需要相关政策的支持，多个部门的层层审批，耗费大量时间成本，严重影响项目效率。

目前，中央、省、市、县级四级政府部门都设置了 PPP 中心，但各级 PPP 中心只是起到信息上传下达的作用，具体职能定位、职责范围都尚不明晰，尤其是在 PPP 项目识别、项目准备、项目采购、项目执行和项目移交过程中，没有清晰的内容规划，与其他相关部门也没有形成联动机制。

三、监管法律法规建设滞后

监管权作为行政权力行使必须有法律依据，监管的法定依据方面缺位，其主要表现在四个方面。

第一，现有的 PPP 法律体系不够完善，高位阶法律缺失。如前面所述。

第二，规章制度规定的内容缺乏统一性与协调性。PPP 多头监管导致各部门设立的规章繁多，且规章制度各有不同，文件与文件之间相互冲突，使得实践操作时难以把握。各地政府部门根据自身利益需求出台不同的规章制度，也使文件内容衔接不畅。例如，目前国家发展和改革委员会认为 PPP 项目大多属于基础设施投资领域，应由国家发展和改革委员会监

第四章 影响我国PPP高质量发展的若干重要问题

管；而财政部则认为PPP模式是减轻地方政府债务的重要手段，是地方政府新型投融资手段，属于财政部的监管范畴。由于两部委对PPP模式的属性和监管主体的认识存在较大的差距，导致两部委出台的相关政策存在较多不一致内容，如表4-1所示。

表4-1　　　　　　　　　　两部委相关政策差异对比

问题摘要	财政部相关政策摘要	国家发展和改革委员会相关政策摘要
社会资本方范围不明确	社会资本包括建立现代企业制度的境内外企业法人，但本级政府所属的地方融资平台公司及其他控股国有企业除外	社会资本包括国有企业、民营企业、外资企业、混合所有制企业和其他投资经营主体
项目操作流程无统一标准	从项目识别、项目准备、项目采购、项目执行、项目移交五个方面，对相关实务操作给出了具体的指导意见	只是对经营性项目、准经营性项目和非经营性项目的操作规范进行了简要概述，并没有针对其中的具体操作环节作出详细指导
PPP与特许经营的关系界定不明确	主张广义的PPP概念，政府和社会资本以合作协议的方式提供公共产品和服务即视为PPP，并将PPP分为经营性、准经营性及非经营性三类	国家发展和改革委员会在PPP项目实施的过程中采取了特许经营的概念，从而模糊了PPP与特许经营的概念。《基础设施和公用事业特许经营管理办法》
PPP模式适用范围的界限不明确	对PPP项目的适用范围未作明确规定	适用范围为交通运输、水利、环境保护等基础设施和公共使用领域，但对其他项目是否同样适用，并没有明确
合作期限存在冲突	PPP项目的生命周期一般不少于25年	基础设施和公用事业特许经营的项目期限最长不超过30年，对于投资规模大的项目，可以约定超过规定期限的特许经营期限
前期论证程序不统一	规定纳入政府和社会资本合作目录的项目应当通过物有所值评价及财政承受能力论证，才可采用PPP模式	只提出可以委托具有相关经验的第三方机构，开展可行性评估，完善实施方案
社会资本方遴选方式不统一	PPP项目采购方式包括公开招标、邀请招标、竞争性谈判、竞争性磋商和单一来源采购	实施机构应当通过招标、竞争性谈判等竞争方式选择特许经营者
法律体系的适用存在争议	规定项目的合作方之间发生争议时，可以提起民事诉讼或仲裁。可以看出，财政部认为PPP属于民事法律范畴	规定特许经营者在认为权利被侵犯时，可依法提起行政复议或行政诉讼。可以看出，国家发展和改革委员会认为PPP项目属于特许经营，故应属于行政法律范畴

注：2016年，国家发展和改革委员会与财政部按照国务院确定的部门职责分工，分别制定了《传统基础设施领域实施政府和社会资本合作项目工作导则》与《政府和社会资本合作项目财政管理暂行办法》，确认由国家发展和改革委员会分管基础设施领域，财政部分管公共服务领域。但实务中基础设施领域和公共服务领域普遍存在重合的内容，较多项目既有基础设施，又提供了公共服务，基础设施领域和公共服务领域的界限不清加上两部委政策规定不统一，使项目所在地政府或主管部门难以准确选择适用政策，同时也存在部分项目选择性适用相关政策的情况。

第三，规章制度的适用对象没有做出明确规定。政府部门出台相关 PPP 条例对 PPP 模式进行方向性的规范，对具体操作步骤以及政府监管的内容缺乏明确规定和说明，这使规章制度对 PPP 项目缺乏针对性指导，在 PPP 项目运行中无法找到对应的规章依据。虽然在各个领域都有相应的规章制度和管理规定，但所涉及的规定较为分散且不具有针对性，对 PPP 项目的现实指导和监督管理缺乏有力的法律依据。

第四，私人部门的信赖利益难以得到保护。PPP 规范性文件推行期间不断修订完善，存在新旧文件更新时滞等问题。不具有法律意志的规章制度很难保证实际实施过程中的稳定性。

四、监管信息不对称

社会资本方是自主经营、自负盈亏、独立核算的法人或者其他社会经济组织，因此其不向社会公开认为重要的信息，容易出现信息不对称现象。在项目规划期，政府缺少对参与项目候选企业的全面了解，盲目选择合作对象，导致政府在项目谈判中处于劣势，影响政府对参与项目企业的有效监管，增加 PPP 项目失败的风险。在项目运营过程中，政府掌握的 PPP 项目建设实施的信息远远少于项目建设的社会资本部门，处于信息不对称的弱势一方，政府无法及时获得 PPP 项目公司的运营数据，对政府恰当评估项目运营成本造成困难，影响政府对 PPP 项目的有效监管。缺少能让政府与社会资本共享项目建设和运营期间信息的机制也会导致政府忽略对社会资本项目信息方面的监管。

另外，社会公众是公共服务的最终消费者和享受者，有权知悉 PPP 项目运营情况，并通过合理渠道提出自己的建议。公众缺乏对 PPP 项目监督的渠道，对项目缺乏知情权，发挥不了公众监督的优势。有很多失败的 PPP 项目，在项目定价的过程中没有采取群众意见，最终导致项目以失败结束。

第四节 PPP 政府债务风险与防范

2015 年，国务院对部分省份的 PPP 项目抽查结果显示，大量 PPP 项目存在不同程度的"政府对社会资本兜底回购""固化收益"等承诺,其实质是政府以PPP为名义进行变相举债。2017年11月,财政部发布《关于规范政府和社会资本合作(PPP)综合信息平台项目库管理的通知》要求各级政府集中清理已入库PPP项目,并明确指出"防止PPP异化为新的融资平台,坚决遏制隐性债务风险增量"。

一、PPP政府债务风险的形成

PPP政府债务形成的三种解释:第一种是政府选择通过PPP进行表外融资,产生债务风险;第二种是政府利用PPP规避政治风险,诱发债务风险;第三种是政府缺乏相关信息导致风险分配不当,政府承担了过多风险并构成潜在债务负担。

(一)利用PPP进行表外融资

由于目前很多国家现有的会计准则和财政统计制度都不涉及PPP问题,或者认为PPP无关政府债务和负债,使PPP成了许多国家政府部门的"表外"融资工具和隐藏债务的手段。即使是像英国这种国际公认的、运用PPP/PFI模式最为成功的国家,在其推广PPP/PFI模式的早期也难以避免。因此,PPP往往容易被相关主体"钻空子",即被作为规避预算限制的措施而被运用。

(二)利用PPP规避政治风险

基础设施项目的建设需要大量的前期成本投入,大量的成本投入可能引发风险,PPP项目由私人资本提供前期建设资金,将政府支出责任转向未来,可以规避政府的投资风险。PPP项目的债务风险的还款规模和时间并不确定,为政府债务未来延期支付或分期支付提供便利,政府在可能缺乏信息和能力来管理担保PPP的风险和成本的情况下,仍愿意获取眼前的收益。甚至有些地方政府把PPP模式曲解成了借新债加大基础设施投入和拉动地区GDP的手段,无论项目适不适合做PPP,都拿来做成PPP项目,一旦这些不适合PPP的项目在审查或建设中被迫停工或下马,地方政府的债务规模必然会扩大。

（三）为吸引私人部门主动承担风险

PPP 项目的大规模投资、长运营周期与不可预见的各种风险，使私人部门不愿意参与。地方政府为了降低私人部门的风险感知并推动 PPP 项目落地，政府不得不向市场妥协，承担了很多本应由市场承担的风险。这种情况会诱发私人部门的道德风险倾向、寻租和腐败等问题，进一步扩大 PPP 异化为地方政府债务风险的规模。另外，私人部门可能利用其信息优势，使政府在合作谈判中形成不当或错误的决策，被迫接受某些商业风险。

二、PPP 政府债务风险的防范

（一）将 PPP 项目纳入政府资产负债表，客观反映政府负债（含或有负债因素）的规模

根据《国务院关于加强政府性债务管理的意见》（以下简称《意见》）的规定："经国务院批准，省、自治区、直辖市政府可以适度举借债务，市县级政府确需举借债务的由省、自治区、直辖市政府代为举借……地方政府举债采取政府债券方式。"可见，在我国，现行规则是省级地方政府经国务院的批准，可以举借债务，但只能以发行地方政府债券的方式实施。虽然《意见》也鼓励地方政府通过 PPP 的方式创新融资机制，但 PPP 项目下的债务不属于政府债务，因为《意见》还规定："政府对投资者或特别目的公司按约定规则依法承担特许经营权、合理定价、财政补贴等相关责任，不承担投资者或特别目的公司的偿债责任。"当时把 PPP 项目下的偿债责任在政府和社会资本之间做这种"切割"可以说有工作上的必要性，但这并不意味着政府与投资者或特别目的公司（SPV）之间永远不存在或有债务关系。在 PPP 模式下，似乎政府不仅增加了公共产品或公共服务的供给能力，而且还没有提高财政支出或债务规模，实则不然，本质上说 PPP 主要是以机制创新控制政府债务规模并"少花钱多办事"地产生乘数效应和提高资金与项目的绩效，

但如果看上去一点儿也不涉及政府未来的支出压力与或有债务，则只是一种表面的"财政幻觉"。正是由于 PPP 具有"时间转换器"的作用，政府可将传统模式下的"一次性"结账工程建设活动变成新模式下的"分期"付款的工程采购式交易行为。如加入了企业方的运营期，则是要充分运用"使用者付费"机制的现金流减少（冲抵）政府还本付息，但并不绝对排除必要的政府方以"可行性缺口补贴"表述的付费加入其内。可最简要地假设举例（不涉及运营期）。例如，某地方政府决定新建一个投资规模为 1000 万元且由政府付费的项目，在传统模式下，政府要么扩大支出规模 1000 万元，要么举借债务 1000 万元，总之，这 1000 万元需要在政府当期账上反映出来。而在广义 PPP 概念中的 BT 模式下（从学理上讲，BT 可认为归属于广义 PPP），政府无须在当期账上记录该项资本性支出，只需在约定的随后 10 年中，平均每年向社会资本支付 100 万元的款项即可（这里不考虑资金的时间成本）。如此，每笔款项只需在实际支出时，才反映在政府的账上，这也是收付实现制下的记账原则。依据我国目前的实践来看，对政府付费类 PPP 项目的会计处理，采用的就是收付实现制原则。但收付实现制容易低估 PPP 给政府带来的财政成本及未来风险。在当前的政策与制度规范下，PPP 项目下的政府未来支出（即负债）是不作为政府负债处理的，所以，PPP 才可能成为地方政府借道的一种"表外"融资机制。客观地说，现行 PPP 流程规则中所要求的"财政承受能力论证"，已提供了约束这种未来支出安排的原则上的"天花板"，政府付费的"可行性缺口补贴"概念是将这些未来支出制度化地纳入了地方政府预算程序，这些都值得称道。基于此，如进而考虑引入相关预算管理的"权责发生制"会计准则，这一问题的财务表现将更为合理，更有利于多方实行共同监督。

因此，要加快政府综合财务报告的编制工作，将 PPP 项目下的资产及负债（首先可针对政府付费类 PPP 项目）按权责发生制规则记入政府资产负债表；利用现有的地方政府债务限额管理制度，可力求清晰量化设定每个省、市、县 PPP 投资总规模的年度操作上限。将 PPP 项目下的负债（其中包含或有负债因素）纳入其中（工作中专业化地设定其占比的量值或量值空间），会合乎逻辑地扩大政府负债统计范围，但这是对应于资产的扩大或未来资产的扩大的,并不意味着实际增加了政府债务负担,只是会更真实、全面地反映政府的负债全景图,促使各方更好地瞻前顾后,更有效地防范相关债务风险。

(二) 加强 PPP 相关信息公开

公开的内容可以包括 PPP 项目所有成本、或有债务、合同细节以及政府提供的融资支持和规模等信息。相关研究认为,"即便很少有人有时间和意愿来读这些合同,信息公开也很重要,它可以使政府为难,防止不好的交易,并增加公众对 PPP 的信心"。① 针对 PPP 信息公开的最低限度,国际货币基金组织提出,在预算和年终财政报告中应当说明当前或计划中的 PPP 项目的大概情况,而针对每一个 PPP 项目要公开的信息包括:PPP 合同中规定的政府未来支付的费用规模;合同中可能导致的债务风险的细节(如担保、影子收费、利益分配安排、合同再谈判事项等);政府提供的 PPP 融资支持和规模;PPP 项目是否影响了公共债务水平和财政平衡;PPP 资产是否被视为政府资产而列入政府资产负债表②。在实践中,信息公开主要通过定期公开 PPP 合同和财政报告等方式实现。例如,智利政府每年都会发布评估报告,公开对收费公路和机场等特许经营项目因收入担保引发的或有债务的测量结果。澳大利亚政府根据国际金融报告标准每年公开 PPP 合同和财政报告,降低利用 PPP 掩盖财政成本的意图,将债务风险限制在能够控制的范围之内。

(三) 实施正确的激励方式

降低私人部门参与 PPP 项目的风险感知,从要素激励转向制度激励。与其向私人部门承诺固定回报、担保等,不如通过建立制度框架和激励结构,提供稳定预期,尤其是稳定的制度环境和政策发展预期,以便将回报

---

① Reeves E and Palcic D. Getting, Back on Track: The Expanded Use of PPPs in Ireland since the Global Financial Crisis [J]. Policy Studies, 2017, 38 (4): 339 – 355.
② Cebotari A. Contingent Liabilities: Issues and Practice [EB/OL]. (International Monetary Fund Working Paper) (2008 – 10 – 01) [2019 – 07 – 05]. https://www.imf.org/en/Publications/WP/Issues/2016/12/31/Contingent – Liabilities – Issues – and – Practice – 22398.

计算和担保问题交回市场。具体包括稳定的政策系统、可进入的地方融资市场、可预测和公平的法律框架、政府遵守承诺以及社会的理解支持等①。

(四) 未来修订有关法律法规时，可考虑将PPP确认为政府举债的渠道之一

修订后的《预算法》第三十五条的规定："经国务院批准的省、自治区、直辖市的预算中必需的建设投资的部分资金，可以在国务院确定的限额内，通过发行地方政府债券举借债务的方式筹措。举借债务的规模，由国务院报全国人民代表大会或者全国人民代表大会常务委员会批准。省、自治区、直辖市依照国务院下达的限额举借的债务，列入本级预算调整方案，报本级人民代表大会常务委员会批准。举借的债务应当有偿还计划和稳定的偿还资金来源，只能用于公益性资本支出，不得用于经常性支出……除前款规定外，地方政府及其所属部门不得以任何方式举借债务。"从此规定可以看出两个要点：一是经国务院批准，省、自治区、直辖市可以通过发行地方政府债券的方式举借债务；二是除发行地方政府债券外，地方政府及其所属部门不得以任何方式举借债务。因此，PPP属于"不得以任何方式举借债务"所禁止的情形。另外，尽管《国务院关于加强政府性债务管理的意见》提到推广PPP模式，但已与政府的举债方式作了切割使之与《预算法》不相冲突。但作长远计议，未来有适当时机修订法案时，可考虑明确PPP作为地方政府举债渠道之一的法律地位，那么，无论是出台PPP会计准则，还是把PPP项目下资产负债适当纳入政府资产负债表，都会得到法律规则体系的匹配。

---

① Rwelamila P. D., Fewings P., & Henjewele C. Addressing the Missing Link in PPP Projects: What Constitutes the Public? [J]. Journal of Management in Engineering, 2014, 31 (5): 4-14, 85.

第五章

PPP 可持续发展的国际经验

20 世纪 80 年代，英国、加拿大等发达国家率先在基础设施建设上运用 PPP 模式，积累了丰富经验；韩国、拉美等国家也在快速发展 PPP，取得一定成效。国际金融组织针对 PPP 实践指导亦积累了丰富的经验。不同国家的发展阶段、政治体制、经济环境具有差异性，要结合中国的国情对国外经验进行深刻的思考和针对性的揣摩。此外，PPP 模式在全球范围内依然存在争议，如英国国家审计办公室的报告就曾指出，在公私合作项目中，私人资本为谋取政府提供的财政资金援助和税收优惠条件，可能会通过"怠工""罢工""破产"等非正常活动对政府进行要挟。在英国 PPP 模式的具体实践中也表明，私人部门往往向政府额外收取补偿费用和管理支出，这部分资金占到了合同变更成本的 5%~10%，数额巨大。为实现 PPP 项目在其生命周期内，能够维持各种成本及效益间的动态平衡，约束项目发展速度与发展质量保持相互协调适应，最终实现项目预期目标的属性，迫切需要用可持续发展的理念对 PPP 模式进行深层次的思考，借鉴国际 PPP 模式可持续发展的经验对我国 PPP 模式发展具有重要意义。

➡ 第一节 国际组织关于 PPP 可持续发展的观点

自 20 世纪 70 年代首次提出以来，可持续发展理念已经成为包括中国在内的世界各国广泛接受的全球经济社会发展的核心概念和中轴原理。其强调经济、社会和环境的协调发展，要求在满足当代人需求的同时又不对后代人满足其需要的能力构成危害的代际平衡。对于 PPP 项目而言，其可持续性的内涵包括两个层次：第一层次是项目可持续性，包括项目自身的可持续性和项目对所在区域影响的可持续性，主要分析项目的生产能力、经济效益、环境影响以及协调性等各方面；第二层次是再投资可持续性，是在项目可持续性基础上，对项目投资模式的价值进行的综合分析，包括项目融资模式、管理机制、项目适用性等方面的评价，主要目的在于考量项目的再投资价值以及对同类项目的借鉴意义。2016年，联合国欧洲经济委员会推出了《实现联合国可持续发展目标以人为本的政府和社会资本合作（PPPs）善治指导原则（草案）》，将PPP模式作为实现人类社会可持续发展目标的重要手段，在世界范围内进行推广。

一、国际货币基金组织（IMF）观点

近几年来，国际货币基金组织通过研究各个国家PPP项目实践，其认为公共部门通过PPP模式可以避免或延迟相关财政支出而预先享用其收益，能够缓解基础设施投资的资金不足问题，也可以用于规避财政限制，进行预算外公共投资。但是，由于社会资本的逐利性，应用PPP模式也会造成一系列的问题。例如，大量举债进行过度的、无效率的基础设施建设；私营部门偏好营利性项目，忽视公益性项目；私营部门重视施工利润，忽视运营维护效益，从而产生短视行为。货币基金组织认为为实现可持续发展的PPP模式，需要注意把握四个方面。

第一，PPP项目与政府预算相结合。国际货币基金组织认为，PPP项目应融入政府资本预算周期、中期财政框架和总体公共投资战略之中。PPP项目不能游离于常规预算程序之外。在第一阶段，政府从经济和社会角度考虑确定某一项目是否有价值。在第二阶段，政府决定第一阶段的项目实施方式是传统政府采购还是PPP。在第三阶段，如果认为项目采用PPP方式比采购方式更好，国际货币基金组织推荐了"遴选流程"方案。在每个阶段，明确财政部门的职能，确保在每个重要节点都开展物有所值和财政承受能力评估。另外，应将潜在PPP项目整合到全国统一的PPP项目库中。高质量PPP项目一般而言也是可持续的，而项目的成功离不开充分准备和严格管理。因此，政府部门需以更加积极谨慎的态度注重强化PPP项目的综合分析和科学管理。

第二,建立专门 PPP 机构。国际货币基金组织建议建立全国性的 PPP 中心。PPP 中心需要就各个具体的项目与财政部门开展日常性的密切协作或者可通过邀请相关部委代表进驻的方式,使其成为 PPP 监管"一站式服务"机构。同时,这一全国性的 PPP 中心还需与央行合作,大力加强合同签署后的监管与审计。

第三,确立法律保障。国际货币基金组织建议 PPP 框架文件统一成为单一的、高规格的 PPP 监管文件,以减少混淆与不确定性。PPP 的良性有序发展需要的是一整套的效力层级不同的法律体系,既要有发挥主导作用的 PPP 法,也要具备更为细化、有针对性的规章、条例、指引指南。

二、世界银行观点

在世界银行集团编著、财政部政府和社会资本合作中心编译的《PPP 财政承诺管理》一书中,对于 PPP 财政承诺的解释为:因政府对 PPP 的支持不同,会形成不同类型的财政承诺。就直接财政责任而言,支付承诺的要求是明确的,只是支付的具体额度有时还不确定,直接财政责任包括"可行性缺口"预付资金、可用性付费、政府按单位结果付费;就政府的或有负债而言,支付取决于不受政府控制的未来不确定事件,所以支付的发生、额度以及时间都难以预知。或有负债主要来自政府对一些风险因素的担保,如汇率、通胀、价格、流量等方面的风险、不可抗力、因终止而需要政府支付补偿款以及信用担保等。图 5-1 和表 5-1 为 PPP 财政承诺的类型划分及其内涵。

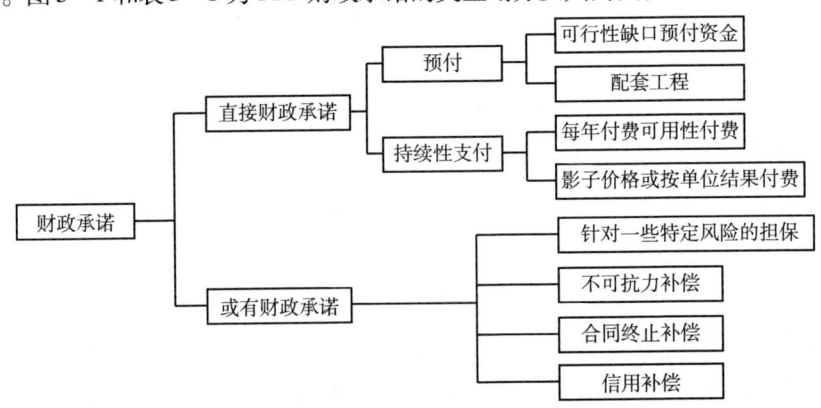

图 5-1　PPP 财政承诺类型框架

表 5-1　　　　　　　　　　PPP 财政承诺的内涵

财政承诺			描述
直接财政承诺	预付	可行性缺口预付资金	政府对 PPP 社会资本提供预付投资补贴（可以是分阶段投入或股权投资，但仅在项目初期，即建设期）
		配套工程	政府承担有助于项目的配套工程，如收费公路项目的支线公路、港口项目的疏浚。同样地，这一类支持通常不产生持续性的财政承诺
	持续性支付	每年付费或可用性付费	政府在项目的全生命周期内提供固定、持续的补贴（典型的是每年付费），通常从施工完成开始。此类支付依据服务或资产的可用性及达到合同规定的质量要求而付费（称为可用性付费[a]）。该支付价通常是在采购过程中选择社会资本的一个关键财务指标
		影子价格或按单位结果付费	政府按照每单位服务或每服务一个用户给予费用补贴，例如在收费公路项目中，政府按照行车公里数给予补贴。同样地，这种补贴的单价也通常是采购过程中的一个财务指标
或有负债		针对一些特定风险的担保	政府承诺，倘若某一风险变量偏离合同指定的水平，将对社会资本的收入损失作出补偿。例如，政府保证： ·需求量高于指定的水平，或在指定的范围内； ·汇率保持在指定范围内； ·允许按照特定的公式计算价格（在价格由政府部门设定或批准的情况下）
		不可抗力补偿	政府承诺对某些特定不可抗力事件造成的破坏和损失，向社会资本作出补偿。这通常限于商业保险品种覆盖不到的事件，包括某些自然灾害
		合同终止补偿（政府承诺将因项目终止而付费）	政府承诺，若由于社会资本或政府违约造成合同终止，政府将数额的补偿款，并接收项目资产。通常，若属社会资本违约，政府支付的补偿金额会较低或不予以补偿
		信用担保	政府保证，无论项目公司因何原因发生债务违约，将为项目公司的部分或全部债务还本付息

注：a. 虽然"可用性付费"取决于可用性，但它是一种直接负债。因为只要双方遵守合同，政府就要支付，这不同于或有负债。

资料来源：World Bank, Castalia (2011); Shendy, Riham, Helen Martin, and Peter Mousley, 2013. An Operational Framework for Managing Fiscal Commitments from Public-Private Partnerships: The Case of Ghana. Washington. DC: World Bank. doi: 10. 1596/978-0-8213-9868-5. License: Creative Commons Attribution CC BY 3.0.

PPP 财政承诺有其存在的必要性，通过合理、科学的 PPP 财政承诺可以有效提高 PPP 项目的吸引力；PPP 财政承诺一旦被滥用且缺乏有效管理，就很可能会不可持续，产生巨大的政府性债务风险。因而，通过规范 PPP 财政承诺，加强财政承诺管理，从而有效防范财政风险的发生，为 PPP 的可持续发展服务，已成为各国 PPP 制度建设中的重要抓手。PPP 项目通常建设期和运营期较长，涉及的关联方众多，利益关系复杂，无法在一开始就预见到所有风险。需要充分预测，做好财政风险防控，准确识别估算财政承诺，做好财政承受能力测算，及时报告披露财政承诺，同时加强对财政承诺的程序性控制，明确财政承诺管理部门职能和责任。图 5-2 为《PPP 财政承诺管理》一书中有关 PPP 财政承诺管理的框架概览。

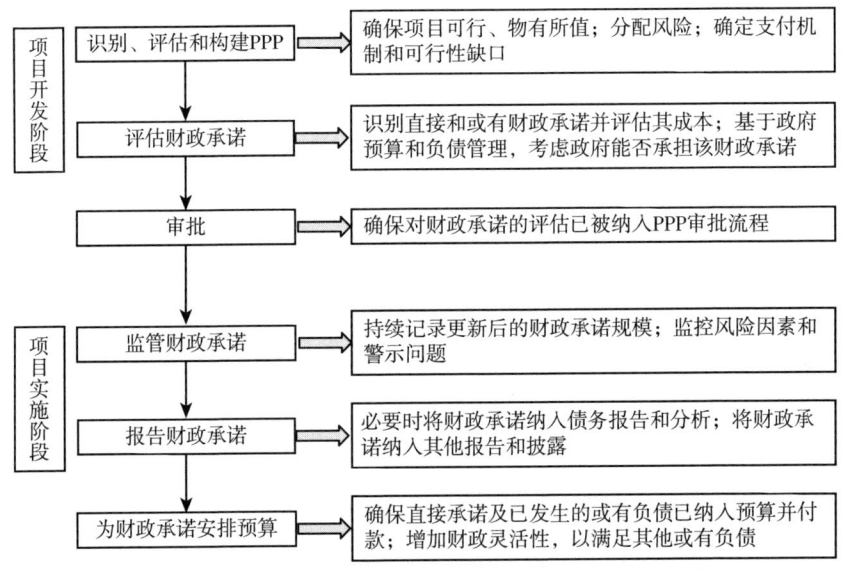

图 5-2　PPP 财政承诺管理框架

从图 5-2 中可以看出，PPP 财政承诺管理已经成为更广的 PPP 治理架构的一部分，加强对于 PPP 财政承诺管理的关键是合理评估财政承受能力和将其纳入预算管理和监管之中。根据世界银行的理念，国家无论是机构人员设置还是工作流程推进都充分体现了对 PPP 财政承诺有意识的良好的管理控制。政府可以采取以下四种措施加强对 PPP 财政承诺的管理。

第一，识别估算财政承诺，做好财政承受能力测算。首先，政府应准确识别合理估算财政承诺，明确风险分配，确定支付机制。对于直接财政承诺，测算项目全生命周期内年度政府需支付的金额现值，对于或有负债用情景分析或概率分析法进行评估。其次，做好财政承受能力测算，估计出承诺成本后，需要判断财政是否承担得起该项目所带来的财政支出压力，与财政年度预算对比考虑政府整体债务的可持续性影响。

第二，将PPP财政承诺纳入财政监管体系。对PPP财政承诺的管理可以纳入政府的常规财政监管中，首先，计算并动态调整PPP财政承诺的现值。其次，中长期财政预算中应包含可行性预期支付，政府通常在一个预算年度之后预测出未来两三年的预计支出，因此易于在这些预测中加入可行性补助支出。由于特许经营期一般长达几十年，所以中期预测不足以包含其影响，因此需要做长期财政预测。国际上仅有少数国家政府，如英国、澳大利亚和新西兰有长期的财政预测，没有长期预测的政府，首先需要预测法定的支出，包括长期服务合同、债务服务合同和其他财政承诺、借款或多年建筑合约。这可以评估政府未来的财政灵活性及脆弱性。这样的预测可以拓展到税收收入，可自由支配开支，通过这些预测可以预测出政府现在做出的财政承诺是否会在未来带来财政危机。

第三，在政府预算财务报表和账户中将财政承诺确认为负债并进行及时的确认和披露。披露PPP财政承诺信息，可以使公众了解政府在PPP中所承担的责任及风险，起到监督作用，同时，政府在负有披露报告的义务时，将会激励其审查财政承诺降低风险。

第四，加强对财政承诺的程序性控制，明确财政承诺管理部门职能和责任。财政部门在PPP项目的各阶段进行审核。如南非一个PPP项目必须在四个不同阶段获得财政部的批准：完成可行性研究、分发招标文件包括合同草案、选择优先竞购方、签订合同。PPP项目涉及众多政府部门，财政承诺管理部门职责划分复杂，应由保障公共资金的部门主导财政承诺的管理，预算部门、债务部门、宏观经济预测部门、财务部门、咨询机构需要通力配合，明确权责，共同管理财政承诺。

三、亚洲开发银行观点

亚洲开发银行指出，不少实践经验表明，质量不高的PPP项目会增加政府财政负担：一是政府部门过度承担项目风险，如签订固定收益率合同、接受不恰当的无条件支付或者为项目提供担保；二是在公共服务的使用费不足 PPP 合同规定的水平的情况下，政府部门被要求弥补收入缺口；三是因不能有效识别和分配财政风险导致政府责任不清晰；四是项目的信息披露不充分，导致政府与运营方的信息不对称；五是未安排项目的长期预算；六是将政府的财政责任转移到预算外；七是财政风险监管不到位；八是受 PPP 项目前期费用较低影响，政府可能过度投资。亚洲开发银行建议，为控制债务成本、保证偿还能力，需引入能明确债务责任、提高透明度、实施审慎管理的现代债务管理体系。

亚洲开发银行在分析 PPP 项目对我国的财政效应时，提出发挥 PPP 的积极财政效应，实现可持续性的两点意见：第一，加强对 PPP 项目的综合分析，严格进行科学管理。亚洲开发银行认为高质量的 PPP 项目离不开充分的准备和严格的管理，因此，在财政风险管理上，政府部门需要采取更加积极谨慎的态度对 PPP 项目进行论证分析。重点关注高风险 PPP 项目。对高风险项目的定义如果过于宽泛，将导致过多的项目因被定为高风险项目而难以推进。因此，可先确定一个范围较窄的定义，优先关注规模较大和风险较高的 PPP 项目。第二，要推进 PPP 立法，强化财政体系和程序。亚洲开发银行认为我国当前以收付实现制为基础的年度预算体系在识别 PPP 项目跨年度支出方面存在不足，不能有效识别财政需求及产生的或有债务。亚洲开发银行建议在长期中国需要改革现有预算体系，采取跨年度预算方式，实施以权责发生制为基础的会计体系，在短期则需要做出相应调整以适应 PPP 的需求。除此之外，亚洲开发银行建议中国出台专门的 PPP 立法，并修订与 PPP 相关的其他法律如《招投标法》《政府采购法》。

第二节 英国 PFI 和 PF2 的可持续发展经验

根据 2007 年德勤提出的 PPP 的市场成熟度理论，将各国的 PPP 发展程度划分为三个主要阶段：发展中的、活跃而尚未成熟的和已经高度稳定发展相对成熟的 PPP 市场。基于不同的国家发展和现状，英国和加拿大的 PPP 法律体系相当健全完备，已处于十分成熟的阶段，出台了一系列政策包括法制机制的改革。依据国际合作伙伴公告调查显示，全球五大 PPP 排行前列的最热门市场中加拿大位于第一，英国位于第五。欧洲市场的名义总投资高达 3533 亿元，领先于排行第二的亚洲和澳大利亚市场（1872 亿元）将近 1700 亿元。中低收入国家则普遍起步较晚，发展不均衡，在发展中存在诸多问题，发展多次遇到瓶颈，缺乏完整的规范法律体制和完善的管理机制，导致 PPP 模式的运行环境困难。总结国外 PPP 项目实务经验，项目后评价工作主要由政府主导，后评价相关制度与管理办法较为完善。政府机构的强势监督以及公众及专业机构的参与对 PPP 项目可持续性提供了侧面保障。

英国是 PPP 模式发展较为成熟的国家，英国政府设立了专门机构负责相关政策提案与制定、资金支持以及项目监督，同时制定了包括《公私合营指南》《如何与选定投标者合作》《PFI 合同规范化第四版》等文件对 PPP 项目招投标以及建设运营阶段工作进行监管指导，形成了一系列开放透明的评估、审计、评议的制度与机制。英国审计署每年会对 PPP 项目实施情况进行不定期审计，并公布审计报告，保证项目依法合规运作；英国议会对针对 PPP 项目实施情况进行阶段性的整体评估，并提出改进建议，以此作为后续决策及政策制定的基础；英国公共政策研究所（Institute of Public Policy Research，IPPR）、伦敦大学以及毕马威、德勤等机构也开展了大量 PPP 相关体制机制的研究，为 PPP 项目后评价工作的开展提供理论支持。

一、英国 PFI 和 PF2 的具体情况

在英国，PPP 模式的发展一波三折，但仍旧十分成功。英国采用标准的 PPP 合同而不是专门的综合的 PPP 法来指引项目的建设，合同体制相对完全。1979 年，英国保守党撒切尔夫人的政权为了减少公共支出开始探索私人融资计划制度，并率先推动吸引私营资本的一系列措施，成为世界上其他国家研究和应用 PPP 模式的典范。1992 年 11 月提出私人融资计划是 PPP 模式最早的雏形。1997 年公私合营模式率先在英国实施，在全世界内

的应用已成为一种趋势。2006年PPP模式的应用达到顶峰，后来经过全球金融危机的影响呈现下滑趋势，到2012年英国出台推出"关于公私伙伴关系新模式"（A New Approach to Public Private Partnerships，PF2），提出了对PFI的一系列改革措施。

PFI经过20多年的发展，逐渐暴露了一系列的问题。自2006年之后，PFI项目整体呈现下滑趋势，金融危机带来了对资本主义市场的巨大冲击，不仅是一个导火索，使PFI缺陷更加明显，问题重重。一是合同纠纷，PPP模式大多应用在公共基础设施领域，政府自PPP模式下要协调好各方关系，要受到合同的约束，可能会导致对公共服务设施控制力下降，灵活度降低，从而降低服务标准，引起合同纠纷。二是高额的费用成本，首先，在PPP模式中，私营部门盈利不菲，私人融资成本显著高于政府举债成本，如乔安·肖尔在对率先采用PFI的12家医院项目的研究调查中发现，当时英国的国债收益率已显著低于58%的平均资金股权收益率，政企收入明显不均衡。其次，在项目前期招投标过程中，由于缺乏经验，项目需要深入研究探讨，政府与企业进行交涉过程成本增加，一个典型的例子就是伦敦地铁改建的PPP项目中，政企双方签订PPP合同花费了4亿英镑左右，而项目的总成本为157亿英镑，占了总成本的3%，出现了头重脚轻的局面。三是容易引发私有化怀疑，在PPP模式中私营部门扮演着举足轻重的角色，几乎承揽了建造乃至运营全过程，这就导致人们认为政府的角色黯然失色，不能发挥作用，不久的将来可能会被企业替代，PPP模式就是渐进式私有化的"特洛伊木马"。在很大程度上给PPP模式的推广造成了阻碍。为了拯救金融危机出现的巨大财政漏洞，2012年英国政府正式出台了PF2，提出了对PFI的问题的改进措施，以此来提高社会资本的积极性，增加他们的信心，提高市场的灵活度。

PF2的总体改革措施以透明化公共信息共享、调整公共股权结构、持续改进PPP模式和以实现物有所值（Value for Money，VFM）为主。这在很大程度弥补了PFI的缺陷，全面调整经济结构，拯救了PFI在相当长的时间内萎靡不振的现状，缓解了英国当时的PPP市场的萧条，重振了PPP的发展（见表5-2）。

表5-2　　　　　英国公私伙伴新模式（PF2）改革措施

PFI的主要问题	PF2的改革措施
合同纠纷	剔除合同中的部分关于环境卫生、餐饮等条款；公共部门在服务问题上扩大其裁量权；引入盈余分享机制对服务的提供进行定期评估
高额的费用成本	政府参与部分股，拥有部分股权，部分出资参与所有PF2项目；股份募集按照一定比例实行竞争机制；规定招标过程不超过18个月，招标过程标准化、流程化；加强招标前准备和审核
易引发私有制怀疑	整合管理机构职能，强化IUK的作用；建立信息透明机制，公开信息，实行私营部门股权投资回报

英国财政部在2014年12月发布的报告中指出，英国在2014年3月之前一共出台了728个PPP项目，总资本投入已达到566亿英镑。其中政府部门单一费用小幅度增长，私人部门也呈现增长趋势，仍然与政府部门投资差别比率较大。在截至2012年的717个项目资金已到位项目中，教育部份额最高，占了166个项目，卫生部、交通部、国防部由高到低依次为118个、62个和46个项目。在项目应用领域上最广的是学校、医院、市政建设、司法公共安全、交通、垃圾和污水处理这些主要的公共基础设施。

二、英国PPP模式的可持续发展经验

（一）以竞争性对话为核心的合作范式

英国的PPP项目运营模式主要有以下两种形式：一种是特许经营。凡是由使用者付费的项目就称为特许经营。另一种是私人融资计划（PFI）和新型私人融资（PF2）两个阶段，凡是由政府付费的项目就称为私人融资计划。2012年以前，PFI是英国应用最广泛的PPP模式，在PFI模式下，允许私人部门参与公共设施的设计、建造、投融资和运营环节，用以提高公共产品质量并更好地维护公共资产。但在应用过程中，PFI模式也产生了诸如公共投入财务增加、施工建筑水平低劣、项目定价偏高等问题。在PFI项目运作过程中，英国引入竞争性对话程序。为了降低项目风险，提高公共部门权益，英国将PFI改进为PF2模式。PF2模式提高SPV公司的注册资本金并由政府持有一定股权。PF2除充分利用PPP继续吸收私人融

资的专长外，在公共机构股权、更透明化、持续改进和实现物有所值等方面进行了很多改革，致力于消除浪费、改进效率，有效化解 PFI 模式中存在的股权融资、透明度、风险分配、债务融资、性价比等方面的问题。PPP 项目涉及医院、学校、住房、公路、废物废水处理设施等多个公共领域。

竞争性对话程序通过政府采购法律规定了基本甄选程序用于选拔私人部门合作伙伴及其提出的议案。首先，该程序在选择阶段保证了项目甄选标准的确定性，便于对参与企业进行横向比较；其次，该程序在授予阶段保证了项目的竞争性及弹性，确保不会让私人部门创新性的解决方案得不到正确的评价，调动了私人部门的参与热情；最后，该流程的全过程都是信息公开的，便于公众对 PPP 项目进行监督。而在中国，对于 PPP 项目的操作流程没有统一的标准，私人企业的参与标准也没有详细的规定，参与 PPP 项目的多为国有企业，甚至部分企业为政府指定的私人企业，这些大大削弱了 PPP 的合作功能。

（二）严格的项目的决策流程

英国 PPP 项目的主要决策流程有七个环节：第一，项目的发起。英国 PPP 项目通常由地方政府或中央政府各部委发起。PPP 项目的筛选和初步准备及需求分析由地方政府或部委的财政部门或专职 PPP 中心承担。第二，PPP 项目的准备。在项目的准备过程中，英国地方合作伙伴关系协会或财政部基础设施局负责相关 PPP 项目的咨询和指导工作，尤其是关于 PPP 项目的挑选、初步决策过程中的疑问排除及审批文件的编制等。第三，PPP 项目的初步遴选。英国的 PPP 项目或项目群大多需要政府补贴或政府付费，由于涉及公共资金的使用需要经财政部基础设施局和英国首相办公室大项目局一同审核筛选。地方政府发起的 PPP 项目由地方政府相关部门报送英国财政部遴选及批复。第四，PPP 项目的初审。在地方政府或部委报送中央后，英国财政部或首相办公室大项目局则委派工作人员对各 PPP 项目的正式申请进行评估和审查，在与项目发起单位进行沟通、协调，并经过工作人员完善的基础上，组织召开 PPP 项目的论证会议。PPP 项目的论证评估会定期召开。由项目发起单位财务负责人或代表、有关部委代表、财政部工作人员、会议特聘专家等相关人士参加。财政部（或会同首相办公室大项目局一道）依照评审材料及评估结果与有关部门共同决定是否批准该 PPP 项目，并指定管理人员对获批项目进行跟进监督。在 PPP 项目通过财政部初审后，则进入项目的招投标及谈判过程。第五，PPP 项目公共采购的指导与监督。英国政府商务部负责指导或监督所有公共项目的准备与招投标。招投标须遵守欧盟和英国的公共项目招投标及公共采购的法律、文件和规定。同时，政府商务部作为相对独立机构，对公共项目尤其是 PPP 项目进行同行审查与过程监督。第六，PPP 项目的最终审批。当地方政府或部委在完成 PPP 项目的招投标并签署合同后，须再次报送财政部审核并批准。PPP 项目在政府与项目公司谈判的过程中，若对标准通用 PPP 合同模板条文进行修改的，必须报财政部审批。第七，PPP 项目的审计及监管。PPP 项目投入运营后，其绩效或产出由英国审计署抽查并出具审计报告。英国审计署并不对所有 PPP 项目绩效情况进行审查，但会对某些 PPP 项目群及重大公共项目或应议会公共账目委员会特别要求的项目进行审查。其审计重点是：PPP 项目的建成是否达到预期的绩效指标或是否实现了预期的政策目标，该项目相关公共支出是否"物有所值"。由于英国审计署对英国议会下议院负责，其审计报告和结论须报送议会。议会各委员会将就 PPP 项目在审计中发现的问题，对有关部门进行问责、质询或监督整改。议会和审计署对 PPP 项目的督查及审计，促使政府部门对相关问题进行反思并提出相应的解决方案。其最终结果或是对政策的改进，形成新的制度、规范、标准以及流程，使 PPP 项目的财政风险可以得以有效管理。

（三）设立专业化的运作机构

2000 年，英国政府为推广 PPP/PFI 理念，就专门建立了合作伙伴关系组织（partnerships UK，PUK），旨在为 PPP 交易提供管理和程序上的技术援助。为了更好地协调运作 PPP 模式，英国政府又将 PUK 与财政部的 PPP 政策小组合并，组建了英国基础设施局（infrastructure UK，IUK），作为英国财政部的基础设施融资机构，IUK 负责执行全国性的基础设施发展战略，为公共部门提供各领域 PPP 的技术援助。为提高 PPP 项目技术援助和评估服务的针对性，2009年英国财政部又与地方政府协会联合设立了"地方合作伙伴关系"（local partnerships）组织，主要服务于地方政府，使地方政府可以对PPP项目有更好的把控，加强地方政府对财政风险的敏感度和识别能力。

（四）不断完善PPP相关政策顶层设计

英国尽管没有出台针对PPP的专门法律，但却根据PPP发展的阶段特点不断制定和完善相关规范性政策文件。在PFI阶段，先后制定执行了《应对投资风险》（2003）、《强化长期伙伴关系》（2006）和《基础设施采购：实现长期价值》（2008）等政策性文件。在PPP项目运营的过程中，政府不断地完善法律、建立监管机构并且加强社会监督，在英国伦敦地铁PPP项目合约中，英国政府专门增加了定期审核制度，同时为了保证审核的公正性，设立专门的仲裁机制，强化合约的执行能力，有效降低了违约风险。

（五）建立相对完善的评价制度

2004年英国财政部专门印发《资金价值评估指南》《定量评价用户指南》，其中《资金价值评估指南》被看作是推动公共部门成本比较的重要方法，是对物有所值评价方法（value for money，VFM）的评价程序做出标准化规定；《定量评价用户指南》则起到帮助采购当局对项目资金价值做出评价决策的作用。

英国作为PPP的发源国和发展最成熟的国家，特点鲜明。作为普通法系国家，英国并没有一部综合的PPP法典，而是采取标准化PPP合同，从1999年颁布第一版《标准化PFI合同》之后分别于2002年、2004年和2007年颁布了第二版、第三版和第四版合同指南范本，2012年，英国政府在总结PFI不足的基础之上，颁布了《标准化PF2合同》，将其作为"PPP发展的新路径"。此外，英国还专门针对PFI制定了系列项目指引，分别为：物有所值指引（value for money guidance）、实施小组指引（operational taskforce guidance）、金融指引（finance guidance）、财政部工作小组技术指南（treasury taskforce technical notes）和一般性指南（section 5 – general guidance)。

为了加强 PFI 项目运作和政府管制的规范性，英国不但将 PFI/PPP 等项目纳入政府采购的规范体系，还以此衍生出了以竞争性谈判制度为核心的 PFI/PPP 相关法律制度。目前来看，英国是使用竞争性对话程序的典型国家，以竞争性谈判为核心的一系列政府采购规范构成英国 PPP 法律制度的核心。

第三节 加拿大 PPP 模式的可持续发展经验

相比较英国长时间 PPP 市场的低迷来看，加拿大的 PPP 市场不仅未受到金融危机的影响，活跃度还一直持续不减，堪称世界一流。加拿大的 PPP 模式在世界上都是公认的最佳典范。加拿大发展 PPP 最开始是由省一级政府在积极推动，促进了 PPP 的广泛应用，经过多年在 PPP 行业的摸爬滚打形成的经验和知识积累，开创了独树一帜具有加拿大特色的 PPP 模式。由于省一级政府主要分管教育、交通、医疗等基础建设设施，因此最初的 PPP 也主要是这些基础设施领域。

一、加拿大 PPP 的具体情况

加拿大政府对于 PPP 模式的支持力度比较大，早期加拿大政府就充分意识到了 PPP 模式可能会带来的经济效益和社会效益，瞄准此对与经济增长和国民服务的巨大作用从而为 PPP 模式提供了一系列政策支持。加拿大积极设立专门的机构负责 PPP 模式的融资问题，一开始就由政府带头出动政府资金，拟订项目投资计划，充分调动了私营企业的积极性，保证了 PPP 模式的可持续性，不断为项目注入新鲜血液。这也就解释了为何在金融危机的巨大作用下加拿大的 PPP 金融市场依旧是生机勃勃，并未受其影响。

为了推广 PPP，加拿大政府于 1993 年成立了加拿大 PPP 国家委员会（CCPPP）。为了记录加拿大 PPP 项目的增长，CCPPP 开发了包含从 1991 起至今所有 PPP 项目的数据库。该数据库于 2010 年建立，包含跨越 10 个省、超过22年、总价值为630亿美元的206个PPP项目。每一个PPP基础设施项目都会在全国范围内产生直接的就业影响。这包括建设基础设施项目所需的就业岗位和与运营/维护每个项目所需的就业岗位。PPP基础设施项目也会显著促进国家和各个省份的GDP增长。这其中包含建设资金经济影响及维护和运营管理经济影响。

从项目的行业类别来看，交通领域PPP工程项目金额最大，而医院及医院护理服务类领域PPP项目数量最多。从项目的整体数量来看，加拿大PPP项目于2010年达到峰值，之后基本保持稳定。PPP在加拿大的经济体中占据重要地位，也备受联邦政府和地方政府支持。为支持PPP发展，联邦政府设立了12亿美元加拿大PPP基金，提供了25%的项目资金成本。此外，亚伯达、英属哥伦比亚、新布伦瑞克、安大略和魁北克省都有专门的采购机构或办公室负责PPP采购。

2011年，加拿大PPP国家委员会委托诺斯研究中心进行加拿大PPP民意调查研究，探究民众对于政府使用PPP的意见和态度。2011年的民意调查显示，对于PPP的支持比例上升到历史最高（70%），除此之外，本次调查有以下几点重要发现：大多数加拿大人对于使用PPP作为基础设施和公共服务供给方式持开放态度；对PPP的支持率从2004年的60%起逐年上升；在安大略省，PPP的支持率从2010年的64%陡然上升至2011年的77%；在所有行业中，运输行业（73%）、水处理设施（67%）和污水处理设施（67%）PPP的支持比例增长最快；所有年龄层次均大力支持PPP，对PPP支持率最高的领域是娱乐设施，其次是运输体系——道路。这些发现和过去几年的研究基本保持一致，其中运输体系增长最快，其次是水处理设施、污水处理设施和学校。

2014年3月CCPPP发布的报告中指出，2003~2012年，加拿大PPP项目的经济绩效评估结论是PPP的实施累计增加经济产出近921亿美元、累积增加居民收入近322亿美元、累计增加就业岗位近52万人，极大地促进了加拿大的经济市场、就业市场和居民福利待遇的攀升。此外，这近十年的时间里，公共部门因为PPP项目的实施累计节省了99亿美元，联邦和地方政府因为PPP模式的实施则创造了75亿美元的税收，如表5-3所示。

第五章　PPP 可持续发展的国际经验

表 5-3　　　　　2003~2012 年加拿大 PPP 项目的影响

宏观因素	积极影响
就业	总额 517430 个等效全职就业岗位，包括 290680 个直接等效全职就业岗位
收入	总额 322 亿美元收入，包括 190 亿美元的直接收入
GDP 增长	GDP 总额增长 482 亿美元，包括直接 GDP 251 亿美元
经济产出	总经济产出 921 亿美元，包括 512 亿直接经济产出
成本	节约成本 99 亿美元
税收	税收增加 75 亿美元

资料来源：VISTAS 咨询公司，《加拿大 PPP 十年经济影响评估报告（2003—2012）》（10-Year Economic Impact Assessment of Public-Private Partnerships in Canada, 2013-2012）。

研究显示，加拿大 PPP 基础设施项目总的维护运营成本大约接近 128 亿美元。除了与项目总资本成本有关的就业和其他经济影响外，维护/运营成本也有助于维持就业和促进国家的经济发展。由建设资金经济影响和维护与运营管理经济影响共同决定的是 PPP 项目总值经济影响。在过去的十年内，PPP 基础设施项目所有项目成本的价值超过 512 亿美元。由于 PPP 在加拿大道路、供水、学校医院等公共基础设施领域均发挥了巨大作用，深刻地影响居民的日常生活，并且民众的意见和态度会影响 PPP 在加拿大的运作。因此，加拿大政府十分重视民众对 PPP 的态度，加拿大 PPP 国家委员会每年都会在相关社区调查加拿大公民对使用 PPP 模式建设基础设施的态度和意见。

总而言之，PPP 在加拿大的发展始终保持在较高水平，其对加拿大经济的促进作用也与日俱增，加拿大人对于 PPP 的支持率逐年稳定上升，在过去的 7 年中，对 PPP 的支持率平均从 60% 上升到 70%。PPP 作为提供服务和公共基础设施的新方式，以满足社会的需求，促进私人资本投资公共物品，使加拿大能以更高质量和更快的速度提供公共服务，获得物有所值。加拿大的经验表明，与传统的采购模型相比，PPP 项目能够结合私人部门的创新和效率，在公共部门维持所有权的同时合理恰当得实现风险共享。加拿大公民对 PPP 的支持力度的逐年增加也有利于市政府和省政府探索更具效益的 PPP 模型（见表 5-4）。

表 5-4　　　　加拿大联邦和省级政府 PPP 法律与政策

	法案与政策	通过时间
联邦	加拿大战略基础设施资金法案	2002 年 3 月 27 日
省政府	渥太华 PPP 政策	2013 年 10 月 4 日
	圣阿尔伯特 PPP 政策	2012 年 5 月 28 日
	埃德蒙顿 PPP 政策	2010 年 5 月 26 日
	卡尔加里 PPP 政策	2008 年 12 月 15 日
	亚伯达 PPP 框架与指南	2011 年 3 月 31 日修改
	英属哥伦比亚交通投资修正案：交通投资法第 65 章； 卫生部门伙伴关系协议法第 93 章：固定资产管理框架	2008 年
	安大略 高速公路 407 法案	1998 年
	安大略 基础设施项目公司法	2011 年
	魁北克 魁北克基础设施法；代替法案 61：交通基础设施伙伴关系法	2010 年 3 月 24 日生效
	新布伦瑞克省 高速公路公司法	2000 年
	新斯科舍 信息自由和隐私保护法	1995 年

二、加拿大 PPP 模式的可持续发展经验

(一) 完善的 PPP 项目治理层

如表 5-5 所示，与英国以财政部为核心的组织领导模式不同，加拿大从联邦政府层面设立 PPP 中心，实施更有效、权威的治理，并得到地方层级政府的积极配合。表现为：第一，2008 年，加拿大联邦政府建立了加拿大 PPP 中心，并创立了 PPP 中心基金，主要负责项目的前期工作，包括 PPP 项目的宣传，PPP 基金的协调以及共同实施 PPP 项目的国有公司合作方的开发，该中心的工作是 PPP 项目能够顺利成功展开的基础。此外，各级政府依照各自区域的实际状况，也应建立相应的 PPP 中心。从省—市—县，层层递进，相互协作，共同开展 PPP 模式的推广、规划以及监督和管控等工作。第二，加拿大成立省级 PPP 专职监管指导机构，承担职责如下：

首先，向省政府反馈开展PPP项目时所遭遇的政策、质量、技术、标准化建设等问题，管理项目交易全过程，监管国有资本资产的投入和转让等；其次，离不开联邦政府的政策与资金支持。第三，加拿大PPP项目的可持续发展离不开各级政府的积极配合，在基础设施建设方面，各级政府积极制定规划配合PPP项目实施。积极制定高效招标流程，完善PPP项目采购流程，为PPP模式取得成果奠定了坚实基础。加拿大政府组建了专业的项目运营团队，并聘请了风险顾问，对项目实施过程中可能遇到的风险进行有效监督和掌控，制订全面的项目实施计划，力求以最高的效率形成最佳的解决方案。

（二）高效的PPP项目风险控制策略

一是建立科学合理的利益分配机制与风险承担机制。基于风险的PPP补偿机制，加拿大PPP项目风险承担通常情况下是私人部门。当然为平衡私人部门的利益，在投标时，政府也会将项目更高的收益划分给私人部门，以此来补偿其所承担的高风险可能产生的损失。

二是在项目实施前，明确各方所应该分担的风险责任。在加拿大政府与私人部门达成合作时，政府会以合同的形式明确其和私人部门在PPP项目实施中各自应该承担的风险。因为天气原因所造成的项目进度延后风险，此类型风险所造成的一系列损失归政府承担；而对于因为项目动工成本不足所造成的项目延后，最初合同制定价格需要变更以及测算确定工期延误所产生的损失，则由政府和私人部门依照事先约定好的比例分别承担。从分工上面能够直观了解到，PPP项目的整个流程都是由私人部门负责，包括初期的设计阶段和中期的建造阶段以及后期的维护和运营，这种分工划分的最大的好处就是完全避免了因为存在多个投资方而导致PPP项目展开过程中发生分歧或者责任推诿的情况。只有在PPP项目完成并达到合约标准，政府验收后才会向私人部门支付。

三是将"物有所值评估"作为确定最佳采购模式的工具。加拿大"物有所值评估"分为两个阶段：在项目实施前，PPP项目的各个参与方要对项目的可行性和风险进行充分论证，要充分考虑项目开展可能发生的各类风险；在合同签订阶段进行最终评估，以确定中标人的方案是否能实现物有所值。就目前来说，我国仅要求在项目识别和准备阶段实施"物有所值评估"。建议参考加拿大"物有所值评估"办法，在采购阶段进行初始评估，以确定是否采用 PPP 模式；在确定中标候选人时根据项目实际情况，开展二次评估分析，以判断项目是否能够实现物有所值。

（三）多元的融资渠道

加拿大联邦政府的 PPP 中心基金能够提供 25% 的资金给 PPP 项目，且能够以此资金来支持撬动社会资本对 PPP 项目的投资。该基金运作模式分别有提供项目基金、提供项目（低利率）贷款、作为政府方的一部分直接投资于 PPP 项目。至 2016 年末该基金已宣布投资承诺支付的有 22 个 PPP 项目，共 13.21 亿美元。另外一个是由加拿大联邦政府于 2013 年设立的"建设加拿大基金"，在创立之初就设置了一个宏伟目标：在未来 10 年调动出 140 亿加元投资到建设各级政府基础设施项目上，此举也加大了 PPP 项目对私人部门的吸引。

（四）创新投资回报机制吸引社会资本

一是通过合理设立运营年限、收费标准，确保政府补贴适度，进而为 PPP 项目中后期的财政风险进行有效防范。合理配置资源，选择恰当的融资模式，减小融资成本。二是将 PPP 项目后期运营中价值充分开发出来，吸引社会企业参与，以此来降低项目后期运营中的成本，提升运营效率。三是创建可调整的投资回报机制，一旦环境或者条件发生较大变化，可以利用此机制进行动态调整，以此避免政府过度让利。四是建立"政府付费"的回报模式，由财政安排适量投资补助弥补项目运营初期收支缺口，并建立最低收益补偿机制。

除此之外，加拿大养老基金作为投资者参与基础设施建设投资，为 PPP 项目引入了较长期限的资金来源，减少期限错配的情况。据相关报告指出，在基础建设的投资中，加拿大养老金投资比例为 5%，与其他国家 1% 的投资相比，加拿大的投资比显然是十分高的。另外，加拿大通过多种方式降低 PPP 项目融资成本也有效促进了该项目的发展。如通过银行贷款、发行债券、产业基金投资、股票上市、资产证券化等方式获得投资资金，有效地降低了 PPP 项目融资成本，弥补了私人部门融资成本高于政府部门的劣势，提升 PPP 项目绩效表现。

表 5-5　　　　　　　　　英国与加拿大 PPP 模式对比

对比维度	英国	加拿大
核心理念 VFM，以提供更好的公共服务为终极目标		
组织领导	1. 财政部 PPP 工作组； 2. 成立促进 PPP 的政策工作小组 PUK，并于 2011 年，财政部设立基础设施局 IUK，统一管理 PF2 标准项目； 3. 设立由财政部、合伙经营机关、公私营机构合作署组成的三级管理、分工协作模式	加拿大 PPP 中心负责项目推广、审核、技术支持等
经营模式	1. PFI 模式下，鼓励私人资本参与公共设施的设计、建造、投融资和运营环节，具体包括 DBFO/BOT/BOO 等； 2. PF2 模式下，政府资本参股参与 SPV，以吸引长期投资者；实际运用中，较少采用特许经营	私人部门负责项目设计、建造、运营和维护的全流程，避免不同投资人负责单一阶段带来的风险、责任推诿，支付延伸至项目全流程，且以达到事先约定标准为支付前提
法律顶层设计	没有专门立法，通过财政部规范性文件进行管理，如《应对投资风险》《强化长期伙伴关系》《基础设施采购：实现长期价值》《PPP 新方式》等	积极制定基础设施规划，完善项目采购流程，主要依据为《对应公共部门成本——加拿大最佳实践指引》《PPP 公共部门物有所值评估指引》等
保障机制	1. 确定项目重点和优先顺序，使资源集中于少数有把握成功的重点项目； 2. 标准合同和控制体系，对项目各个环节都有明确规定，并注重流程优化； 3. 项目风险分担合理，政府参股，确保稳定贷款来源、风险共担； 4. 提高信息透明度； 5. 严控政府支出	1. 高度信息透明； 2. 专项基金：成立总额为 12 亿加元的加拿大 PPP 基金，为项目提供不超过投资总额 25% 的资金支持，以此撬动社会资本参与；成立总额为 12.5 亿加元的基础设施 PPP 基金，为总投资超过 1 亿加元的基础设施 PPP 项目提供支持； 3. 审核机制：成立专业机构审核 PPP 项目交易结构； 4. 竞争机制：强化竞争，引入国内外投资者参与竞争； 5. 资本市场融资：建立 PPP 项目资金融资融券市场
项目特点	1. 行业覆盖范围广，以交通、教育、医疗、废弃物处理为主； 2. 运营期限整体较长，多为 20~30 年	行业覆盖范围广，以交通运输、医疗与医院、司法惩罚教养、能源等为主

第四节 韩国 PPP 创新发展经验

一、韩国 PPP 的具体情况

韩国是亚洲地区实施政府和社会资本合作模式（PPP）较早的国家之一。韩国的 PPP 发展主要经历了三个阶段。第一阶段（1994~1998 年），1994 年韩国政府颁布了《促进社会资本参与基础设施投资法》（以下简称《PPP 法》），正式全面、规范推广应用 PPP，高速公路、机场、港口等大量社会基础设施项目开始转为采用 PPP 模式。第二阶段（1999~2005 年），韩国政府于 1999 年对《PPP 法》进行第一次修订，修订内容包括：允许在 PPP 项目实施中采取为社会资本提供信用担保等金融支持手段；允许社会资本发起 PPP 项目；建立民间基础设施投资中心，为各方提供专业技术服务等。第三阶段（2005 年至今），韩国政府于 2005 年对《PPP 法》进行了第二次修订，修订内容包括：在已有建设—移交—运营模式（build - transfer - operate，BTO，适用于使用者付费类 PPP 项目）基础上，引入建设—移交—租赁模式（build - transfer - lease，BTL，适用于政府付费类 PPP 项目），进一步扩大社会资本参与范围；允许实施社会基础设施类 PPP 项目，鼓励采用 BTL 方式；取消在 PPP 项目中对社会资本提供最低收益保证等。2005 年 1 月修订法律《社会基础设施民间投资法》以后，韩国引入了 BTL 方式并大力推广，将民间投资项目的范围大大扩大。为了通过综合系统的管理提高国家基础设施发展的效率和透明度，韩国在法律上明确了民间投资项目的管理机构，于 1998 年设立了韩国民间基础设施投资中心（Private Infrastructure Investment Center of Korea，PICKO），统一负责管理民间投资基础设施的有关事宜，以统一标准向项目利益相关者提供服务，包括项目评估、可行性研究、资格评审、招标和评标、技术和行政支持等，结束了以前的混乱状态和不便之处。2005 年 PICKO 已更名为韩国公私基础设施投资管理中心（Public and Private Infrastructure Investment Management Center of Korea，PIMAC），成为韩国公共基础设施投资管理的唯一窗口。

韩国已建立完整的 PPP 法律政策框架，自上而下分《PPP 法》《PPP 法案实施令》《PPP 项目规划》和 PPP 项目实施指南四个层次。《PPP 法》是韩国推行 PPP 工作的法律基础，规定了 PPP 的宗旨、与相关法律的关系、各参与方的权利和义务、项目规划编制、项目开发与管理等内容。《PPP 法案实施令》具体规范了 PPP 各参与方在 PPP 项目中的权利和义务，明确了 PPP 项目实施程序。《PPP 项目规划》对全国 PPP 项目进行具体规划和布局，由韩国财政部每年经过多轮听证后确定。PPP 项目实施指南是指导 PPP 各参与方规范、有效开展工作的一系列指导性文件，由韩国 PPP 中心开发和编制，截至 2014 年 6 月已颁布了 PPP 标准合同文本等 12 项实施指南。

韩国的 PPP 管理机构主要包括国会、财政部、行业主管部门与地方政府、PPP 审核委员会和韩国 PPP 中心。国会主要负责制定和修订 PPP 相关法律、监督 PPP 制度执行情况、批准 PPP 项目政府支出预算等。财政部主要负责制定、发布 PPP 法规和指导政策，编制 PPP 项目规划，对 PPP 项目提供资金支持，开展 PPP 项目财政风险控制和绩效评价等。行业主管部门与地方政府主要负责本部门或本地区 PPP 项目选择和可行性预测，监督 PPP 项目运营情况，每年向财政部提交项目运行和绩效报告等。PPP 审核委员会主要负责审查 PPP 政策和项目规划、批准 PPP 项目、确定项目合作方等。该委员会设于财政部，由 1 名主席（财政部部长担任）、11 名行业代表（行业部门副部长担任）和 8 名社会资本代表组成。韩国 PPP 中心主要协助财政部编制 PPP 项目规划，提供咨询培训，开展国际合作，进行理论与政策研究，编制项目实施指南等。

韩国 PPP 模式根据项目提案的主体分为政府公告项目和民间提议项目。政府公告项目是政府挖掘到项目需求后，由政府（主管机关）考虑相关计划和设施需求等，建立项目计划，并审查民间投资与政府投资相比是否更有效，然后考虑项目的性质和项目收益性等选择适当的具体实施方式（如 BOT、BTL 等）。民间提议项目是私营企业挖掘项目需求，并向政府主管机关提议所选定的项目，然后综合考虑设施需求、项目收益性、项目结构、建设、运营计划、资金来源和融资方案等，制订项目计划向主管机关提交项目提案书。私营企业除了本项目以外还可以开发有收益的附属项目提案，以提高项目的财务可行性。对民间的提案内容，政府主管部门先评审其合理性，然后再立项和招标或议标。

图 5-3 和图 5-4 分别为韩国 BTL 和 BOT 项目的流程图，这两个流程都是韩国开发研究院（Korea Development Institute，KDI）在 PPP 指南中提出的，从中很容易看出各阶段的政府主管部门。

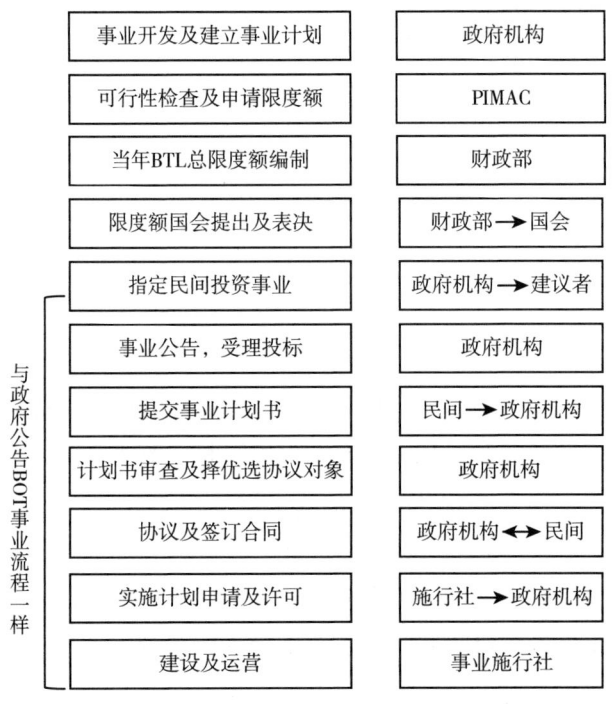

图 5-3 韩国 BTL 项目流程

二、韩国 PPP 模式的可持续发展经验

（一）严控 PPP 项目的财政风险

为保证政府债务处于可控范围内，韩国政府对 PPP 项目的政府支出预算设置上限，并将政府投入由财政部列入政府预算，报国会批准。目前，韩国 PPP 项目每年的政府支出预算控制在政府预算的 2% 以内。2014 年和 2015 年的比例分别设定为 1.5% 和 1.3%。

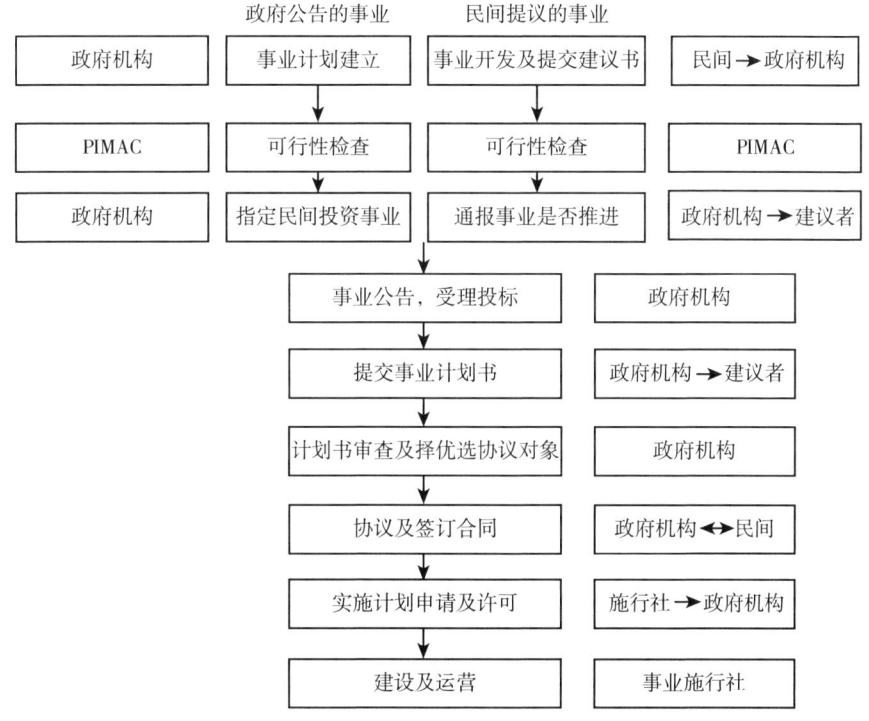

图 5-4　韩国 BOT 项目流程

资料来源：韩国开发研究院网站。

（二）充分发挥 PPP 中心的作用

该中心帮助政府建立了较为完整的 PPP 政策体系、理论基础和各种项目实施指南，并帮助政府筛选 PPP 项目、把控项目风险、提供技术咨询和培训。

（三）政府对 PPP 项目给予大力支持

韩国政府部门对 PPP 项目提供的支持主要包括：帮助项目公司免费获取土地使用权；简化项目审批程序，行业主管部门负责办理相关行政手续；对 BTO 项目和 BTL 项目提供补贴；提供免除购置税、登记税、增值税等税收优惠政策；设立基础设施信用保证基金，为 PPP 项目提供信用担保；设立 PPP 纠纷调解委员会，快速调解 PPP 项目争端等。

（四）重视 PPP 项目采购中的充分竞争

韩国推进 PPP 时注重创造公平的市场环境，要求在招标环节留给投资人准备标书的时间不得少于 6 个月，同时要求不得排斥外国投资人。

（五）强调政府对 PPP 项目资产的所有权

韩国 PPP 项目公司在项目建成后把项目资产所有权移交给政府，只保留运营和收益权。这样既可使项目公司获得税收优惠，又可缓解民众对公共设施由社会资本所有的排斥心理，增加民众对项目收费的接受度，同时政府还可在必要时对收费价格进行干预。

（六）注重评估 PPP 项目实施方案

在 PPP 项目开发过程中，韩国 PPP 中心要从社会资本角度对项目需求、成本估算、经济可行性、现金流等方面对项目进行全面评估。

（七）着力构建规范透明的采购程序

韩国通过采用标准招标文件和标准合同，公开项目信息、政府提供的支持、承诺和担保信息等内容，保证采购程序的规范透明。

第五节　发达国家 PPP 模式机制创新的经验

一、全周期治理和制度框架

PPP 项目涉及的环节和主体多，专业性强，为实现 PPP 模式的可持续发展需要对其整个生命周期进行有效管理。从发达国家经验来看，一个完整的 PPP 项目管理过程一般分为三个步骤：第一步，政府要从经济和社会视角，使用成本收益分析法，决定一个项目是否值得投资；第二步，对通过审核的项目，使用物有所值评价体系，决定应采用传统的公共采购还是 PPP 模式来实施，即从长远来看，哪个方式能够以更低成本提供更高质量的公共服务；第三步，对确定使用PPP模式的项目，跟踪项目的整个生命周期，在任何时点发现该项目的财政负担风险过大，均可暂停或终止。

在PPP中，政府在承诺进行主权担保之前，需要先明确一个批准机制以及协调相关机构之间关系的治理原则。PPP项目涉及的政府公共部门主要有两个层面：第一层面的政府公共部门（授权人）主要是指各行业部委实施机构（如发改、建设、交通、卫生和教育等）、地方政府（如市政管理部门和市政公司等）和国有企业（如铁路、航空和电力等）。这些公共部门可能对PPP项目施以不同的担保承诺，并对不同风险施以统一的偿付。第二层面的政府公共部门是负责对中央政府预算进行融资和管理债务风险的财政部门（如财政部和国库等）。这些部门能提供部分或全部的主权担保，以支持第一层面政府公共部门的承诺或对特定风险的额外担保。PPP中典型的政府或有债务基本上源于这两个层面上的公共部门所提供的担保。第一层面的政府公共部门甚至包括项目投资所提供服务的主要受益人。这些部门往往热衷于推动项目，而对来自项目承诺所导致的债务风险不是很关心。第二层面的政府公共部门在管理项目承诺和主权担保上更有动力，并尽可能与第一层面政府公共部门以一种联合方式进行管理，以减轻其对政府预算的影响。因此，协调这两个层面政府公共部门之间的关系是非常重要的。有时为更好地监督贯穿于项目周期内的风险承诺和条款，各国政府甚至通过成立特别PPP机构来进行协调。

二、担保管理方式构建

政府担保风险是PPP模式不可持续的重要原因，在实施政府担保的决策过程中，财政部门的深入参与能有效降低政府承担风险的概率，甚至能化解这些风险，实现可持续性。财政部门因对政府财政政策和预算的独特洞察力而能从总体上对PPP政府债务风险进行管控。

目前各国对担保的风险管理模式主要有以下六种方式：一是对担保收费，成立担保基金。巴西等国家都对担保收费并设立基础设施风险基金，作为财政和公私合作模式之间的风险隔离墙。二是进行总量控制。在匈牙利，不得超过当年财政收入的3%。三是对担保进行直接管理。澳大利亚、南非等国家都设立了 PPPs 工作组，对政府担保进行直接管理。四是美国以及欧元区的国家还在年度财政报告里面通过注释和说明对政府担保所对应的风险进行了披露。五是智利政府应用蒙特卡罗模拟方程、布莱克－舒尔斯的期权定价方程等模型，通过二项式树、有限差分等技术手段，在权责发生制的政府会计载体下，对政府的担保进行了会计核算。但是，不同的政府担保所对应的不确定性特征是不同的，智利政府使用的评估技术主要适用于收费公路、机场等项目中的政府担保。六是隐性担保的显性化管理。通过立法的完善、惯例的积累，隐性负债逐渐"显性化"，降低了政府面临的不确定性。在巴西、克罗地亚、埃及、希腊、赞比亚等国家，政府都制定了 PPP 法（the action public private partnerships）；欧盟也制定了 PPP 管理条例（European union rules on public－private partnerships）。

但是，各国对于政府担保的"预算内管理"也有一定的局限，主要有以下两点：一是预算内管理解决不了公私合作模式中广泛存在的软约束问题。1980～2000 年，拉丁美洲地区签订的近 1000 份公私合作合同中，30% 的合同经历了事后的重新谈判，并且大部分修改条款有利于私人投资方，形成了财政软约束。也就是说，政府在事后被钳制了。二是担保管理的对象局限于公私合作合同中的政府担保和承诺，仅把担保纳入预算，把财政支出计算在预算之外。

根据各层面政府公共部门对担保的预期信守和兑现程度，预算和会计处理也可能面临不同的规则。例如，国有企业和地方政府可能对 PPP 债务有不同的偿还方式以及会计处理方式，这使得政府很难对所有 PPP 项目的承诺及其兑付采取一种完全统一的方式。各国的担保管理遏制了政府的各种非理性担保，把政府的这种表外风险纳入表内管理，纳入政府负债管理、通过权责发生制的政府会计制度对政府担保进行会计核算。

三、设立 PPP 管理机构

发达国家 PPP 发展较为先进的国家 PPP 模式的特点之一是设置具有财政管理主导权的机构，对涉及 PPP 财政管理的其他部门也做了相应的职责划分（如葡萄牙央行参与评估 PPP 项目的财务健康状况，财政部负责牵头 PPP 采购；智利由公共工程部和财政部共同负责决定对特许经营者提供政府担保和其他财政承诺）。在某些国家，PPP 协调管理机构挂靠于各行业部委内，故在项目发展早期，PPP 工作主要集中于技术方面而不是资金融通方面（如智利、哥伦比亚等）。在另一些国家，PPP 协调管理机构经常处于部长委员会或其他政府权威部门之下，这些部门往往没有直接的财政权力和遵守财政纪律的激励（如秘鲁、英国和澳大利亚等）。PPP 协调管理机构最通常的情况是设置于财政部门内。对 PPP 机构项目决策权的集中也许会导致利益上的冲突，特别是当财政部门既负责项目审批又负责项目承诺管理之时。这就需要在充分理解 PPP 机制内涵的基础上，通过良好激励机制的设计来避免 PPP 执行机构在评估 PPP 模式上的偏差。

国际经验显示，专门的 PPP 项目机构对于 PPP 项目的有效运作来说非常关键，且该机构最好设置在财政部。据统计，国际经合组织中有超过一半的国家（17 个）设置了专门的 PPP 项目机构，其中 11 个被设置在财政部。由财政部对全国的 PPP 项目进行监控，确保其对 PPP 项目财政负担和财政风险的监管权。在此基础上，可由宏观经济管理部门行使其他 PPP 管理职能，如促进 PPP 项目融资、提供技术咨询等。

在英国、澳大利亚、巴西、印度、墨西哥等许多国家，在成立国家 PPP 中心的基础上，相应地在地方也设立了 PPP 中心。在工作关系上，国家 PPP 中心支持、指导地方 PPP 中心的工作。地方 PPP 中心在国家法律和政策的框架内，积极结合本地实际，开展本级 PPP 工作，从而确保了中央和地方工作方法的一致性和最佳实践经验的及时分享与推广。同时发达国家的经验表明，通过设立专门的 PPP 工作机构，可以减少多头管理、规范政府行为、协调各方利益，从而有效提高 PPP 项目的透明度，降低政府财政风险发生的可能性。

四、建立监管法律体系以降低财政风险

PPP 作为公私合营的大框架，在各国以多种法律形式体现，主要包含

PPP法、特许经营法、私有化法、采购法、规制法和其他具体领域内的法律法规，前两种法律形式是公私合营法的核心和主体。据不完全统计，世界上共有52个国家拥有PPP法或特许经营法及其相应政策，但各国的情况大不相同：澳大利亚等国家主要是以市场为主导PPP自发型模式；拉美、非洲等国家（地区）PPP立法和推广主要受国际机构的推动，且以私有化为主要表现形式。PPP法律体系包括国家法律、国家层面的指导方针、部门规章等，法国、巴西等国家制定了专门的PPP法律，澳大利亚等制定了专门的国家监管PPP的指导方针。国际经验表明，更为细化的法律通常能更有效地减少PPP的财政成本和风险，并为私人投资者提供更完善的法律保障。

PPP监管法律一般应明确PPP的定义和范围，PPP在政府总体投资中的比例及其预算控制方式，政府部门参与PPP的上限，公共部门和私人部门的责任划分，以及透明的竞标机制、合同谈判机制、争端解决机制、会计报告和审计程序等内容。如澳大利亚和加拿大在政府资产负债表中，记录了大多数的PPP项目，法国在政府资产负债表中列出政府资助的PPP项目，并在补充预算文件中报告资助的PPP项目数据。此观点与一些通行的国际准则相似，如《国际公共部门会计准则第32号》规定，"以PPP形式进行的项目应被视为公共的……将PPP作为规避预算限制或债务限额方式的动机必须减少。"

五、加强监督评估

如果缺乏有效的监督力量，PPP项目可能会迅速积累大量风险，造成不可持续。由于这些风险很少在政府的资产负债表中得以反映，其暴露的或有特性以及短期内导致政府债务突增的可能性，都会导致严重的财政问题。要解决这一风险问题，需要及时对PPP政府直接债务和或有债务进行评估，对所有政府公共部门的财政承诺施以充分预判。

对PPP政府直接债务和或有债务进行评估，有助于洞察可能会影响PPP项目的问题。特别是，如果没有诸如债务限额等控制债务风险的方法，那么对这些债务进行适时评估、监督和化解就显得非常重要。欧美法系国家有社会公众监督和评估政府行为的传统，这是基于普通民众与政府之间委托代理关系而产生的委托人意识，是委托人积极行使权、维护自身利益的表现，PPP项目中存在非常复杂的委托代理关系，委托人积极参与监管的行为将会增加项目的透明性，降低其他各方向政府部门转移风险的可能性，从而使PPP财政风险得到有效管理。

目前，有些国家对PPP所导致的政府或有债务存量使用了最高限额制度，有些国家对PPP实施了最大财政承诺现值制度（如秘鲁），还有一些国家对PPP制定了最高年度偿还数额制度（如巴西）。不同于偿付数额和时间都非常明确的直接债务，由于或有债务依赖于不确定未来事件的发生与否，因此对其评估更加复杂。而评估这些债务风险暴露概率的困难性，又与PPP协议数据的获得性以及PPP协议的复杂性相关。现实中也确实存在一些可用于评估PPP项目或有债务的方法，包括保险或统计技术法、经济模型法以及"或有要求权分析法"。而到底采用哪种方法，需要考虑PPP案例与数据的可获得性以及采取这种方法的成本。

监督评估不仅是针对财政承诺的，还包括所有可能对财政产生影响的PPP参与主体的行为及其他因素；不仅包括社会公众的监督，还包括PPP委托代理关系中所有委托人应进行的监督；不仅是指促进信息的完全充分，更要建立起专业的评价机制对参与主体行为作出判断；不仅是特定时间、阶段的监督，更是要贯穿项目全生命周期的、涵盖所有参与主体的。由此，代理人的行为得到限制、规范，并通过不同的形式为委托人提供信息。以澳大利亚为例，澳大利亚会披露合同和项目的重要信息。无论是信息披露还是评估，标准是需要确定的前置条件，以规避披露随意、评估不专业情形的发生。

第六节　对中国PPP模式可持续发展的启示

根据国内外PPP模式可持续发展的理论实践经验，对我国PPP模式实现高质量、可持续发展的启示如下。

一、完善 PPP 相关法律体系和现有法律介入途径

相对于 PPP 模式更为成熟的国家而言，我国 PPP 立法方面仍然存在较大空白，虽然近年来国务院部委推出了大量有关 PPP 模式、实务操作等规定，在进行 PPP 模式与我国国情、发展需求相适应等方面起了重大作用，但是目前存在突出的问题有：新的规章效力不及原先的法律、法规，导致 PPP 模式在部分层面难以推行；不同部委颁布的规章之间存在冲突，不利于 PPP 模式的推广；PPP 模式的法律性质确定难，至今没有明确确定其基本性质等。应当从法律层面制定全面的 PPP 法律体系，以规范 PPP 项目各方行为准则、权利义务关系、制裁措施。

二、建立国家层面 PPP 统筹协调机构

PPP 项目合同涉及领域众多，如特许经营归国家发展和改革委员会管辖、财政支出归财政部管辖等，完全由一个部门难以承担全部管理职责。结合国外 PPP 相关经验，设立国家层面、统一的 PPP 中心将对促进 PPP 模式的发展与推广有重大作用，不仅有利于推进跨区域的大型 PPP 项目、节约政府沟通成本，也有利于总结 PPP 项目中的利弊并缓解规章之间的冲突，更有利于推行专门的 PPP 法典。

三、充分发挥政府引导基金的引领作用

要解决部分引导基金存在政企不分等问题，强调以市场化机制设立 PPP 引导基金，坚持产业引领，强化 PPP 项目的合法合规性，为合法合规的 PPP 项目提供股权融资、担保增信、保险补贴等，增强社会资本和金融机构的债权融资的信心。此外，政府资金要多在其中做劣后投资，以此减轻社会投资者的顾虑，调动其参与积极性。

走在 PPP 实践前列的国家，无论采用哪种形式，都非常注重财政承诺（包括显性财政承诺及或有负债）管理，防范财政风险，这已经成为 PPP

模式推广和利用过程中的共识，继而为其他国家的实践带来启示和借鉴。

专栏　英国 PFI 二级交易市场发展模式及评价

一、PFI 二级市场发展原因

英国 PFI 二级交易市场的快速发展，可以从供给端和需求端两个角度进行分析。

首先，从供给端角度，PFI 项目产品本身提供良好、稳定、长期的现金流，是机构投资人青睐的优良投资标的。而各大建筑运营公司、PFI 项目公司、基建基金公司有意愿通过出售部分或者全部的 PFI 项目公司股权达到一定目的，例如，第一，通过出售，可以丰富 PFI 一级市场参与者的退出渠道，提升 PFI 资产的流动性，提前回笼现金流与利润达到循环投资、用于新项目的拓展。PFI 项目一般前期投资体量较大，项目本身沉淀大量投资者的资金，在建设期结束后通过出售股权可以提前回笼现金流提升企业现金流资金状况，一方面可以在危机时帮助未落地的项目迅速落地，另一方面也可以用于新项目的开拓，进而提升自己的资产周转率，来实现更高的内部回报率29%。此外，对于部分建筑公司，特别是集中于建筑合同的建筑商，运营能力相对有限，在施工完成阶段即想要退出，而二级市场给这样的建筑商提供了良好的退出渠道。对于部分财务投资人，也能利用二级市场提升资产流动性，缩短投资周期。第二，通过出售，也可以降低表内负债率，各种项目贷或与 PFI 项目公司相关的借款部分或者全部转出从而提升财务质量。PFI 项目的杠杆比例一般较高，一般而言项目公司的资产负债率均会超过70%甚至更高，如果投入项目的资本金是投资人以现金募集所得，开拓 PFI 项目所带来的负债率提升是大部分产业投资人都需要化解的风险，因此通过股权转让来实现项目公司负债的剥离也是理想的选择。第三，通过出售，也可以提升企业的盈利能力，获得良好收益。在英国市场，通过分析有数据的118笔 PFI 股权交易，PFI 二级市场股权交易平均收益率在28.7%，是项目落地时签订的投资回报率（12%~15%）的两倍。建筑公司、运营公司、PFI 投资人通过承担建设期风险（还有早期运营风险）获得风险转移溢价并通过股权交易在二级市场兑现，而由于获得的风险转移溢价高于其内部化解风险的对价、现金流确定性的提升、融资成本的降低等原因均进一步提升了项目的收益率，使 PFI 一级市场的参与者获得了良好的收益。还有，就是 PFI 项目进入二级市场所赋予的金融属性，由 PFI 一级市场转入二级市场带来流动性溢价与一二级市场要求投资收益差距的增加，也推动股权估值提升进而增加企业盈利水平。第四，还有一部分建筑运营公司将 PFI 股权转入公司的关联养老基金作为每年现金支付给养老基金的代替。

其次，从需求端角度，自 2005 年之后由于英国政府对养老金规定的趋严，大量养老基金从权益类投资转为固定利率的债券或者资产投资，而 PFI 二级市场是良好的投资标的，养老金的加入也推动二级市场愈加活跃。从宏观上讲，英国本土由于政府政策的支持与支付保障，资本由工业、消费、地产等领域流入基建类 PFI 市场，也包括 PFI 二级市场。通过投资 PFI 二级市场，特别是已经度过建设期、通过政府可用性付费考核进入稳定运营期的项目公司的股权，资本既获取了稳定良好长期的收益，根据相关报告，通过投资二级市场基建基金，可以每年通过分红达到 6%～8% 的整体回报率，这还不包括之后股权卖出所获得收益，还支持了国家的建设。

此外，全球化也帮助英国 PFI 项目融资落地，一方面，在 PFI 一级市场，越来越多的建筑运营商或者 PFI 投资商通过全球市场寻找廉价资金（如在金融危机后欧元区困境和巴塞尔协定影响到项目融资贷款后，Carillion 主要负债方式从英国银行项目贷转变为美国固定利率的私募融资，而 JohnLaing 也开始从融资环境相对较好的澳大利亚获取中期银行贷款），各国的金融机构也愿意参与英国可用性付费模式的 PFI 项目；另一方面，在二级市场，全球化也帮助各类境外资本以离岸基金的形式参与投资英国的 PFI 项目（从澳大利亚投资商 Babcock & Brown 在英国设立 Babcock & Brown Public Partnership 到德国建筑公司 Bilfinger Berger 设立 Bilfinger Berger Global Infrastructure Fund，各国资本以离岸基建基金的形式竞逐英国 PFI 二级市场，这些公司既参与了 PFI 项目公司的股权交易，又收并购了各类二级市场的基建基金）。此外，还有部分国际银行、私募基金也积极参与 PFI 项目的债权交易（2007 年随着第一笔针对医院 PFI 项目贷款的贷款抵押债券成功落地，PFI 债权交易二级市场正式打开）。

二、PFI 二级市场交易模式

英国 PFI 二级市场在基础资产和交易模式实践上也为我们提供了一定的借鉴。

1. 基础资产

PFI 项目二级市场可转让的基础资产包括股权、债权。股权包括了项目公司的直接股权和间接股权二个类别。直接股权即初始投资人在 PFI 项目发起之初投入的资本金所形成的股权，间接股权则是初始投资人通过某一形式的载体（一般为基金形式）持有 PFI 项目公司股权，如 Noble PFI Fund 持有 19 个 PFI 项目的股权，其在 2004 年以整体转让的方式一次性出售。目前英国市场上 PFI、PF2 项目的股权以基建基金、建筑公司持有为主。如表 1 所示。

表 1　　　　　　　持有项目公司股权数量前 5 名公司

公司	合计持有项目公司的股权数量（个）
Equitix 系	65
Balfour Beatty 系	61
Innisfree 系	51
Amber 系	45
Emperian 系	44

PFI 项目的债权指债务融资的安排方对项目公司拥有的债权，在英国 PFI 项目中，债权融资方式百花齐放，一级市场从英国本土的银行贷款，到澳大利亚的中期银行贷，再到美国发达金融环境下的私募融资借款，还有保险公司、养老金、各类基金公司也提供各类贷款，企业本身也会发行债券；二级市场从银行贷款置换到贷款抵押债券。可以看到 PFI 项目债务融资来源不仅地域广泛，而且各类产品也五花八门，为 PFI 项目提供了丰富的资金来源和较低的融资成本。

2. 交易模式

（1）非公开市场交易和公开市场交易。

PFI 市场股权和债权的交易可以分为公开市场交易和非公开市场交易两种形式。公开市场是指持有项目公司股权的投资人或载体在公开市场募集资金，由公开市场为投资人提供流动性的交易方式，如英国 HICL 基金是英国第一只公开发行的基础设施基金，在英国的 PFI 市场上扮演着重要角色，GCP 是一只在公开市场上募集的以基础设施和 PFI 项目债权投资为主的基金，而募得 13 亿英镑的 TrilliumPFI 基金则是一只以私募方式募集的基金。

英国 PFI 股权交易基金类型有如下三种。

第一种是专门针对 PFI 项目一级市场新项目投资和二级市场项目公司股权的 PFI 基建投资基金。这一类型又分为两类：一类是在伦敦股交所挂牌交易的基金，可通过在公开市场发行股份募集资金，如 HICL、JLIF 等；另一类是非公开发行的基金，它们从合作伙伴或其他机构投资者募集资金，如 SemperianPFI 基金。

第二种是私募融资基建基金。这一类型也分为两类：一类是隶属于国际私募集团的各类子行业私募基金，如 3i 集团；另一类是大型金融机构的子公司/基建投资平台，如高盛基建基金。

第三种是在英国政府推出地方改进金融信托计划项目（LIFT）以 PFI 形式推动医疗类和保障房类基建项目，各大健康、运营类公司或者房地产公司通过收并购 LIFT 项目公司的股权进入后期运营板块，因此有报告将这些涉及 LIFT 股权交易的上市运营公司也归为基金公司，如表 2 中 Ashley 公司。

表 2　英国 PFI 股权交易基金类型

PFI/PFI 基建投资基金：主要投资于二级市场，部分涵盖一级市场	
伦敦股交所挂牌交易的基金	非公开交易基金
HICL 基建基金	Semperian PFI 基金
John Laing 基建基金	Dalmore 资本
BBGI 基建基金	
私募融资基建基金：通常国际化运营，投资于中大型的项目，涵盖一二级市场	
私募基金	大型金融机构的子公司
3i 集团	高盛基建基金
Aberdeen 资产管理公司	瑞银基建基金
地方改进金融信托计划项目合营公司：从二级市场基建基金到一级市场各类医疗、保障房项目均有参与	
Ashley 公司	
Assura 集团	

根据英国市场的情况，PFI 项目因为项目之间的差异比较明显，产品的标准化存在一定的难度，因此 PFI 项目二级市场上非公开市场的交易更为主流。

（2）单个项目交易和组合交易。

单个项目交易和组合交易是指交易标的包含的 PFI 项目股权、债权的数目而言，目前市场上以单个项目交易为主。

（3）PFI 二级市场直接投资或间接投资。

直接投资指通过直接购买 PFI 项目公司股权持有，并参与项目公司的运营、管理等职责。间接投资是指通过收并购包含 PFI 项目的建筑或运营类公司股权或者 PFI 基金来间接实现。两者的区别主要在于，直接投资门槛较高，既要求投资人资金实力达到一定规模，也需要相应的专业团队。间接投资虽然提供了比直接投资更好的流动性，但也可能面临更多的风险，投资上市公司股票受到一部分系统风险的影响，投资 PFI 基金的话要考虑基金所持有的其他项目的整体表现。

在英国直接投资以交易 SPV 公司股权为主要形式，间接投资以交易二级市场基建基金为主要形式，以涉及 PFI 项目和股权交易花费来看，直接投资涉及 PFI 项目 1003 个，涉及交易金额 102.865 亿英镑，间接投资涉及项目 1151 个，涉及交易金额 81 亿英镑，由于部分项目涉及股权多次交易，以交易金额来看，直接投资和间接投资二者所占比例分别为 56% 和 44%。以时间段来看，直接投资交易在金融危机之前是主流，在 2012 年后金融危机时期又迎来新的交易高峰。而间接投资交易在金融危机时是主流，主要原因是这些间接投资交易的基金部分是金融机构投资或者直接是子公司，而金融危机时期整个金融业受到重创，为获取现金流保障资金充裕，缓解债务、利润危机，各金融机构纷纷出售剥离旗下的这些基建基金（如苏格兰哈利法银行 2008 年出售旗下的基建基金，麦格理集团 2009 年卖出麦格理通讯基建基金，澳大利亚的 Babcock & Brown 由于杠杆率过高而融资期限过短在再融资不畅的情况下甚至直接破产清算基金被出售给其他基建基金），并且这些金融机构旗下的基金涉及项目数量多，交易规模大。

三、关于英国 PFI 二级市场的评价

1. 赋予公共基建金融属性和市场属性

通过 PFI 二级市场的交易体系，公共基建设施被赋予了金融属性和市场属性。金融属性而言，一方面，增加了 PFI 项目的流动性，使其估值获得流动性溢价，同时也通过二级市场完成风险的交易，此外，一级市场转二级市场也可以获得投资溢价，推高公共基建设施的估值。另一方面，为基建项目增加了市场属性，PFI/PFI 项目本身为公共基建设施提供了一种商业价值评估体系，而二级市场则是给基建资产良好的交易平台，增加了基建项目本身的系统性估值方式和流动性。

2. 推动了基础设施投资人背景的全球化

英国推行新自由主义，PFI 二级市场高度开放，股权市场，离岸基建基金是参与 PFI 二级市场的主要投资商之一；此外，各类国际金融集团或者私募集团也运营有国际化的基建基金投资于 PFI 一级、二级市场。在债权市场，国际私募基金也积极参与 PFI 项目的债权交易，如美国银行曾参与医院 PFI 项目的贷款抵押债券，澳大利亚中期银行贷款参与项目贷置换等。

不过，全球化并不是没有带来问题。英国超过 70% 的 PFI 项目涉及离岸基金的投资，而这些离岸基金通过在避税天堂设立，在购买、出售 PFI 项目公司股权、获得项目估值提升的收入、获得利息收入等情况时几乎没有税负，早期部分支持者以为纳税人会受益于投资者因 PFI 项目获得利润而缴纳的公司税，然而这些利润却流向了海外和股东腰包，而这也是英国部分观点所诟病的。

3. 缺乏透明度，监管不力，物有所值评价体系可能失效

政府监管的 PFI 项目交易信息掌控不准确、不频繁，并且低估了交易规模。PFI 股权交易本身结构复杂，再加上有的投资商刻意隐藏、不公布交易具体收益与利润情况使 PFI 股权交易缺乏透明度，监管难度加大，而英国政府认为 PFI 股权交易是私人事情，对此板块整体交易情况监管与掌握不力，使 PFI/PFI 项目成为离岸基金获取暴利而免于缴纳与其收益相匹配的税负的投资方式。

此外，整个宏观环境是新自由主义盛行，且英国财政部认为 PFI 二级市场的繁荣有利于项目效率提升、降低股权投资成本进而促进 PFI 一级市场发展，且由于项目公司结构、人员并不会调整，对项目并不会有太大的影响，因此对二级市场监管不力。直到 2008 年开始财政部才开始跟踪 PFI 股权交易记录并且开始要求公司披露相关监管规定、定期报告来了解一定的市场信息。但目前 PFI 股权交易披露的信息仍有局限性和不完整性（如可能会披露交易规模，但具体收益率、利润情况、交易对手不会披露）。

还有，在 PFI 项目中，政府并未参股，对 PFI 资产控制力较小。此外，由于项目的核心元素——风险转移被夸大和定价过高，物有所值评价体系可能失效。

4. 利润空间减少下可能下降的服务质量

随着 PFI 项目的多次交易，其收益率也会逐渐下降，为了保证一定利润空间，或者满足与通货膨胀相关联的债务偿还，员工水平与服务质量可能会有所下降。

资料来源：财政部 PPP 中心、天津金融资产交易所、北京明树数据科技有限公司：《英国 PPP 二级市场的发展和对中国的借鉴意义》，2018 年 11 月。

第六章

现代国家治理体系下 PPP 高质量发展之路

党的十八届三中全会全面改革部署中，首先，确立"现代国家治理"理念，即明确按照现代国家要求来治理、发展中国，提升国家治理体系和治理能力的现代化水平；其次，治理水平的"现代化"联通着"构建现代市场体系"和突破性地提出"使市场在资源配置中发挥决定性作用"；最后，市场配置的"决定性"作用的充分发挥，被落实到一个非常关键的表述上，就是关于市场经济运行的基石——产权制度上的改革，要主要推进"混合所有制"，以股份制这种现代企业制度的标准化代表形式，其容纳力和包容性完全可以是把"国"的、非"国"的、"公"的、非"公"的所有产权充分混合在一个个企业内部，从而以一个共赢的方式，在法治框架下无阻碍地实现相互合作与潜力释放，而 PPP 模式恰恰与之贯通。PPP 作为制度供给的创新，就是使市场资源配置作用得到各个方面更多认同，也得到政府应该"更好发挥作用"的各种可操作机制匹配的一个重要改革事项，PPP 模式是全面改革配套的必备事项，即实现制度供给方面的重大创新。

2019 年 10 月 31 日，党的第十九届四中全会通过的《中共中央关于坚持和完善中国特色社会主义制度 推进国家治理体系和治理能力现代化若干重大问题的决定》，明确提出"优化政府职责体系。实行政府权责清单制度，厘清政府和市场、政府和社会关系"，PPP 模式的规范实施恰是完善社会主义市场经济体制，厘清政府与市场关系、更好发挥政府作用的重要手段，助力国家治理体系和治理能力现代化水平提升。

结合中国经济进入高质量发展阶段的特点，构建符合中国实际的PPP发展道路是关键，PPP模式高质量、可持续发展的思路是：一方面，从项目全生命周期维持速度和质量的协调，防控风险，强调从经济、社会和环境影响三个维度进行规范。注重激发市场主体特别是民营资本活力，强化进入运营期项目的监督和绩效管理。另一方面，顺应国家治理体系现代化的要求，加快PPP制度体系建设和配套改革的支撑。"不忘初心，方得始终"，PPP可持续、高质量发展，势必要从制度体系建设、监管体系升级、成熟的PPP市场建设、政府治理能力等方面深化改革。

第一节 适应国家治理体系现代化要求，夯实PPP制度体系

一、构建PPP高质量发展的法律制度体系

党的十八届四中全会对于我国全面推进"依法治国"作出了顶层规划，在中国推进PPP的进程中，要释放社会资本民间企业的潜力、提升公共部门综合绩效，最关键的是政府强化法治和契约精神供给。PPP可持续、高质量发展需要一整套效力层级不同的法律体系支撑，一方面建立完善发挥主导作用的PPP法，另一方面要进一步完善更为细化、有针对性的规章、条例、指引指南。结合国际经验，与PPP相关的法律制度将明确规定一些必备要素，将赋予某些机构具体的权利，将使各方职责清晰化。例如，将PPP项目的财政管理权授予特定部门并明确职责范围，规定项目公司或政府部门必须公布任何对财政有影响的信息，肯定PPP合同的地位并提供履约保障等。

（一）加快PPP立法，建立统一的、高规格的顶层设计

PPP模式较为成熟的发达国家均有较为完善的法律，如英国以《公共合同法》全面统筹PPP模式的运行和发展。我国至今仍没有一部专门的

PPP 模式法律，当务之急是保障 PPP 法的唯一性，由此扩展、细化形成相应的规章、条例、细则，使 PPP 的具体工作有法可依。PPP 立法属于 PPP 顶层制度建设的内容，既要着眼于推动 PPP 项目全生命周期的合法、规范操作，解决 PPP 项目操作中面临的现行其他法律法规不明确甚至冲突的问题，又要正面回应实践中地方政府和社会资本方关注的共性问题，明确相关重大政策措施。

针对 PPP 立法问题的"两步走"策略，即尽快出台《PPP 条例》再积极立法律（如《PPP 法》）。其一，考虑立法难度极高，复杂性专业性需要不同领域的专家学者统一研究，通盘考量，立法周期难以准确预计；其二，未来法律的出台与现阶段解决问题的紧迫性，在时间方面无法匹配；其三，不断地总结 PPP 在推广过程中存在的问题是"两步走"策略的关键工作，结合现实突出问题出台针对性条例，一是对于不同层次的法律问题及时出台条例给出规范性的解决办法；二是形成条例接受时间检验的这一过程，全面论证条例的有效性，不断优化修正；三是为立法工作做准备。条例出台的同时积极开展立法工作，制定立法工作计划，积极响应社会意见，多方参与探讨、有序组织工作开展、高效总结法律条例，完成 PPP 立法任务。

（二）加强法律制度规范的协调和统一

PPP 模式法律的权威性和稳定性要远强于目前繁多的 PPP 相关指导文件。PPP 模式法律对参与主体资格、运作方式、交易结构、合同结构、实施机构、采购方式、回报方式等作出统一规定，避免部门间、法律间政策的冲突和频繁变更给社会资本带来的困境。

制定专门的 PPP 法律也需要解决好与现行法律的衔接问题。PPP 项目涉及的法律关系较为复杂，在推进 PPP 模式立法的同时，还应着力解决 PPP 项目立法与现行法律之间的衔接协调问题，在建立健全社会主义法治国家的时代背景下，建立符合我国社会主要法治要求的 PPP 法律。

（三）填补现有监管规定空白

在完善监管法律环境时，不仅要出台高位阶法律，而且在立法内容上还应当保证整个 PPP 项目的论证、招标、建设、运营、移交等各个阶段的监管均有法可依，尤其要明确对 PPP 纠纷的解决机制的规定。目前，地方政府出台的相关规定较少涉及保证私人部门利益的条款，在 PPP 纠纷的司法实践中，对其法律性质的认定存在困难，进而引发了司法监管不到位的问题，填补对私人部门的利益保护规定内容，应该至少包括如下两个方面：一方面，针对被监管者，既要明确监管的范围和方式，又要保障被监管者享受投诉申诉的权利；另一方面，针对监管者，既要赋予其监管权力，又要规范其监管行为，不能法外监管，任意监管，以监管之名侵犯私人部门的合法权益。

二、积极推进 PPP 财政管理制度建设

PPP 模式的高质量规范化发展，从财政视角看是财政体制的一项重大改革，将直接牵引到预算管理体制改革，也是防范化解财政风险的重要手段之一。

（一）构建 PPP 项目全过程财政风险管理机制

财政风险的防范要贯穿 PPP 项目全生命周期。在 PPP 项目的识别阶段，综合考虑项目的成熟度、社会的需求度、政府的承受度、行业的平衡度做好项目筛选，健全 PPP 项目物有所值评价决策体系和财政承受能力论证；在项目的准备阶段，在管理架构组建上，设置专门的机构和人员保障财政风险的有效监管。在实施方案编制中根据禀赋优势、风险与收益匹配原则平衡合理地分配风险；在项目的采购阶段，确保 PPP 项目采购过程的公开、公正、公平，实现 PPP 项目的顺利落地。在项目执行阶段，加强对项目的融资管理以及建设期、运营期的监管，确保实现按绩效支付对价。在项目移交阶段，编制科学合理的移交方案，确保项目符合政府回收项目的基本要求和项目的持续运营，防止国有资产的流失和社会公共利益的受损。

从中长期看，伴随预算体系的深化改革，实行跨年度预算方式，实施以权责发生制为基础的会计体系，将为 PPP 财政管理制度建设打开新路

径,预算管理模式要求政府实行中期财政规划,将PPP以权责发生制为原则,计入政府的资产负债表。

(二) 推进PPP财政制度建设

PPP项目投资金额大,周期长,与中期财政规划联系密切。将PPP置于中长期财政规划和预算框架内,有利于政府厘清未来政府支出责任,避免因PPP预算的长期性造成"财政幻觉"。

第一,推进包括实施以权责发生制为基础的政府综合财务报告制度,逐步将PPP项目资产、负债等纳入政府总财务报表中去,做到全面监管。

第二,加强PPP项目的预算管理,加快制定中长期财政规划,将PPP项目财政支出全部纳入财政预算中。PPP项目应融入政府资本预算周期、中期财政框架和总体公共投资战略。中长期财政预算中应包含可行性预期支付,政府通常在一个预算年度之后预测出未来两三年的预计支出,因此易于在这些预测中加入可行性补助支出。由于特许经营期一般长达几十年,所以中期预测不足以包含其影响,因此需要做长期财政预测。

在当前背景下,按照循序渐进的原则可以先期实行中期预算的初级阶段——中期财政框架(MTFF),通过中期财政框架的多年期财政支出预测和财政收入预测功能确定合理的财政规模。对PPP模式而言,中期财政框架可以将PPP项目带来的政府在未来数年的财政支出通通纳入财政预算之中并逐年滚动调整,由此克服年度预算的短视缺陷,确保PPP项目开展的政府支出始终在政府财政承受范围之内。

三、构建全面绩效预算框架下的PPP项目绩效管理

(一) 加强PPP项目全生命周期的绩效管理研究

财政部门牵头组织PPP项目全生命周期的绩效管理研究,出台PPP项目全生命周期的预算绩效管理规程或指南,指导相关部门和PPP项目相关方树立全生命周期绩效管理的意识,加强全生命周期绩效管理工作。各行业主管部门、项目实施机构也应结合各自职能职责和行政监管要求,

研究、出台相应的PPP项目全生命周期绩效管理办法，指导具体绩效管理工作，积极开展PPP项目支出绩效自评。作为社会资本方为了实现企业盈利、持续稳健发展的目标，也可以相应开展有利于目标管理、内部控制、经济分析、投资决策、薪酬考核的PPP项目全生命周期绩效管理研究工作。

（二）统一行业内绩效评价共性指标，确保可比和公平

财政部门联合各行业主管部门，充分结合各行业特点、技术规范和适用法律法规，共同编制分行业、分领域PPP项目绩效评价指标体系，统一行业内各项目评价绩效评价共性指标（一、二级大类指标），确保绩效评价结果的可比性和公平性，促进社会资本方对照评价指标和评价结果主动改善管理，提升产品和服务质量，提升PPP项目全生命周期的绩效管理水平。

（三）完善PPP项目全过程绩效管理链条

进一步完善PPP项目全生命周期（绩效目标管理、绩效监控、绩效评价、结果应用）的绩效管理机制。一是从项目绩效目标编制、审核入手，加强对项目实施机构、项目预算资金的跟踪问效，及时纠正绩效偏差，延伸财政管理链条，提升精细化管理水平；二是以立项环节为抓手，建立PPP项目库管理；三是建立完善PPP项目绩效评价机制，引入第三方机构独立对PPP项目开展绩效评价和中期评估，改进项目资金申报、论证、审批、分配方式；四是建立规范、高效的财政预算绩效跟踪运行。针对监管发现的偏差和重大问题及时采取措施进行纠正，保证PPP项目按照既定目标运行；五是加强PPP预算绩效管理结果的运用管理，体现激励相容、风险共担的PPP精髓。

（四）建立PPP项目绩效评价数据库

建立PPP项目绩效评价数据库，加强PPP项目全生命周期相关绩效考核数据的收集、汇总、整理和分析，作为PPP项目绩效评价理论研究、实务参考、绩效指标对比分析等的基础性数据来源。

第二节 理顺 PPP 监管框架，审慎处理风险防范和积极创新关系

自 18 世纪 90 年代，英国、美国、法国等国家政府全面介入自然垄断、公用事业等存在市场失灵的领域，对企业的进入、退出、价格、投资等问题进行直接干预，以维护公共利益。经济学语境下的监管（或称规制、管制）有三重含义：一是政府基于公共利益考量的制度安排；二是利益集团为自身利益对政府权力的俘获；三是泛指对经济的控制。从更广泛的意义上讲，第三重含义更能体现政府监管的全面性，即泛指政府行政机构直接干预市场配置机制或间接改变企业和消费者的供需决策的一切规则制定及执行行为。[①] 政府监管作为一种约束性制度安排，表现出非实物形态、成本与收益非对称性、效用的多元性、消费的强制性以及一定程度的"地域性"等特点。政府在 PPP 模式中既是重要的参与者之一，也是监管者，如何清晰界定两者的边界，促进 PPP 可持续发展，是关键。

《关于规范政府和社会资本合作（PPP）综合信息平台项目库管理的通知》的出台反映出我国 PPP 发展尚不成熟，政府监管仍然不到位，在完善我国 PPP 模式的过程中，应注重全生命周期的顶层设计，理顺 PPP 监管框架，审慎处理风险防范和积极创新关系，有效规范 PPP 模式运作，防止 PPP 模式异化为地方政府新型融资平台，遏制地方政府隐性债务风险增量，增强私人部门市场投资信心，促进 PPP 模式可持续发展。

一、夯实监管框架构建的基础

在短期内，应高度重视防控相关风险并掌握创新领域弹性试错空间，把握好"发展中规范"，在现有 PPP 已有的具体监管模式下，根据 PPP 运营中出现的新问题，探索完善监管框架。

---

① 刘佳丽，谢地. 西方公共产品理论回顾、反思与前瞻——兼论我国公共产品民营化与政府监管改革 [J]. 河北经贸大学学报，2015（5）：15.

首先，对于多头监管造成的导致监管责任不清，行政监管效率低下等问题，应加强财政部、国家发展和改革委员会、中国人民银行、银监会等部门在 PPP 项目管理上的协调，强化部门间的沟通和合作。可考虑由财政部牵头，将现行各种监管文件进行整合。合并框架性文件，明确 PPP 的概念、范围，以及各部门的权限等，确定物有所值评价体系和财政可承受力论证方法；合并财政部与国家发展和改革委员会的 PPP 合同指南，制定标准化合同以及选择、评估和批准 PPP 项目的详细方法。

其次，依照《政府和社会资本合作模式操作指南（试行）》中对 PPP 项目的信息公开做出了严格的规定（涉及 PPP 项目的所有主体包括政府部门、参与 PPP 项目建设的社会资本以及进行项目运营的项目公司，都应该依照法律要求公开相关项目信息包括项目建设情况、实际运营情况等，自觉接受公众的监督，让公众可以及时有效了解项目运行情况，维护自身的公共利益），制定统一的标准，将现有 PPP 项目中，符合标准的项目信息作为政府预算文件的一部分，先行对外披露。

二、逐步形成监管框架的关键要素

把握好"规范中发展"的要领，跟踪评估 PPP 创新监管领域的运行风险，一旦发现有把握、可看准的风险点、风险因素，及时推出防范与消除风险的补救措施，逐步强化完善监管框架中的关键要素点。

首先，可考虑在财政部 PPP 中心引入国家发展和改革委员会与其他相关部委的代表，并与中国人民银行和银监会协调，将其扩展为国家 PPP 管理中心，为所有的 PPP 项目监管问题提供"一站式服务"，并成立省级分支机构。

其次，考虑 PPP 监管方式的创新。第一，采用定期与不定期相结合的现场抽查方式替代现有的书面审查监管方式，增加现场抽查，通过走访项目建设的现场，询问相关人员，准确了解真实情况，获取项目第一手资料，如果发现问题，及时提出相应意见或措施。可以采取定期、不定期、突击抽查相结合进行抽查，防止相关企业仅做"面子工程"，并注意一旦现场抽查方式耗费了大量的政府资源，则应注意对该监管方式的成本规范的进一步问题。第二，采用全生命周期绩效管理的方式监管，在项目建设前期，设定绩效目标；在项目建设时期，进行绩效跟踪；在建设完成或者运营阶段，进行绩效评价，根据是否达到设定目标给予相应的奖励或者惩罚，还可以将公共产品或服务的价格与绩效挂钩，把绩效系数作为调整价格的参考因素，最大化地实现公共利益。通过前期、中期、后期全过程的监管，强化政府监管的效果，提升公共产品与服务的供给质量和效率。

三、参照国际经验制定有效的监管框架

从长期发展来看，第一，应尽快升级并出台国家层级 PPP 法律，作为我国 PPP 监管的基本法，并考虑将 PPP 总支出和当年支出，列入中央和地方政府年度预算和中长期财务规划的常规内容，有关 PPP 项目的详细信息，以及 PPP 项目对当年和中长期财务规划的财政影响的相关信息，要在各级预算文件中向公众详细披露。

第二，注意发展和规范 PPP 资产交易市场平台，在政府"可行性缺口补贴"提高其预测及可确定性的水准等方面，引导社会资本方积极规范地参与 PPP 项目。

第三，PPP 项目信息公开是推动 PPP 模式健康发展，促进政府职能转变，提高治理能力，发挥市场配置资源决定作用的一个关键性的抓手。参考发达国家的经验，在 PPP 法律中明确要求涉及 PPP 项目的采购过程要严格按照法律要求进行公布，并明确"凡是项目存在风险，且此风险足以威胁财政状况，就应当予以披露。"同时，建立公众申请信息公开的渠道。对于应当向社会公众公开的信息，建立起社会公众监督投诉与申请公开的制度安排，并由各级 PPP 管理机构统筹协调各实施机构与政府有关部门，及时核查、回复、纠正与公开。

第三节　深化金融供给侧改革，提高 PPP 融资市场成熟度

2019 年 2 月 23 日，习近平总书记在论及金融供给侧结构性改革时，

明确提出了金融供给侧改革的方向，加快多层次资本市场体系建设，加快金融市场对外开放。构建完善多层次资本市场是促进 PPP 模式高质量、规范发展的重要保障，通过更广范围的资源流转与配置，促进项目实现融资管理与价值增值。规范健全的交易机制、成熟活跃的交易平台和标准多样的金融产品是建立健全 PPP 融资机制的关键所在，以期实现从一级市场到二级市场的合理流转，从股权到债权的合理配置，建立完善成熟的 PPP 市场。其中，专门的 PPP 资产交易市场是多层次资本市场的重要组成部分，应突出其交易和引领功能，即通过共建形成示范，探索符合 PPP 本质理念的交易运营机制，引导行业发展，有效引导 PPP 生态圈良性发展，使各类社会资本在 PPP 项目中进退有序，保障政府方、社会资本、社会公众的利益。

一、拓宽融资渠道，创新融资工具

当前中国 PPP 项目操作实践中，商业银行信贷和政策性银行的专项贷款仍然是 PPP 项目债务融资的主要渠道。针对中国 PPP 市场流动性偏低、收益率较低的问题，要鼓励社会资本以多种融资手段拓宽融资渠道降低融资成本、增强产品流动性。并依据 PPP 项目的特殊性，选择与之相匹配的新型融资工具，促进 PPP 项目融资渠道多元化。通过各种融资工具的组合来实现项目融资成本最小化，优化匹配项目所需的各类股权资本和债权资本。

（一）鼓励项目收益债券的规范、积极运用

从发行债券的角度看，鼓励项目收益债券的积极运用，即发行与特定项目相联系，募集资金用于特定项目的投资与建设，将项目运营期所产生的现金流作为主要偿还来源的债券，与 PPP 项目的投资回报机制有很高的匹配度。作为国家发展和改革委员会重点鼓励的债券品种，项目收益债最大的特点即是要求用于偿还本息的项目收益现金流稳定良好。使用者付费、可行性缺口补贴和政府付费三种 PPP 项目投资回报机制，均拥有比较稳定可靠的现金流作为债券还款支撑。与此同时，项目收益债对发行主体

的资质要求较低。如为公开发行的项目收益债券，SPV 作为发行主体，只需满足最低资质要求，如为非公开发行的项目收益债券，可豁免相关法规对发行主体的财务指标要求。

在发行规模方面，公开发行的项目收益债券，发行规模受到净资产规模和净利润的限制。非公开发行的项目收益债券，发行规模原则上不受发行人净资产的限制，但需要与项目投资额挂钩，且项目周期内产生的收益可以覆盖债券本息。项目收益债券的发行期限不得超过募投项目运营周期。

（二）完善 PPP 类 REITs 相关规范，增强基建股权类产品流动性

2016 年国家发展和改革委员会联合证监会印发《关于推进传统基础设施领域政府和社会资本合作（PPP）项目资产证券化相关工作的通知》中指出"推动不动产投资信托基金（REITs），进一步支持传统基础设施项目建设"，正式提出鼓励 PPP 类 REITs 产品。相关管理部门要加快推出 REITs 管理办法，加快 PPP 类 REITs 税收等相关制度建设步伐，完善 REITs 有关配套支持政策，推动金融市场供给侧改革、加快经济结构转型、提升 PPP 市场成熟度。

REITs 是盘活存量资产、拓宽不动产和基础设施融资渠道的重要方式之一。一方面，REITs 产品可以完善 PPP 项目退出机制，增加资金流动性与使用效率；另一方面，REITs 本身股份份额小，对持股数量也没有限制，降低了投资者投资基建领域的门槛，并且 REITs 资金成本相对较低，投资时间长，是 PPP 项目所需的资金类型；此外，对于成熟期的 PPP 项目，通过设立 REITs 在公开市场交易，引入全国社保基金等长期投资者，可以有效缓解 PPP 项目资金错配难题；对于建设期 PPP 项目，REITs 可以对 PPP 项目进行权益性或者债务性投资，从而化解 PPP 项目资金期限错配和高杠杆风险。[①]

PPP 项目参与资产证券化的基础资产，可分为收益权资产、债权资产和股权资产。收益权资产是 PPP 项目资产证券化最主要的基础资产类型。根据 PPP 项目回报机制，可再细分为使用者付费模式下的收费收益权、政

---

① 聂登俊. REITs 助推 PPP 发展的思考［J］. 中国财政，2018（1）.

府付费模式下的财政补贴、"可行性缺口"模式下的收费收益权和财政补贴。与项目收益债类似,作为证券还款来源的是未来稳定的收益现金流。基础资产为债权资产的资产证券化产品,即信贷资产证券化,是以PPP项目银行贷款或PPP项目金融租赁债权作为基础资产。商业银行或金融租赁公司作为发起机构在银行间市场发行信贷资产支持证券。当PPP项目进入运营阶段时,可以考虑以项目公司股东为融资人,以项目公司股权或股权收益权作为标的进行融资,盘活存量资产。目前,国内资产证券化实务中以股权或股权收益权作为基础资产的资产证券化项目主要是私募REITs项目,如中信启航专项资产管理计划、中信华夏苏宁云创资产支持专项计划等。应积极尝试以PPP项目公司股权或股权收益权作为基础资产,开展资产证券化,可考虑以保障房、养老地产或医疗地产等地产项目作为突破口,发行类REITs模式的PPP项目资产证券化产品,后续也可以以行业前景向好、收费现金流稳定的市政收费型企业(参考IPO或新三板的基本标准)作为试点。

(三)推动项目公司信用增级

推动项目公司的信用增级,从根本上减少PPP项目的融资成本。信用增级结构是PPP项目融资需要考虑的结构性问题之一。信用增级结构主要是指PPP项目融资可以采取的增信方式、力求在项目公司现有资信情况下获得低成本融资,具体方式包括股东方担保、追索权、内部分层结构以及抵押等。

创新型融资工具常与不同的增信方式相伴。项目收益债券,在实际操作的过程中,由于仅靠尚处于建设过程中项目的未来收益难以支撑债券信用,项目收益债券方案设计上依然需要较高资质的发行主体提供增信措施。尽管《证券法》中对发行主体的要求规定不高,但仍需高资质主体提供差额补足或作为担保方,所以,项目收益债在当前的监管政策下,差额补足机制必须设立,其他增信措施可根据具体方案设计,发行主体需要在银行开设募集资金使用专户、项目收入归集专户、偿债资金专户,分别存放项目收益债券的募集资金、项目收入资金和项目收益债券还本付息资金。

从表面上看，PPP 模式下的项目融资是以项目信用为基础，以项目未来稳定且持续的收益作为主要还款来源，但由于我国目前尚处于 PPP 初期摸索阶段，经验不足，加之推广的 PPP 示范项目大多具有公益性特征，为保障此类项目的顺利推进，仍存在一定的政府隐性担保。目前，国内的资产证券化实务操作中，外部增信往往由主体长期信用等级很高的原始权益人或与原始权益人关联度很强的控股股东及实际控制人来提供不可撤销的连带责任的差额支付承诺。

二、培育 PPP 二级市场，加快资产交易体系建设

随着 PPP 市场的不断规范，大量 PPP 项目将进入建设和运营阶段，需要鼓励支持 PPP 二级市场的培育，提升社会资本的积极性，同时针对二级市场 PPP 项目的交易，也需要建立信息备案系统，对交易进行监管。其中，更为迫切的是建立完善资产交易体系，一方面为不同阶段的 PPP 项目新的社会资本进入存量项目提供通道，发挥价值发现的功能；另一方面也可以在市场基础能力建设、资产流动性、价格发现和退出机制等方面有效提升 PPP 市场成熟度，发挥风险化解的功能。如前所述，市场前景较大的 PPP 资产证券化本身就是 PPP 项目资产交易行为，但是 PPP 资产证券化对接的是标准化的金融产品，而 PPP 资产交易中心的定位是 PPP 项目中的非标金融产品，包括 PPP 项目股权、债权以及 SPV 公司股权增资等业务，可以提供 PPP 项目中新旧社会资本转换的交易通道。PPP 资产交易体系建设可以包括两个层次：其一，依托国内金融中心已有的产权交易中心打造较大规模 PPP 项目资产流转交易平台，目前相继在天津金融资产交易所和上海联合产权交易所合作成立 PPP 资产交易平台，其功能有待进一步挖掘提升；其二，依托区域金融中心打造中小规模 PPP 项目资产流转交易平台，通过区域共建延展 PPP 生态链条，搭建多层次资产交易市场体系。

目前，监管层和交易所都积极推进 PPP 二级市场建设，市场中已经有十余笔 PPP 资产证券化、资产支持票据等产品发布，并且上交所也表示在未来，符合条件的项目主体也可以通过股票市场挂牌上市进行融资，但 PPP 权益产品及二级市场交易规模总体较为有限，相应的规则仍需各方加

（一）为服务于实体经济的基础设施投融资产品提供交易结构上的政策支持

2018年上半年资管新规对于期限错配的规定对市场上具有中长期股权融资需求的项目影响巨大，PPP项目的股权融资亦遭受冲击。目前，中国PPP市场的融资仍然主要依靠银行贷款，在股权融资受限和中长期投资人尚不具备规模的情况下，对于符合政策导向、服务于实体经济和基础设施补短板等领域的融资产品应有过渡性的政策安排和产品来支撑合理的融资需求。同时，为推动PPP资产形成标准化、规范化、规模化交易，一方面，应探索建立统一的、专门的PPP资产入场交易机制，在保障项目运作平稳的前提下，建立区分建设方、运营方、财务投资人、金融机构等不同主体交易需求的交易规则，严格交易标准与条件，保障政府对产权交易的监督管理权；另一方面，完善、创新金融产品，推动资产证券化（ABS）、不动产投资信托基金（REITs）等金融产品更好发力，提升PPP市场的流动性和附加值。

（二）建立统一的、专门的PPP资产入场交易机制

1. 建立统一的PPP资产入场交易机制

PPP模式主要适用于基础设施和公共服务领域，其结果是向社会公众提供公共产品和公共服务，除少部分使用者付费回报机制的PPP项目外，大部分项目收入也主要来源于公共财政资金，使得PPP项目具有明显的公共属性，因此，PPP资产交易行为要规范、公开、接受行政监管和公众监督。从本质上来说，这与企业国有资产入场交易的根本目的是一致的。另外，PPP资产入场采用竞争方式择优选择资产受让方，尤其是项目股权受让方（作为新的社会资本方，承继相应项目责任），遵循和延续了最初政府方"通过市场化、竞争机制择优选定社会资本方"的基本要求和理念，使"公正、公平、公开"的原则得以始终贯彻，确保选择最具有综合能力

---

① 财政部PPP中心，天津金融资产交易所，北京明树数据科技有限公司：英国PPP二级市场的发展和对中国的借鉴意义［R］. 2018年11月.

和优势的受让方，保障项目能够继续按照既定目的或标准实施，实现充分竞争和资源的优化配置。同时，通过机制安排，保障政府方对 PPP 资产受让方选择过程的参与，避免政府方被动接受交易结果，甚至进一步完善 PPP 项目合同管理。如将"修订 PPP 项目合同"作为评审因素（招投标方式下），鼓励意向受让方与政府方协商修订原 PPP 项目合同关于双方权利与义务的约定，如绩效考核标准、付费金额、方式等。因此，PPP 资产入场竞价交易有利于在一定程度上减弱社会资本通过转让股权，尤其社会资本方主要的投融资、建设和运营责任尚未履行完毕情况下的建设期股权，完成退出以及受让方获取项目合理性的疑虑。

因此，为了维护社会公共利益以及通过竞争方式选择最优社会资本，有必要建立不区分社会资本的经济性质，强制要求各类型，包括国有企业、民营企业、港澳台企业和外商企业在内的全部社会资本所有的重大 PPP 资产交易统一入场机制，实现 PPP 资产交易信息发布、挂牌公告、竞价谈判、协议签订、资金结算、凭证出具、事项交割等交易活动严格依照法定交易方式和交易程序规范、高效、安全开展；确保依法充分披露交易信息，使交易的全过程接受来自政府、融资方等市场主体和社会公众的监督，杜绝商业贿赂和暗箱操作，实现 PPP 资产在"阳光下"交易。

2. 建立专门的 PPP 资产入场交易机制

PPP 资产交易绝不仅仅是交易双方之间的产权交易，以 PPP 项目公司股权交易为例，其特点根本上体现在交易结果上：不仅实现了社会资本持有的股权本身的转移，也发生了社会资本对 PPP 项目投融资、建设、运营、移交等责任的转移（对政府方而言，则发生了采购对象及其责任承担的变动）。尽管社会资本基于风险隔离等多方面原因，通常会由专门设立的项目公司直接签署 PPP 项目合同或者签署承继合同，享有和承担具体的权利和责任，但是社会资本方对项目公司的履约仍然产生实质性影响，或者说本质上仍是社会资本以项目公司为媒介履行 PPP 项目合同责任（这也是政府方以及金融机构只关注社会资本方资质、实力和业绩，而不关注项目公司本身条件的原因），而社会资本方对项目公司的这种影响将随着股权交易逐渐减弱直至消失，而股权受让方的影响则逐渐加大。

现有的企业国有资产交易机制主要是围绕产权转移过程中国有资产的

保值增值目的而设计的，对一般的股权转让有其必要性和合理性；但是针对 PPP 项目公司股权而言，这种设计对交易行为是否以及多大程度影响标的企业对合同相对方履行责任的能力和意愿，规定得则不够具体和充分。

因此，需要建立相对于企业国有资产入场交易机制而言的，专门适用 PPP 资产入场交易活动、符合 PPP 特点和理念，兼顾政府方、社会资本方、社会公众、金融机构以及其他利益相关方利益，更能保障交易的规范性和效率，恰当引导 PPP 规范实施的交易机制。

专门的 PPP 资产交易机制至少应当在以下几个方面考虑如何在交易全过程中降低交易行为对 PPP 项目实施的负面影响：一是关于受让方资格条件以及评价因素探索改变现有的企业国有资产交易机制关于受让方资格条件"不设定为原则，设定为例外"以及"唯价格论"的制度安排，鼓励从资格、价格、业绩等多方面考察受让方的条件，通过综合评标法（招投标）、权重报价（网络竞价）等方式综合选择最优受让方。二是保障政府方参与 PPP 资产交易监督。保障政府方对 PPP 资产交易（尤其是 PPP 项目公司控制权）过程的参与，确保选择最优资产受让方，降低交易行为 PPP 项目实施的负面影响，或者增强项目公司的履约能力，加强政府方对 PPP 项目的履约管理，但也需要限制政府方滥用"同意权"，过渡抑制合理的 PPP 资产转让需求。三是更加严格的 PPP 资产交易标准和条件。PPP 资产交易涉及责任的转移，因此 PPP 资产交易应当在现有企业国有资产交易、一般资产交易的基础上设置更加严格的标准和条件，如合规性标准、合约性标准以及政府方同意标准等。以合规性标准为例。"规范"是 PPP 项目的生命线，不规范的 PPP 项目不仅自身的可行性存疑，也难以完成项目融资，还无法获得政府付费的保障，而是否纳入财政部全国 PPP 综合信息平台项目管理库或国家发展和改革委员会传统基础设施领域 PPP 项目库等国家级 PPP 项目库则是项目"规范"与否的重要参考标准。因此基于风险和效率的考虑，入场交易的 PPP 资产所属的 PPP 项目应当属于入库项目，这有利于积极发挥交易机构和机制的正向引导作用，督促 PPP 项目各方规范推进和实施 PPP 项目，形成良性的、自发的合规保障机制。此外，还需要进一步探讨建设期股权能否以及如何转让、股权转让锁定期、限额管理、绩效考核风险如何在一二级投资人之间进行分配等重大问题；四是更严格的信息披露。PPP 本身具有周期长、不同行业的技术标准和管理要求差异大、专业性强、复杂程度高的特点，使 PPP 资产交易成本高、风险大、监管难，因此为了提高资产意向受让方参与交易的积极性、鼓励支持 PPP 资产交易市场的发展，同时加强对 PPP 资产交易行为的监管，需要建立更加严格的信息披露机制，并且保证交易信息与入库信息动态同步。

（三）突出发挥专门 PPP 资产交易市场的集中优势

1. 创建和发挥 PPP 信息集中积聚与辐射优势和资源优势

专门的 PPP 资产交易市场，是 PPP 项目交易信息及时、集中、全面、系统收集和传播的场所，同时拥有众多 PPP 生态成员机构，形成 PPP 战略生态圈，具有其他产权交易市场无法比拟的专注度和资源优势，能够保障交易信息的数量和质量，以及扩散速度和影响力，充分挖掘可交易资源和意向受让方，大大提高交易配对的效率，实现资源的优化配置。

2. 创建和发挥专门 PPP 资产交易市场的集中创新和引领优势创新是第一动力

深入实施创新驱动战略，才能更好引领高质量发展。因此专门 PPP 资产交易市场可以在 PPP 法规政策指导下，集中专业、市场、资源等优势力量积极开展交易制度、交易模式、价格形成机制、服务模式、资金融通等理论和实践的创新，为 PPP 资产交易探索更加科学、更加高效、更加安全的机制，树立典型，打造示范，支持有关立法，推动 PPP 股权交易制度体系的建立和完善。

3. 创建和发挥专门 PPP 资产交易市场集中大数据优势

近年来，大数据相关的基础设施、产业应用和理论体系不断发展与完善，逐渐成为经济社会发展的新要素、新战略、新思维。而同样作为我国在基础设施和公共服务领域供给机制体制的重大创新的 PPP 模式，也是大数据的一个重要应用领域。

创建和发挥专门 PPP 资产交易市场对各领域、各类型、各时期全面的 PPP 资产交易大数据的集中收集优势，并通过专业技术和方法进行统一整理和量化分析，有利于提高信息利用主体决策的科学性、监测和监管的准确性、及时性，有利于指导完善绩效考核机制，提升内部管理效率和外部服务水平。由于交易会受到来自意向受让方与会计师事务所、资产评估机构等中介的直接审查等原因，专门 PPP 资产交易市场收集到的项目信息数据，可能比全国 PPP 综合信息平台公开的部分信息更加及时和准确，因此还可以探索建立 PPP 资产交易市场与全国 PPP 综合信息平台的互联互通机制，实现 PPP 资产交易结果与入库项目变动等信息的同步更新，提高平台信息的及时性、准确性和权威性。

此外，政府或交易机构也可以牵头建立完备 PPP 项目二级市场的数据库，包括项目公司股权变更、债权变更、资产证券化等数据。完备的交易数据库更有利于市场的监管与研究。

（四）培育中长期真正股权投资人

PPP 股权投资作为期限较长、收益稳定的投资类型一般会受到中长期投资者的青睐。在欧美市场，有越来越多的 PPP 股权投资人（基建投资基金、养老基金、保险公司、银行等金融机构）参与 PPP 项目投资、债权股权交易。这些投资人通常不在运营层面参与项目，而是主要寻求合理稳定的回报，因此其投资时点一般是在项目已经完全建成，成功度过高风险的运营初期并且有稳定现金流产生的阶段。通过 PPP 股权交易，这些投资人可以获得合理稳定的长期回报；出售股权的建筑商/运营商也能够提前获得现金流滚动投资，提升流动性与盈利能力；并且，正是这些有着严格投资标准和对项目结构化有严格要求的中长期投资者的参与，推动市场提升项目质量。

因此，在中国市场也可以逐渐培养中长期股权投资人，满足投资人长期稳定回报的同时，也可以带动项目质量的提升。投资者的培育需要同步推进政策引导、市场体系和监管制度的完善，进一步完善 PPP 领域的信息披露，加大投资人的保护力度，才会吸引中长期的资本配置 PPP 相关资产。

（五）充分发挥第三方专业服务机构的作用

PPP 项目涉及金额大、合同周期长、交易结构复杂等特点，导致 PPP 二级市场中准确把握交易过程的合规性、交易信息的真实性和资产估值的合理性等都有较高的专业性门槛，需要充分发挥律师事务所、会计师事务所、大数据公司和评级机构等第三方专业服务机构的作用，在PPP资产交易过程中提供经纪、法律、咨询、审计、评估等一项或多项专业服务，包括但不限于交易对接、尽职调查、信息核验、资产价值评估和衍生金融产品评级定价等，促进交易达成。

三、完善多层次资本市场体系

2012年9月，由中国人民银行、中国银行业监督管理委员会、中国证券监督管理委员会、中国保险监督管理委员会、国家外汇管理局共同编制的《金融业发展和改革"十二五"规划》，文件明确中提出："鼓励创新，加快建设多层次金融市场体系。"2017年10月，党的十九大报告提出今后金融工作的指导思想及核心内容是："深化金融体制改革，增强金融服务实体经济能力，提高直接融资比重，促进多层次资本市场健康发展。"

（一）完善多层次资本市场，将PPP作为资本市场的新型融资举措

在股权市场方面，发展完善主板（含中小板）、创业板和全国中小企业股份转让系统、区域性股权交易市场、证券公司主导的柜台市场，建立灵活的"梯级"转板机制，实现各层次市场间的升降互通和有效衔接。同时要大力发展发育债券市场，产权市场，并购市场要素市场等，完善市场配置资源的机制。建立多层次资本市场发展的长效机制，通过加大培育企业上市、加强与区域股权交易中心合作、推进上市公司再融资和并购重组、企业债券融资、培育壮大各类投资基金、推动期货市场发展、资产证券化和PPP各类新型融资等举措，不断健全完善多层次资本市场项目库，鼓励和扶持各类资本市场主体发挥作用。

（二）利用PPP交易平台，助力多层次资本市场发展

产权交易所是多层次资本市场的重要组成部分，利用PPP交易平台，为新的社会资本进入存量项目提供流通性，提升PPP项目中的社会资本进

入、退出或流转的便捷性，把握中央关于"供给侧改革""盘活存量"的政策导向，实现市场价格的发现功能，优化要素市场的资源配置。在"供给侧改革""一带一路"倡议的背景下，尝试海外PPP项目，打通国内外资本。

第四节 提升地方政府治理能力，为PPP可持续护航

党的十八届三中全会将全面深化改革总目标定位于推进国家治理体系和治理能力现代化，强调通过制度安排和机制创新优化，实现调动所有潜力和活力的包容性发展。根据谈婕等（2019）的研究数据[①]，政府财政能力、组织能力的提升可显著推进PPP落地，人均财政收入每增加10000元，则PPP项目落地的概率将提高139%。与此同时，政府的筹资能力和资源管理能力越强，企业与政府合作的意愿更强，在政府PPP采购中更易实现各相关利益方达成一致意见。在推进地方财政治理现代化的过程中，应充分认识地方政府治理能力的提升对PPP落地的重要促进作用，通过建立健全现代财政制度，全面提升地方政府的管理、执行、决策、服务能力，为PPP的可持续发展保驾护航。

一、建立健全现代财政制度，提升地方政府财政治理能力

建立现代财政制度，首要的就是构建权责清晰、财力协调、区域均衡的中央地方财政关系，特别是在国家治理现代化体系构建中，地方政府财政治理能力提升更为关键。加快地方财政治理法治化进程，科学建立地方财政治理评估体系，创新地方财税体制改革，是提高地方财政治理能力和水平的重要途经。较高的政府财政治理能力可表现为高消费水平、多企业收入渠道以及高政府还款能力等方面。对于使用者付费项目，高消费水平

---

① 谈婕，郁建兴，赵志荣. PPP落地快慢：地方政府能力、领导者特征与项目特点——基于项目的连续时间事件史分析［J］. 公共管理学报，2019（8）.

可以使 PPP 项目的收入得到保障；对于采取政府付费和可行性缺口补助回报项目，政府具备按时付款的能力，可以降低企业收入风险。

二、提高政府组织管理能力，优化 PPP 项目实施环境

亚洲开发银行和欧盟经济委员会等跨国组织均指出，PPP 模式的高效治理需要良好的制度保障。在国家治理体系和治理能力现代化的进程中，进一步完善社会主义市场经济体系要求地方政府改变传统的自上而下的单向度管控模式，建立起以公共服务为核心的现代管理模式，不越位，不缺位。地方政府的组织管理能力的提升，有助于为 PPP 前期项目落地及全流程运行提供相应的法律法规和促进政策，为 PPP 项目可持续发展提供基础保障。另外，地方政府在管理机制上从传统的粗放式管理向精细化管理转变、从单兵式管理向协作式管理转变，能够减少企业的机会主义行为，指导 PPP 前期项目认定、PPP 采购及 PPP 合同制定过程，监控 PPP 项目工程建设。

三、建立健全地方责任型政府，助推 PPP 规范发展

为落实党的十九大提出的经济高质量发展的要求，地方政府应在进一步完善服务型政府建设中强化有效的体制机制设计，其中包括问责机制的设计。PPP 的利益相关涉及投资者、贷款者、支付服务费用的使用者或纳税人，因各自不同的利益，必然产生相应的问责诉求。PPP 的可持续发展要求严格的问责机制，提高问责效率，明确问责主体及问责事由，以保障 PPP 项目各方的沟通反馈更为顺畅。加强地方责任型政府建设，服务好 PPP 的问责主体，同时发挥异体问责的作用，构建参与监督问责制度平台，最大限度地减少 PPP 公共风险，助推 PPP 规范发展。

参考文献

一、中文部分

[1] [美] E. S. 萨瓦斯. 民营化与公私部门的伙伴关系 [M]. 北京：中国人民大学出版社，2002：105.

[2] 白桦. 对政府与社会资本合作（PPP）财政风险监管的探究 [J]. 中国市场，2015（50）：108-109.

[3] 白璐璠，王春成. PPP 模式与地方公共财政负债管理 [J]. 中国财政，2014（14）：43-45.

[4] 保罗·A. 萨缪尔森，威廉·D. 诺德豪斯. 经济学（第16版）[M]. 北京：华夏出版社，2002：268.

[5] 保罗·A. 萨缪尔森，威廉·D. 诺德豪斯. 经济学 [M]. 北京：人民邮电出版社，2004.

[6] 财政部 PPP 中心，天津金融资产交易所，北京明树数据科技有限公司. 英国 PPP 二级市场的发展和对中国的借鉴意义 [R]. 2018年11月.

[7] 财政部.《关于印发〈政府和社会资本合作项目财政承受能力论证指引〉的通知》财金[2015]21号[A/OL].（2015-04-07）[2018-05-26]. http://jrs.mof.gov.cn/zhengwuxinxi/zhengcefabu/201504/t20150414_1216615.html.

[8] 财政部政府和社会资本合作中心. PPP 财政承诺管理 [Z]. 北京：中国商务出版社，2014：5-12.

[9] 财政部政府和社会资本合作中心. 国外 PPP 案例选编 [M]. 北京：中国商务出版社，2014.

[10] 陈共. 积极财政政策及其财政风险 [M]. 北京：中国人民大学出版社，2003：78-101.

[11] 陈少强. 政府和社会资本合作的几个关键问题 [J]. 经济研究参考，2017（49）：64-71.

[12] 丛树海，李生祥. 我国财政风险指数预警方法的研究 [J]. 财贸经济，2004（6）：29-35.

[13] 丛树海. 财政风险扩张与控制 [M]. 北京：商务印书馆，2005：42-136.

[14] 崔志娟. 政府会计的PPP项目资产确认问题探讨 [J]. 会计之友，2018（1）.

[15][新] 蒂莫西·欧文著，财政部政府和社会资本合作中心编译. 基础设施PPP项目政府风险担保：分配与估值 [M]. 北京：中国商务出版社，2015.

[16] 丁义明，方福康. 风险概念分析 [J]. 系统工程学报，2001（5）：402-406.

[17] 高志立等. 财政风险及其构成内容的理论分析 [J]. 财政研究，2001（2）：6-10.

[18] 哈维·S. 罗森，特德·盖茨. 财政学（第八版）[M]. 郭庆旺，赵志耘译，北京：中国人民大学出版社，2009：54-55.

[19] 侯荣华，欧林宏. 中国财政风险的理论思考及实证分析 [J]. 财政研究，2003（6）：22-26.

[20] 黄新华. 从市场失灵到政府失灵——政府与市场关系的论辩与思考 [J]. 浙江工商大学学报，2014（5）：68-72.

[21] 吉富星. 我国PPP模式的政府性债务与预算机制研究 [J]. 税务与经济，2015（4）：6-11.

[22] 贾康，冯俏彬. 从替代走向合作：论公共产品提供中政府、市场、志愿部门之间的新型关系 [J]. 财贸经济，2012（8）.

[23] 贾康，刘薇. PPP创新发展大方向不会动摇 [J]. 项目管理评论，2018（3）.

[24] 贾康，孙洁. 公私合作伙伴关系理论与实践（修订本）[M]. 北京：经济科学出版社，2015.

[25] 贾康，孙洁. 公私伙伴关系（PPP）的概念、起源、特征与功能 [J]. 财政研究，2009（10）：2-10.

[26] 柯永建，王守清，陈炳泉. 激励私营部门参与基础设施PPP项

目的措施［J］．清华大学学报（自然科学版）网络，2009（9）．

［27］莱斯特·M．萨拉蒙．公共服务中的伙伴关系——现代福利国家中政府与非营利组织的关系［M］．田凯译，北京：商务印书馆，2008．

［28］赖丹馨，费方域．公私合作制（PPP）的效率：一个综述［J］．经济学家，2010（7）．

［29］李亢．从分散到统一：澳大利亚PPP制度及启示［J］．理论月刊，2010（1）．

［30］李扬．将地方政府债务关进制度笼子［J］．中国金融，2019（13）．

［31］刘佳丽，谢地．西方公共产品理论回顾、反思与前瞻——兼论我国公共产品民营化与政府监管改革［J］．河北经贸大学学报，2015（5）：11－16．

［32］刘尚希，隆武华，赵全厚．论财政风险［J］．财经问题研究，1997（12）：3－9．

［33］刘尚希，王志刚，程瑜，梁季，樊轶侠，武靖州．新旧动能转换背景下地方财政金融风险——基于贵州和陕西的调研［J］．财政科学，2018（1）：5－13．

［34］刘尚希，赵全厚．政府债务：风险状况的初步分析［J］．管理世界，2002（5）．

［35］刘尚希．财政风险：防范的路径与方法［J］．财贸经济，2004（12）．

［36］刘尚希．财政风险：一个分析框架［J］．经济研究，2003（5）：23－31＋91．

［37］刘薇．PPP模式财政风险识别与防范［J］．财政科学，2018（7）．

［38］刘新平，王守清．试论PPP项目的风险分配原则和框架［J］．建筑经济，2006（2）．

［39］［法］卢梭．社会契约论［M］．北京：北京出版社，2012．

［40］罗纳德·科斯．财产权利与制度变迁［M］．上海：上海人民出版社，1994．

［41］罗纳德·科斯．论生产的制度结构［M］．上海：上海三联书店，1994．

［42］马恩涛，李鑫. PPP政府或有债务风险管理：国际经验与借鉴［J］. 财政研究，2018（5）.

［43］马拴友. 中国公共部门债务和赤字的可持续性分析——兼评积极财政政策的不可持续性及其冲击［J］. 经济研究，2001（8）：15-24.

［44］聂登俊. REITs助推PPP发展的思考［J］. 中国财政，2018（1）.

［45］欧林宏. 关于中国财政风险的几个问题［J］. 中央财经大学学报，2003（10）：1-6.

［46］欧文·E. 休斯. 公共管理导论（第三版）［M］. 北京：中国人民大学出版社，2007.

［47］裴育. 关于财政风险预警系统构建的基本思考［J］. 财政研究，2003（7）：25-31.

［48］彭桃花，赖国箱. PPP模式的风险分析与对策［J］. 中国工程咨询，2004（7）11-13.

［49］单大栋等. 当前我国财政风险的主要问题及对策［J］. 宏观经济研究，2005（8）：18-21.

［50］世界银行. 1999-2000年世界银行发展报告［M］. 北京：中国财政经济出版社，2000：21.

［51］世界银行集团编著，财政部政府和社会资本合作中心编译. PPP财政承诺管理［M］. 北京：中国商务出版社，2014，12（2015，8重印）.

［52］孙国相. 论防范和化解财政风险［J］. 财贸经济，2001（2）：17-21+67.

［53］谈婕，郁建兴，赵志荣. PPP落地快慢：地方政府能力、领导者特征与项目特点——基于项目的连续时间事件史分析［J］. 公共管理学报，2019（8）.

［54］王宝华. 政府与社会资本合作（PPP）财政风险监管问题研究［J］. 新经济，2016（18）：17.

［55］王启友. 财政风险的矩阵分析及我国地方财政风险的评估与控制［J］. 江西社会科学，2008（2）：99-101.

［56］王守清. PPP背后的政府信用风险［N］. 财经国家新闻网，2014-6-24.

[57] 王玺,夏强.政府与社会资本合作(PPP)财政承诺管理研究——以青岛地铁 X 号线 PPP 项目为例[J].财政研究,2016(9):64-73.

[58] 王亚芬,梁云芳.我国财政风险预警系统的建立与应用研究[J].财政研究,2004(11):32-37.

[59] 王义.西方新公共管理概论[M].北京:中国海洋大学出版社,2006.

[60] 温来成,刘洪芳,彭羽.政府与社会资本合作(PPP)财政风险监管问题研究[J].中央财经大学学报,2015(12):3-8.

[61] 吴厚德.略论财政风险及其防范[J].财政研究,2001(3):48-52,15-20.

[62] 武彦民.财政风险:评估与化解[M].北京:中国财政经济出版社,2004:134-169.

[63] 郁建兴,瞿志远.公私合作伙伴中的主体间关系——基于两个居家养老服务案例的研究[J].经济社会体制比较,2011(4).

[64] 约瑟夫·E.斯蒂格利茨.公共部门经济学(第三版)[M].郭庆旺,等译.北京:中国人民大学出版社,2005.

[65] 臧旭恒,曲创.从客观属性到宪政决策——论"公共物品"概念的发展与演变[J].山东大学学报(人文社会科学版),2002(2):37-44.

[66] 曾小慧,战岐林.公私合作伙伴模式的财政风险分析[J].东方文化周刊,2014(4).

[67] 张春霖.如何评估我国政府债务的可持续性?[J].经济研究,2000(2):66-71.

[68] 张明喜.关于我国财政风险和风险预警的研究综述[J].上海财经大学学报,2007(4):90-96.

[69] 张鹏,陈龙,于智媛.我国东部地区财经运行状况、风险及建议[J].财政科学,2018(3).

[70] 张万宽,杨永恒,王有强.PPP 绩效的关键影响因素——基于若干转型国家的经验研究[J].公共管理学报,2010(3).

[71] 张万宽.发展 PPP 对中国政府管理的挑战及对策研究[J].中

国行政管理，2008（1）.

［72］张馨. 公共财政论纲［M］. 北京：经济科学出版社，1999：609.

［73］张志超. 财政风险——成因、估测与防范［M］. 北京：中国财政经济出版社，2004：95 - 127.

［74］中国财政科学研究院，中国财政学会投融资研究专业委员会，深圳金砖城市先导基金管理有限公司. 中国政府投融资发展报告2017［M］. 北京：经济科学出版社，2017.

［75］中国财政科学研究院宏观经济研究中心课题组. 财政风险指数框架研究［J］. 财政科学，2016（4）：5 - 23.

［76］中国财政科学研究院金融研究中心课题组. 政府与社会资本合作（PPP）中隐匿的财政风险，中国财政科学研究院研究报告第36期（总第2013期），2018年8月28日.

［77］中国财政学会绩效管理研究专业委员会课题组. 中国财政绩效报告. 地方经验（2019）［M］. 北京：经济科学出版社，2019（4）：115 - 118.

［78］周小付，萨日娜. PPP的共享风险逻辑与风险治理［J］. 财政研究，2016（4）：39.

［79］周小付. 公私合作模式下的财政风险：基于产权的视角［J］. 地方财政研究，2013（3）：58 - 62 + 67.

二、外文部分

［80］Allen Schick. Budgeting for Fiscal Risk. The World Bank［Z］. World Bank Working Paper，2000.

［81］Hana Polakova Brixi and Allen Schick. Government at Risk：Contingent Liabilities and Fiscal Risk［Z］. World Bank Working Paper，2002.

［82］Hana Polakova Brixi. Contingent Government Liabilities：A Fiscal Threat to the Czech Republic［Z］. World Bank Working Paper，2000.

［83］Hana Polakova Brixi. Contingent Government Liabilities：A Hidden Risk for Fiscal Stability［R］. Washington，D. C：The World Bank，1998.

［84］Hana Polakova Brixi. Contingent Government Liabilities：A Hidden Risk for Fiscal Stability［Z］. World Bank Working Paper，1998.

［85］Jun，Ma. Monitoring Fiscal Risk of Subnational Government［C］.

The World Bank PERM Notes No. 64, 2002.

[86] Loosemore M, Raftery J, Reilly Cand Higgon D. Risk Management in Projects [M]. London: Taylor & Francis, 2006.

[87] Sanguinetti Pablo, Tommasi Mariano. Intergovernmental Transfers and Fiscal Behavior Insurance Versus Aggregate Discipline [J]. Journal of International Economics, 2004, 62 (1): 149 – 170.

[88] Timothy Irwin, Michael Klein, Guillermo E. Perry, Mateen. Thobani. Dealing Public Risk in Private infrastructure [R]. Washington, D. C.: The Word Bank, 1997.

后 记

政府和社会资本合作模式的大发展与中国城镇化、市场化、国际化步伐加快密不可分。随着我国城镇化、市场化进程继续推进，全面开放条件下和理论创新指导下的中国政府和社会资本合作模式，在更远和更广泛的发展空间里，必将在进一步规范化发展中助力中国现代化赶超战略的实现。本书尝试从政府和社会资本合作理论深化及制度供给视角进行探索，希望能为中国PPP高质量、持续健康的发展尽绵薄之力。

在本书编写过程中，不乏吸收、借鉴国内外相关领域研究者的思想和成果，虽尽力标注，仍免挂一漏万，在此向前人的研究硕果致以深深的敬意和谢意！在本书的成稿过程中，曲丹阳、张晶晶提供了宝贵的技术性支持。本书的出版得到经济科学出版社杨梅女士和刘颖女士的支持，在此一并致以深深的感谢！

刘 薇

2019年11月于新知大厦

图书在版编目（CIP）数据

PPP高质量发展：规范与绩效/刘薇著．—北京：经济科学出版社，2020.1
ISBN 978 - 7 - 5218 - 1408 - 8

Ⅰ.①P… Ⅱ.①刘… Ⅲ.①政府投资 - 合作 - 社会资本 - 研究 - 中国 Ⅳ.①F832.48②F124.7

中国版本图书馆 CIP 数据核字（2020）第 047344 号

责任编辑：刘　颖　杨　梅
责任校对：郑淑艳
技术编辑：李　鹏　范　艳

PPP 高质量发展：规范与绩效

刘薇　著

经济科学出版社出版、发行　新华书店经销
社址：北京市海淀区阜成路甲 28 号　邮编：100142
总编部电话：010 - 88191217　发行部电话：010 - 88191540
网址：www.esp.com.cn
电子邮箱：esp@esp.com.cn
天猫网店：经济科学出版社旗舰店
网址：http://jjkxcbs.tmall.com
北京季蜂印刷有限公司印装
710×1000　16 开　15.5 印张　240000 字
2020 年 7 月第 1 版　2020 年 7 月第 1 次印刷
ISBN 978 - 7 - 5218 - 1408 - 8　定价：62.00 元
（图书出现印装问题，本社负责调换。电话：010 - 88191510）
（版权所有　侵权必究　打击盗版　举报热线：010 - 88191661
QQ：2242791300　营销中心电话：010 - 88191537
电子邮箱：dbts@esp.com.cn）